釋聖嚴編著

比較宗教學

中華書局印行

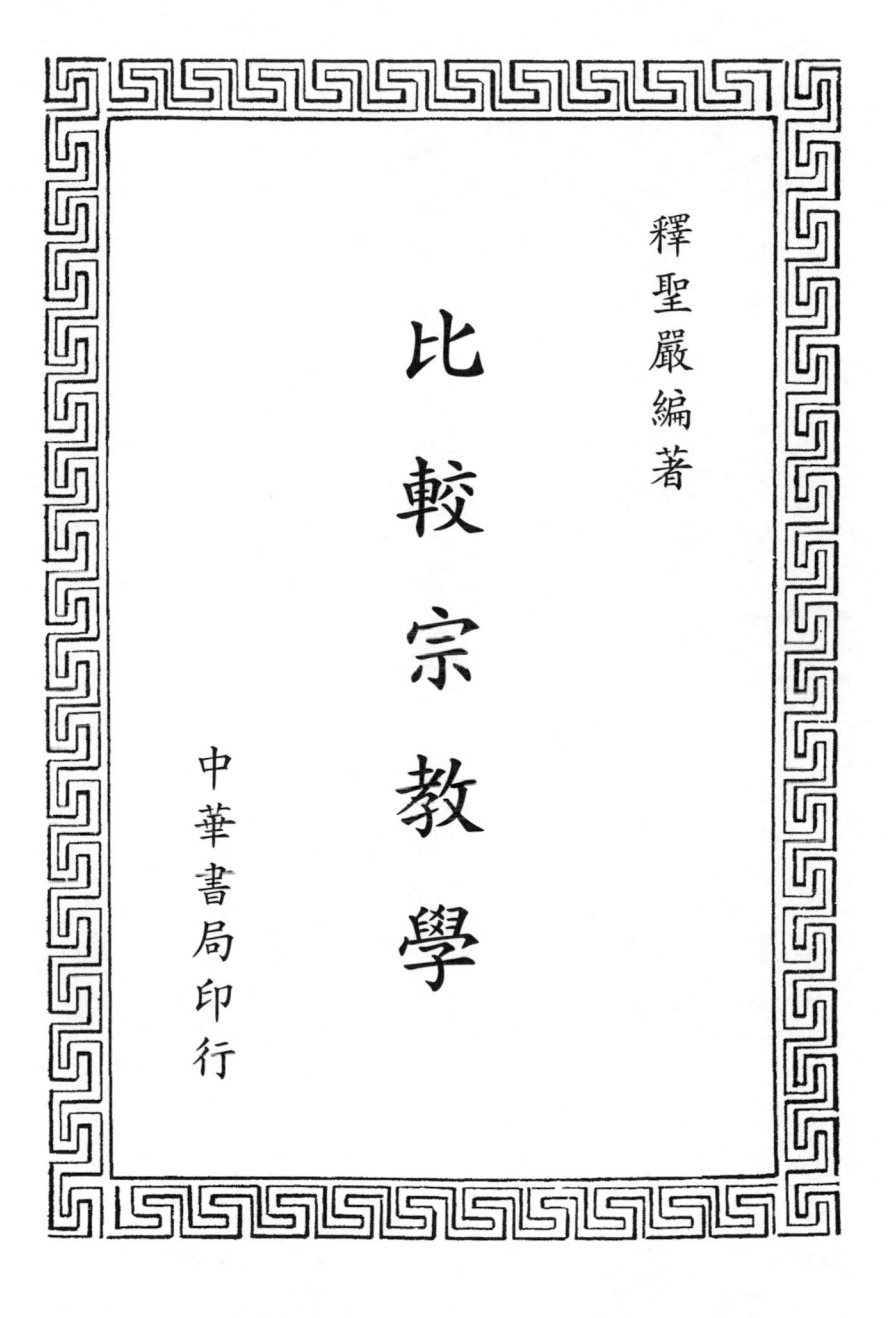

前言

——宗教聖典《比較宗教學》

「宗教聖典」《比較宗教學》一書為當代佛教界宗師——聖嚴法師鉅著。師父以其學貫古今、演繹東西，傾力將歐亞古文明國度發衍熟成之宗教派別與原始宗教，各依其源流、內涵、經典、宗師分論；同時又作一統合論述，鉅細靡遺。全書分立原始宗教、未開化民族的宗教、古代民族的宗教、印度的宗教、中國的宗教、少數人的宗教、猶太教、基督教、伊斯蘭教及佛教，共十大卷章（四十五節、二百四十七篇），其工程之浩繁，難以盡數，堪為人類文明史中重要文化資產。

本書謹收錄聖嚴法師於一九六八年成書時初版自序，以及二十六年後（一九九四年），師父為再版之《比較宗教學》所申新序。序中，師父娓娓談到編纂本書之心路歷程，與對後進學子的諄諄法語，彌足珍貴。

特別感謝「法鼓山／法鼓文化」，提供聖嚴法師於生前修訂本書之珍貴資料，如梵文原文考訂、專有名詞校正，本局據以編訂，重新出版，以為莘莘學子身心修業之案牘金經。

中華書局編輯部

聖嚴法師自序

——一九六八年初版

比較宗教學（Comparative Study of Religion）這門學問，不但在我國感到年輕，即在西洋也不古老。

因於十七世紀的時代，西歐方面的思想家們，得到了自由批評宗教問題的機會，故英國學者海伯特（Herbert，西元一五八一—一六四八年），在他所寫《縉紳的宗教》（*Ancient Religion of the Gentiles*）一書中，對於西方傳統的一神教，開始做了比較的研究和批判。但卻直到十九世紀，才有人將這門學問大大地發揚起來。

近世以來，關於宗教問題的書籍，已經愈來愈多。但在我們國內，要想求得一冊比較可取的入門書，也不容易。所以我在研究佛學之餘，特別留心「比較宗教學」的問題，並且計畫編寫一部這樣的書。

到了一九六六年秋天，我的書還沒有著手編寫，高雄的壽山佛學院竟為我開了「比較宗教學」的課。此後經過半年多的時間，便使我完成了本書初稿。

正由於這門學問在我們這裡非常年輕，所以本書的問世，只希望擔負啟蒙的任務。我是站在人類學、社會學、歷史和哲學的觀點上，由人類的原始信仰，至世界性的各大宗教，予以客觀的討論和通俗的介紹。

為便利讀者檢查本書的各項重要資料起見，特為編成「主要名詞索引」，附於書後。其編列原則以具有較大的參考價值者為主。

一九六八年四月聖嚴寫於臺北市

聖嚴法師自序

——一九九四年新版

本書寫成於民國五十六年初，第一版發行於民國五十七年，迄今已歷二十六、七個年頭。雖不是最暢銷，卻是很受歡迎的常銷書，當年國內沒有這樣水準的書，到目前漢文出版物中，亦尚未見到另一冊能夠取代的書，所以依舊受到國內外人士的歡迎。

本書的目的，不是為了宣揚任何一派宗教，也不是為了批評任何一種信仰，乃是依據人文社會科學的角度，介紹世界性及歷史性宗教內涵與宗教現象。俾使未有宗教信仰的人士，獲取宗教學的通識，也讓已有宗教信仰的人士，開展宗教領域的宏觀。

不論是那一種宗教信仰和宗教行為，均有其歷史的淵源、社會的背景、實用的功能，若是缺少宗教學的常識，而將宗教指為迷信可笑，那是不科學的。

不論是那一種宗教思想和宗教事實，彼此之間都有其關聯性、共通性、獨特性，若是欠缺比較宗教學的知識，往往會一方面肯定自己所信所屬的宗教，另一方面則否定批評他人所信所屬的宗教，這是很不公平的態度。有些人士盡然不信任何宗教，也不排斥任何宗教，認為一切宗教都在勸人為善，只要心存善良，就等於信了一切宗教，殊不知，世界各種宗教之間，各有其文化背景、社會環境、時代思潮的相異性，也有其人類起源、人心嚮往、人生現象的共同性。所以各宗教間，既有其差別處，也有其相似處。不信宗教，也不等於信了一切宗教。

過了四分之一世紀，本書仍有被改版新出的需要，足見這門學問，正在受到許多人的關切。本書的深度與廣度，都嫌不足，可惜我已不可能再寫一冊類似的書了，所幸本書尚不失是一冊同類書中的好書，故在台灣中華書局，為之重新出版之際，略申敘語，用以為序。

中華民國八十三年九月九日聖嚴序於台北農禪寺

目次

第五章、中國的宗教

第八章、基督教

第一章　原始宗教

第一節　緒言

何謂比較宗教學

比較宗教學的內容，便是將各宗教的教主、教理、教儀、教史，做比較的研究和客觀的介紹。它可有兩種方式：一是舉出各個不同的專題做綜合性的研討；二是將各宗教單獨地分章介紹。不過，由古到今的各類宗教之間，性質頗有不同，採用第一方式寫來吃力，但又未必討好，所以本書是用的第二方式。

宗教學（Science of Religion），在我們中國來說，算是一門新知識，雖在傳統的文獻中保有很多關於這方面的資料，至於用科學方法及歷史角度來做專門論列的工作，到了近世才有少數人的著作出現，主要這還是受了西方學者的影響。在西方，過去所論的宗教，僅僅局限於基督教的範圍。近世以來始利用東方人的文獻，做廣泛的研究和比較，他們以考古學及語言學，對各民族的各宗教努力研究的成果，便是比較宗教學的誕生。

因此，宗教可能有迷信色彩，比較宗教學卻是一門人文科學及社會科學，它是從歷史的事實中求真理，又從彼此的同異中找問題，再以心理的分析來解答問題。所以，這門學問，能夠幫助我們回憶人類的過去，又能指導我們來做正確的信仰選擇。

現代人中的知識分子，當然不乏宗教信徒，但也確有很多人並不喜歡宗教。實際上，人類的文化，無一不是從宗教中來；今人的日常生活，縱然沒有宗教心理的感受，卻又很難脫下宗教現象的遺形。

因為，世界上最古、最偉大的文學作品，例如希臘的《荷馬史詩》、印度的《吠陀》文學、中國的《易經》、希伯來的《舊約》，無一不是宗教的產物；古代偉大的建築藝術，那便是各宗教的神殿；最早、最偉大的雕刻及壁畫，沒有不是宗教的遺產；近代的化學，淵源於古宗教的煉金術，中國稱為丹鼎；近代的天文學，則是脫胎於宗教信仰的星象崇拜。

再說，現代人的各種典禮儀式，從總統就職宣誓到個人的結婚宣誓，從對國旗致敬到人與人間的鞠躬握手，由軍中的禮炮到舉手敬禮，由運動會場的聖火到新娘出閣的禮服，及社交場中的威儀禮節，凡此種種，無一不是古代宗教的恩賜。雖然多數已經過簡化及改良，但其並未與我們的祖先脫離關係，例如鞠躬與跪拜之間，僅是五十步與百步之差而已。

宗教學的範圍

宗教一詞，未見於中國的古典，它是日本學者對於英文「利雷敬」（Religion）一字的意譯；我國接受西洋文化的輸入，初期藉助於日本為橋梁的很多，故對宗教一詞，也就接受下來。宗教的定義很難確定，中國《易經》的〈繫辭〉所說「神道設教」之意，或近似之。

因此，宗教兩字用於佛教，殊不恰當，因為，佛教從來未將宗教兩字連起來用過。若以禪宗的立場，無言之教謂之宗，假言明宗謂之教，這與「利雷敬」的涵義，完全不同。

其實，西洋的基督教，也不以利雷敬自居，因為根據宗教一詞的原義，乃是指原始人類的多神崇拜或自然崇拜，基督教卻是進化以後的人類信仰。

但是，人類的信仰，均有一個共同的原則，也就是說，不論是原始宗教或進化的信仰，求取安慰乃是彼此一樣的。所以，從高級宗教的立場而言，雖皆不欲自命為宗教，從宗教學家的研究態度而言，仍將一切安慰的信仰，統入於宗教的範圍之內。

可見，宗教學的範圍，是有廣狹的，各宗教學家的看法，也不能一致。單就對於各高級宗教的研究而言，它便成了比較宗教學；其實比較宗教學即是宗教學的同一個主題。我們看，馬克斯·彌勒（Max Müller）認為，宗教學的內容，有比較神學（Comparative Theology）及理論神學（Theoretical Theology）的兩類；喬爾丹（Jordan）則以為，宗教學應包括各宗教的教史、各宗教的比較論、各宗教的哲學等三項。

因此，本書稱為比較宗教學，實則就是宗教學。所不同的，我們將從最原始的人類信仰介紹起。

宗教的分類法

宗教既有原始的和進化的不同，近世即有很多學者，基於歷史進化論的觀點，說出各各不同的分類方法。現據日人比屋根安定的《世界宗教史》所載的資料，迻譯並條列如下：

（一）泰婁氏（E. B. Tylor）分為五類：原始的自然崇拜、生氣說（Animism）、國民的多神教、儀式的宗教、普遍的宗教。

（二）李憂氏也分為五類：自然的宗教、生氣說及庶物崇拜、國家的神話、律法的宗教、最高的宗教。

（三）赫格爾氏分為三類：自然的宗教、靈的個性之宗教、絕對的宗教。

（四）哈爾脫門氏分為二大類：自然教、超自然教。

（五）比屋根安定氏分為三大類：自然的宗教、倫理的宗教、普遍的宗教。

又將「自然的宗教」分為原始的自然教及多神教。所謂原始的自然教，又可分為物心未分期及物心二元期。物心未分期，即是指的生氣說；物心二元期又可分為自然崇拜、庶物崇拜、精靈崇拜、圖騰（Totem）崇拜。又將「倫理的宗教」分為律法教及倫理教。印度的婆羅門教及初期的猶太教，屬於律法教；阿拉伯的伊斯蘭教、波斯的祆教以及先知時代的猶太教，則屬於倫理教。至於「普遍的宗教」即是沒有種族界限的世界化的全民宗教，迄今僅能舉出佛教及基督教屬之。

為便於學者記憶，現將比屋根氏的分類法列表如下：

- 三階三大類
  - 自然的宗教
    - 原始自然教
      - 物心未分期（生氣說）
      - 物心二元期（自然、精靈、庶物、圖騰）
    - 多神教
  - 倫理的宗教
    - 律法教（婆羅門教、初期猶太教）
    - 倫理教（伊斯蘭教、祆教、先知期猶太教）
  - 普遍的宗教——佛教、基督教

第二節　原始宗教的型態

宗教的定義

大致說，有所宗而以為教者，即為宗教。如此說來，一切學術的學派，均可列於宗教的名下，乃至反宗教的唯物主義者，也在宗教的定義之內。通常所稱的宗教之義，則未必如此。

根據比屋根氏的《世界宗教史》說，要為宗教求一簡單的定義，頗不容易。宗教的產生，是導因於心理的或經驗的事實。此事實表現在人類的歷史過程中，它便形成為人間的或社會的宗教意識。所以，從來研究宗教史的人，首先要著眼於心理事實所構成的宗教意識；這一宗教意識的變遷，便是宗教思想的進化。

宗教意識，乃是出於廣泛而又複雜的人心之要求，由此抽象的概念的宗教意識，表現於人間的實際生活，便成為宗教的事實，那就是藝術的、道德的、經濟的人間生活之價值要素。

宗教的定義雖不易標立，但也有好多學者為它下過界說，其中最常被採用的是泰婁氏及佛雷則氏（I. G. Frazer）之說。泰婁氏說，宗教最小限度的定義是「精靈的存在物的信仰」。此說雖把宗教的態度及宗教的對象提出，卻未說到宗教的行為（儀式）。同時，精靈崇拜也僅是原始宗教之一種，未能概括全部的宗教信仰。

佛雷則氏說，宗教是「對於統馭自然及人類生活的超人的權威（Powers）之和解的手續」。此說改進了上說的缺點，但仍不夠完美。

馬列氏（R. R. Marett）以為宗教的對象，最好是用「神聖的」（The Sacred）一語來說明。此語範圍很廣，能將所有超人的及非超人的，精靈或非精靈的，宗教的或魔術的，都包含在內。因為，「神聖」含有禁忌的、神異的、祕密的、有能力的，及權威的、靈活的、古舊的等意義。所以，有人以為，最簡單的宗教定義，當推馬列氏的「神聖的」之說。

宗教的由來

自有人類以來，即有宗教信仰的要求。人類為何有此要求？一般學者多以為是起源於人恐怖的心理。此說最初見於羅馬的柳克理細阿（Lucretius）所謂的「恐懼造成最初的神」。其餘如英國哲學家湯馬斯．霍布士（Thomas Hobbes，西元一五八八—一六七九年）所謂的「畏懼不可見的事物，乃宗教之自然種子」。休謨（David Hume，西元一七一一—一七七六年）也同意此說。

由於對外力不可捉摸的破壞性而產生恐怖，由於恐怖的情緒，便設想有某種或多種大力而不可見的東西在掌握人類，或給人類懲罰，以至造成人類的災難。有些先知者即設想其為可以用虔敬及祭祀等方法來求之寬免。以人類的心理衡量這種大力者，這種大力者也就成了擬人的、通於人情的，將人與人間的酬答恩謝及求情，一轉而成為對於不可知的大勢力者乞求及酬謝，便是宗教的信念和宗教的儀式了。

不過，原始人類對於一部分由精靈所造成的恐怖，也有用平等對待的締約，甚且有用高壓的威嚇手段來降伏的，原始民族中的巫師術士之流，便有這種方法。

吉丁斯氏（Giddings）以為宗教起源於「大可怖物」（Great Dreadful），而最初的宗教觀念，只是一團不清楚的觀念，後來逐漸分化明晰；原始人類起初只信「大可怖物」，後來才化為具體的精靈等的崇拜。

馬克斯．彌勒以為宗教起源於「無限的觀念」（Perception of the Infinite），這種觀念是由於人類對付四周的環境而生。自然的勢力，非人的能力所可比擬，所以產生「無限」的觀念，而對它崇拜。

泰婁氏以為人類最初的信仰對象是精靈，精靈便是「生氣」或靈魂。萬物皆有精靈，自然界的一切奇異現象，都是精靈所作成的。

馬列氏改進泰婁氏之說而提出「生氣遍在主義」（Animatism）或稱「先生氣主義」（Pre-

Animism），以為在信仰精靈以前，還有一個只信一種超人的神祕力的時代，例如美拉尼西亞人所謂的「馬那」（Mana），便是這種遍在於宇宙間的超人的神祕的力。

自然崇拜

原始人類的知識未開，對於自然界的變化運行，莫知所以，自覺非常渺小，而自然界的力量卻是偉大莫測。由此力量的崇拜，便產生了種種擬人的自然神：近山的視山之巍巍而出山神，近海的視水之浩瀚而出水神；無山無水處出地神，多風之處出風神。總之，自然神的出現，必與其地理環境有關。

在自然神之中，最為原始人類所信仰的，有如下幾種：

（一）地的崇拜：在原始人類看大地，乃是一個生物─土壤是大地之皮肉，岩石是大地之骨骼，河流是大地之血脈，空氣是大地之呼吸。因為大地能夠生養萬物，就有了「地母」（Earth Mother）之名。有了母親，必有父親，便聯想到地上之天，稱為天父（Heaven Father）。地母生養萬物是由於天父的恩澤，這在中國便是乾坤、陰陽的信仰，乃是原始人類的基本觀念。這一觀念是擬人的神話，所以，天地陰陽的大道理，都是由人類的男女生殖的觀念而比擬產生。在希臘、羅馬、印度等地的民族，有一種奇特的宗教信仰，即是「生殖器崇拜」（Phallic Worship），以形像男女生殖器的天然石塊，供於殿中，給人禮拜。據我對於《易經．繫辭》的研究，中國古聖所倡的乾坤、陰陽的神道設教，實在也是生殖器崇拜的亞流（參見拙著《印度佛教史》第十二章）。就以中國字的「祖」字而言，右邊的「且」字便是男性生殖器的象形，所以，祖者即是男性生殖器崇拜（示）的演化；因為這是將天地做了擬人構想的必然結果。以男女生殖器象徵天父及地母，所以，生殖器崇拜的本身，不唯毫無猥褻之意，倒有著非常莊嚴的道理在。

（二）水的崇拜：水是一切生物不可缺的東西，但它也能氾濫成災，吞噬生物，所以每被原始人類視為神聖和神祕。聖泉、神井、聖水，各處都有。婆羅門教以恆河之水為聖水，耶穌在約旦河畔受洗禮，均與水的崇拜有淵源。埃及的尼羅河、英國的泰晤士河，都有父親的稱呼，在藝術上則被雕刻為人形。西非洲的巫師祭海神；古希臘人和羅馬人，投生物於海中祭海神；古祕魯人呼海為「海母親」（Mother Sea），當作食物的供給者而崇拜之。

（三）石與山的崇拜：石的形狀，往往有形似動、植諸物者，本係自然界偶然形成，或為古人製成的石器之遺存，原始人類則視之為神物或聖跡。這種信仰，遍及全世界，乃至後期的高級宗教，如伊斯蘭教之視麥加（Mecca）城的黑石（Black Stone）為聖物而去朝拜。古代的希臘、羅馬、猶太、墨西哥及其他民族的歷史，都記載有石的信仰。西元前二百年頃，羅馬人曾虔誠地歡迎由小亞細亞來的一塊小而粗的黑石，以為是「聖母西比利（Mother Goddess Cybele）」。這在中國也不是沒有，這種黑石大約與隕星及火山岩有關。至於山的崇拜，中國古代最大的祭典，由皇帝親祀於泰山；猶太人摩西，在西奈山（Sinai）見到耶和華（Yahweh）；印度人甚至把喜馬拉雅山視為世界的軸心。羅馬人的邱比特（Jupiter），北歐人的奧丁（Odin），都在山上。中國人嘗有「山中方七日，世上數千年」的傳說，每以雲深不知處的山中，為神仙所在。

（四）火的崇拜：原始人類不會生火，天然發生的火，如雷火、火山等均是可怖的，能吞噬一切生物的。偶爾發現森林的野火之後，殘留著香噴噴的獸類屍體，便以為火是能夠吃東西的活物，是神，拜火的信仰就因此產生。馬來人不敢跨過爐火；印度的托達斯人（Todas）燃燈時要對之禮拜；佛經中的佛陀的大弟子迦葉三兄弟，本為事火外道；古希臘人，每家必守一長明的火，以祀火爐女神；羅馬人也這樣做；祕魯人以女子看護神火，稱為「太陽之妻」（Wives of the Sun）；印度《吠陀》中的火神阿耆尼（Agini）為最高的神，婆羅門種姓的印度人也不敢用口氣吹滅火；猶太教的耶和華，與火神也有關聯。

（五）日月星的崇拜：晝夜的交替變化，最令原始的人類驚異。人類對於黑暗的恐怖，可謂與生俱來。黑夜中阻止了人類的活動，卻又幫助許多生物的活動，所以視之為神祕。有了光明，人類就有了幫助。光明是恩物，所以對白天的太陽，夜晚的月亮和星象，加以崇拜。大不列顛曾植有大石柱以祀太陽，又有祭壇以祀月神。但是，在旱燥的地方太陽則成為可怖之物，居民只崇拜月神，例如中非洲人怕見太陽升起而僅崇拜月神。古代以色列人每見新月，便舉烽火於山頭，傳播這個喜信。太陽的崇拜也很普遍，日本的大和民族，自以為是來自太陽神，迄今仍以太陽作為其國家的象徵；古祕魯人也信他們的王是太陽之子；古波斯的故事中有日神蜜德羅（Mithra）；希臘的日神為希利奧斯（Helios）；羅馬的日神為所耳（Sol）；埃及的日神為拉哈（Rah）；印度《吠陀》中的日神是蘇爾耶（Sūrya）。星的崇拜，在世界各地也很普遍。最初的天文學家，即是一些富有宗教色彩的星象家，他們能由星象的運行，預言人之吉凶及年歲之豐欠，時節之好壞，命運之通塞。中國道家的拜斗，即是星斗崇拜。在古迦勒底人及希伯來人之中，也將占星術與星的崇拜合為一起，星被視為神靈所在處。耶穌出生時，即有星象指示波斯博士的傳說。隕星在各處多被目為災禍的前兆；非洲黑人以為隕星是已故的神巫回來作祟。

動物崇拜

此處所說的動物，即是英文的**animal**，並不包括人類在內。原始人類對於強大的動物產生畏懼感，對於更能適應於自然環境的動物又產生神異感。人類有許多地方及不上動物，所以引起崇拜動物的信念。各民族所奉的神靈，常因環境而異；動物崇拜的種類，也因地方而不同。北方民族的狼與熊，南方民族的獅、象、虎、鱷魚等，每成為崇拜的對象。

古埃及所拜的動物很多，例如牛、蛇、貓、鷹、鱷魚等等。印度人對於各種鳥獸乃至爬蟲，都加以崇拜，牛、蛇、鷹、猿，則受最高禮敬；尤其是牡牛，被視為特別神聖的動物。有些中國人視無鱗的魚為不祥的物，視黑魚為七星魚而禁止食用。美洲的印第安人敬奉熊、野牛、野兔、狼及幾種鳥。墨西哥人視梟為惡靈；中國人對貓頭鷹的看法也很惡劣。非洲的馬達加斯加人敬奉鱷魚。中國內地崇拜狐狸、黃鼠狼的風俗也很普遍。

動物崇拜之中，莫如蛇的崇拜最為常見。

《舊約．創世記》中以蛇為人類第一號敵人。所羅門王智慧過人，但他有四事不解，其中之一便是蛇之爬行於石上。在印第安人的大科達族及蕭尼族，蛇和精靈是同一個名辭。馬拉巴人（Marabar）的屋中，均另設一小房作為蛇居；臺灣的排灣族也有這種風俗，以為蛇是祖先的化身。在馬來西亞的檳城邦，有一座蛇廟，許多看來有毒的毒蛇，竟然不會噬人。北美洲的奧日貝人（Ojibways）和則洛基人（Cherokees）以響尾蛇為神。祕魯人崇拜蝮蛇。古希臘及羅馬，將蛇奉為醫藥之神。現代崇拜蛇的風俗，仍可見於世界的許多地方。蛇在中國，也嘗被視為神物，例如《史記．漢高祖本紀》，劉邦之母夢與神（蛟）交於大澤之陂而生。劉邦斬蛇，則謂白帝子化為蛇，被赤帝子所斬。在漢文的傳說中，尚有許多蟒神的故事。

植物崇拜

植物（plant）的春發、夏長、秋凋、冬藏，生命力的表現與對氣候的適應，使得原始人類以為它們也是有精靈做主宰的，也有著與人類相同的感情意志。有些含有特殊液汁的植物，能使人麻醉和中毒，故也特為人所敬畏，例如印度的酒神蘇摩（Soma），本為一種蔓草之名，此草可製酒，用酒祀神，蘇摩即成了神的名。

莊嚴偉大而年代久遠的樹木，常被人類視為神聖而予以擬人化。樹神或神樹，在世界的許多地方均可發現。對樹的崇拜可以治病，樹木能與人說話，乃至化為人形與人戀愛結婚。在傳說中，也有活人變化成為樹木的。

印第安人中的奧日貝族，不喜砍伐方在生長的樹木；奧科（Oko）的土人不敢用某幾種樹木做獨木舟；暹羅人在伐答健木（Takhien）以前，必用餅和米來祭祀。在佛教的律藏中，比丘伐木之前，應先向樹木乞施，乃是起源於印度的古俗。

有些原始人類，自信為植物的後裔。在墨西哥的歷史上，有一位君主，傳說是兩株樹木的後裔。有些大神被供奉的偶像，均做樹木形，例如墨西哥的陶大（Tota）、羅馬的橡樹神、希臘的戴奧尼修斯（Dionysus）即是。《舊約》的〈創世記〉說，人類之有生命和智慧，是因為亞當、夏娃吃了生命和智慧樹的果子，這個神話是起源於巴比侖。

英文的寺廟（Temple）一語的原義是樹木，因為原始人類即以森林作為廟宇來祀神。在波斯有些神樹上面，掛了衣服破布和法物等；德國、美國均有神林（Sacred groves）。剛果的黑人，崇拜一種名為彌耳侖（Mirrone）的樹木。在臺灣的阿里山，也有一株神木。在尼加拉瓜，不但崇拜大樹，玉蜀黍和豆類，也被崇拜。

根據佛教的看法，一切鬼神，多是依草附木而住；草木之有靈驗，不是草木的本身，而是由於依附著草木的鬼神。所以佛教雖也承認諸神的存在，卻與庶物崇拜的原始宗教不同，正信的佛教徒，也不崇拜諸神。

圖騰崇拜

圖騰（Totem）是原始宗教的形態之一，它的意思，佛雷則氏說：「圖騰是某一種類的自然物，野蠻人以為其物的每一個，都與他們有密切而特殊的關係，因而加以迷信的崇敬。」

賴納赤氏（Reinach）更具體的說：「圖騰是指一氏族人所奉為祖先及保護者、團結的徽號之某種動物、植物，或無生物。」

圖騰崇拜的近世遺跡，仍盛行於北美的印第安人及澳洲的土人中。「totem」一語，原出於美洲奧日貝印第安人的土語。澳洲的「科旁」（kobong）一語，也與圖騰同義。

當作圖騰之物雖無限制，實際上則以動、植物為多，例如澳洲的東南部土人的五百個圖騰中，非動、植物的僅四十個，此四十個為雲、雨、霜、霞、日、月、風、秋、夏、冬、星、雷、火、煙、水、海等。

圖騰是指全種類，如以袋鼠為圖騰，便指袋鼠全部，而不是指單一的某一隻。若以某物為圖騰，通常便不敢殺害其物，亦不食用其物。只有在特殊情形下，如舉行宗教儀式，或其為危險的動物，或除圖騰之物別無食物時，方宰食之。日本有個北方民族，迄今仍有以屠熊為莊嚴的宗教儀式。

原始人類以宰食圖騰為神聖的宗教儀式，基督教迄今猶以吃耶穌的血與肉為禮敬的聖餐，其與圖騰崇拜的關係，非常的明顯。不過自族的圖騰也當繁殖培養，以供別族的食用，兩族交互食其對方的圖騰，則不禁止。

除了美洲、澳洲之外，其他地方也有圖騰崇拜的遺痕，例如南非洲的貝川那人

（Bechuanas），分為鱷族人、魚族人、猴族人、水牛族人、象族人、豪豬族人、獅族人、藤族人等。中國人的十二個生肖，均為動物，乃係淵源中亞民族的信仰，其亦是圖騰的陳跡。

祕魯的印第安人，多自信是出自動物的祖先；印度的孔特人（Khonds），也以動物為族名，分為熊部落、梟部落、鹿部落等。中國的猺族奉狗為祖先；突厥自認是狼種。均為圖騰的流類。

靈物崇拜

靈物崇拜，也是庶物崇拜之一，其對象為瑣屑的無生物，例如小石、樹幹，或者一頂舊帽、一塊破布等，只要看見它的人直覺它是有靈的，便對之祭祀和祈禱，有驗則受酬謝，否則常被捨棄或毀壞。

有一個黑人（尼格羅人），曾對靈物崇拜做過這樣的自述：「我們中的任何人，若要做什麼事件，必先找一個神靈來幫佐他。跑出門外最先看見的東西，便可以當作我們的神」，「以後便每日供獻它新鮮的犧牲。如果不靈，便把它送還原處」。

靈物雖受崇拜，如果不能使人如願時，常被請求者虐待，甚至搥擊摧毀；黑人們即常如此。

偶像崇拜

偶像崇拜，也是原始宗教的形態之一種，可能是由靈物崇拜的進化。以雕刻或塑造各種所崇拜的物之形像，作為崇拜的對象。有極大威力的神，常有巨大的偶像，以人身而飾以獅子的頭、鹿的腿、鳥的翅。有把偶像當作神靈的本身，有的只把偶像當作神靈之寄處。野蠻人大都相信偶像為神靈之本身，其性質即類似靈物崇拜。

偶像崇拜，在後期的猶太教、基督教、伊斯蘭教，都被禁止。初期的佛教也不崇拜偶像。

偶像受信者崇拜，有時也會受到信者的責罰。黑人得不到幸運時，便打他所奉的偶像；中國人在天旱時，往往把神像抬到露天讓它曬太陽；印度婆羅門僧侶在人民供獻不豐時，常用鐵鍊把偶像的手足鎖起。

生人崇拜

即是將某一活著的人，當神靈崇拜。

在紐西蘭曾有一個酋長叫作賀格（Hougi），自稱為神；近年倒台的迦納總理恩克魯馬，自稱為救世主；社會島（Society Island）的一個名王塔馬托（Tamatoa），被人民奉為神靈；大溪地

（Tahiti）土人的王及后，被人民尊奉為神；日本的天皇，過去也曾被日本人民視為神明；白種人初到野蠻人的社會時，往往也被視為神靈。布須曼的黑人，即以為白人是神的子孫；剛果人視巫覡為地神，巫覡的領袖為全地的神。

這種生人崇拜，是由庶物崇拜進化而來。庶物可被視為神靈，生人之中的特殊人物，自亦可被視為神靈了。耶穌自稱是神的兒子，也是神的道成肉身。中國的以及許多外國的政治上或宗教上的領袖，自詡為天子或神子的，實在太多。

鬼魂崇拜

原始人類，以為一切物皆有精靈或生氣，人類亦然。因此人死之後，以為人的生氣活力仍在，那就化為鬼魂。又在睡眠之時，肉體停止活動，卻有夢境出現，推知人除肉體之外，尚有靈魂（soul）。人類死後的靈魂，便是鬼魂（Ghost）。

在許多土語中的「靈魂」一詞，多是用的陰影一類的字義。靈魂是人的影子，鬼魂出現也是他們生前的陰影。有些野蠻人即用木偶寫上某仇人的名，或用紙剪個人影寫上仇人的名，再施咒術，使仇人遭災乃至死亡。

人皆存有希望自身永生的心理，肉體必死，靈魂仍在，但這已是原始宗教進了一步的安慰之一。

人類由於肉體的拘限，活動的範圍很小，死後的鬼魂質輕量微，所以自由得多，因此而有若干小神通，這是引起鬼魂崇拜的因素。人類喜歡崇拜大力的人及物，而予以神化，人類中的英雄豪傑，當其死後，往往也成為鬼魂崇拜的對象。在羅馬天主教及伊斯蘭教中，崇奉他們已死的聖徒。羅馬每一個天主教堂的祭壇下，都須埋有聖徒的遺骸遺物。我國則有孔廟、關帝廟、媽祖廟等，也均是鬼魂崇拜的一型。

祖先崇拜

祖先崇拜，是鬼魂崇拜的同一性質，且是鬼魂崇拜中最盛的一種。信者以為，人對其子孫的關係密切，雖在死後，仍於冥中看顧察視其子孫的行為，或加保佑，或予懲罰。這是祖先崇拜的起因。中國人特尚敬祖，儒家說是為了飲水思源的孝思，因為孔子不談生前死後的事，有無鬼魂，孔子不願研究。其實，殷人尚鬼，並以「人歸為鬼」，乃是鬼魂崇拜而倡祖先崇拜的佐證，這雖與孝思有關，但非純屬孝思。

在印度《吠陀》中的耶摩神（Yama），即是人類的第一死者，也是人類的第一祖先，嗣後轉成為專門司理鬼事的閻羅王。此亦即為祖先崇拜的一種。

性力崇拜

在前面已說到生殖器崇拜，那是天父及地母的象徵物。進一層的野蠻人，由於對人類生命力的讚歎，遂將男根及女竅看作生命的本源，乃產生對於性的崇拜。所以，比屋根氏說：「性崇拜，殆為宗教進化的必然過程。」性崇拜的另一因素，是由於古代種族與種族間的鬥爭，引起勝敗優劣，是人數多寡的結果。所以祈禱人口的繁殖，其祭祀的對象即為性神，女竅即成為擬人化的性神的表象。其祭事，即是行的男女交歡。

因此，在古時的巴比侖、希臘、迦太基、義大利等處，盛行「神聖的賣淫」（Sacred Prostitution），雖被後來基督教的《舊約》斥為「大淫婦」，在當時則並不以為是邪惡的淫亂。其賣淫者均為受到特別崇拜的女宗教師，「受教」的男人，也成她們宗教的擁護者。

在印度教中有稱為「性力派」的，以崇拜濕婆神之妻杜爾嘉女神為主。後來的密教受了此派的影響，而倡金剛乘的無上瑜珈，修「佛母觀」，行男女事。西藏紅教喇嘛之墮落，在於此；

元朝喇嘛之醜惡，在於此；被日本學者稱為左道密教者，在於此；被英國學者稱為「怛特羅」（Tantra）宗者，也在於此。

今日的臺灣，尚有自稱密乘的上師宣稱：「眾生由此而來，仍應向此而修。」能不悲乎！

第三節　原始宗教的儀式

宗教儀式及祭司

人類對於所信的神靈，都是擬人化的，故其事神的儀式亦是運用人對人的禮貌為主。祭神的原因，不外是請求、酬謝及平怒，其方式，初期是以獻供犧牲為主，漸漸地，即有讚神的歌、娛神的舞、獻供的次序及動作之規定。所以，初期的宗教儀式，凡人皆可為之，後因儀式日益繁複，不得不由專人來從事職業的祭司工作了。

祭司本與凡人平等，後因享用祀神的犧供為生活，又成為人神之間的媒介，故設想他們是更加接近於神靈，更加受到神靈的眷顧，就變得與常人不同而神聖化起來。此在印度的祭司階級婆羅門之成為特權種姓，在《舊約》中的祭司們之享有特權，均可說明之。

咒術的產生

咒術與宗教同源，是對於超自然力的仰求而來。它的歷史很古，也很普遍，自原始宗教至高級宗教都有之。

咒的本義是祝禱或祈願，所以，凡為祝禱祈願的用語，均有咒語之涵義。一句簡單的口語，用之於向神靈祝禱時，即有咒的功能。某幾句話具有特別的效驗，便成為公共傳播的咒語。今日的基督教雖無密咒，他們卻規定有許多的祈禱詞，其作用正與咒語相同。

咒語的祕密化，有兩種原因：一是外來語的譯音不譯義；二是其本身原為某種語意的簡化，所以不易理解。

誦咒之不必理解其所誦之涵義，也有兩種原因：一是神咒多由神靈的啟示，作為它與誦者之間的聯絡信號，信號的本身是不必有何種意義的；二是誦咒者之所以產生神驗，乃是出於個人的心力集中。所謂感應，必須誠心；若務於咒語義理的思辨，心力便不易集中了。

咒語用之於事實，即稱為咒術，它是人類心理的一種反射作用的結晶物。由於有著某種請求而向神靈說出某種禱詞，此種請求之心，如果特別強烈或持之於長時的希望，便可能在夢中，或在神意恍惚之際，得到某些或某一神靈的顯現，啟示某種新的神咒。這在常人亦可偶爾發生，在專門修持的咒術師，則較常人發生的機會更多，以心理學來分析，這是可以明白的。

咒術之使用，亦可因人而異，新手或在散心中使用時，必無效驗。故在密宗的瑜珈行者，特重三業相應。所以，咒之效驗，今日已可用科學的方法來說明，已不是完全的神祕問題。

誕生到死亡的儀式

原始人類，對於人之誕生，當作超自然力的一種作為，故有宗教儀式的舉行：或濺水於嬰兒之身以示潔淨，或至其家族所敬奉的聖所求神賜嬰兒之名，或植紀念之樹以卜嬰兒之命運。

嬰兒成長入於青年期時，要舉行種族的或宗教團體的「入團式」。入團式因各地風俗而有差異，但均極其嚴肅，有的甚至近於殘酷。入團之前通常有一段鍛鍊身心的時日，例如齋戒、斷食、苦待肉體、冥想等等。但此儀式，以行之於男性為主，對女性而言，這是男人的特權，也是神聖的祕密。

結婚，乃為人類延續的主要關鍵，故亦有其應行的宗教儀式。原始人類的結婚式之中，有一種古怪的「初夜權」（Jus Primas Noctis）風俗。魏士特馬克以為這種風俗或者是由於「處女血恐怖」，故希望由宗教人物或顯要人物先予祓除之。一般行之於原始社會的婚禮，是新郎新娘所屬的圖騰或表徵祖先的種族的物，握之宣誓，或對之禮拜。基督教以《新約》、《舊約》作為婚禮的聖證，實即由此而來。

原始種族在平時也有宗教儀式，他們重視清淨齋潔，禁忌污穢，並以沐浴、灌水、斷食、咒文、供犧等為其宗教行為。自知身體之有污穢而感知精神之不淨，不淨即是罪惡，於是利用犧供來負擔自己的罪惡，代為贖罪，即恢復清淨。耶穌的贖罪思想，即是淵源於此。（請參閱拙著

《基督教之研究》第三章第三節及第四章第二節）

死亡是人生的終結。在原始種族看來，死是另一生的開始，以為死者仍得永生於另一世界。故在人死之時，誦咒術祓其亡靈，在死人的墓中埋有各式的器具以供養死者，使得死者快樂地生活在另一境界。

原始人類的宗教儀式，包括了人的一生的重大生活；迄今的基督教，仍有這一作用。佛教畢竟是超宗教的宗教，在佛典中未嘗規定生養婚喪的儀式作法，甚至可說佛教是反對宗教儀式的理性宗教。晚世中國佛教之大半流於薦亡超度，初係學自道教的齋醮科儀，元朝之後，則受西藏密教喇嘛的影響。

宗教的犧牲

犧牲（Sacrifice）是人類用物供來敬神謝神以及和解神之憤恨的媒介物。做犧供的東西，通常是照各人的能力，選取最好的果實、最美的花卉、最肥的家畜。有時則請神靈和人類同吃一頓；神靈吸其蒸氣中的供物元素，人則吃其供物的實質。但在初期人類的供物，以為神靈確實把它吃去，所以把犧牲完全丟棄，如祭河神，即擲河內，後來才改進觀念，祭畢的供物，由人類食用。

吃供神的犧牲，形成風俗之後，有些地方即將吃犧牲的本身，為做宗教崇拜的必行儀式，例如在印度，每至祭畢，祭司即把犧牲分給人民。這種分得的犧牲，也受珍視為神聖，而立即吃完。

又有一種奇特的風俗，先將某種犧牲崇拜為神靈，然後竟被宰食，並信此神聖的性質，能影響於吃它的人。所以，被原始人類崇拜的動物，不論其自死或被殺，常被崇拜它的人所吃。此一信念也被運用到人類，紐西蘭土人的大酋，在戰死後，常被敵人分吃而希望獲得他的勇氣和智慧。

另有以為犧牲了最親愛的人，更能得到神的保佑或平怒，例如《舊約》中的亞伯拉罕要宰自己的兒子獻祭耶和華；耶弗他真的殺了親生的女兒給耶和華做燔祭。

說到人體犧牲（**Human Sacrifice**）即是殺人祭神的風俗，在很多地方的很多時代，都曾有過。有的殺人祭路，有的殺人祭橋，有的殺人祭某一大建築物的基腳。前幾年的臺灣，尚謠傳有某一家大工廠在開爐之日，用一個男孩祭煙囪，雖其後來查無實據，卻說明了我國確有這種風俗流行過。在歷史上也可找到，例如宋襄公用鄫子於次睢之社，華元殺楚使釁鼓。

在羅馬的歷史上，殺人祭神的事屢見不鮮：凱撒曾用兩個士兵祭神；奧古斯都曾以一個女子為犧牲；其後的圖拉真及君士坦丁諸帝時，皆曾有過，直至西元九十五年方被禁止。這在古時的墨西哥特別盛行，據馬克斯．彌勒的統計，每年在墨西哥廟宇內殺來祭神的約有二千五百人，其中有一年多至十萬人。在印度也有，以西元一八六五至一八六六年為最盛；現雖禁止，仍以麵粉、漿糊、泥土捏成人形，砍頭祭神。

在古墨西哥的土人，尚有一個吃人肉的例：每年行大祭一次於所奉的神之前，其前一年必選一美秀青年充當次年的犧牲。在一年中這青年被崇拜為神，供奉甚盛，人民見他，必俯伏為禮，並順從他一切要求。最後一月，撥有四個美女為其夫人。最後一日乃把他排在莊嚴的行列之首，進入廟內，經過許多儀式和禮敬後，即把他宰殺祭神，他的肉則由祭司和尊長們分割去吃掉。

由此種原始宗教的人體犧牲，視犧牲的人為神，分吃被犧牲者的肉，可以證明耶穌理論的出處，即是原始宗教。耶穌自稱是神得道成肉身，耶穌犧牲在十字架上，是為了祭神以代人類贖罪。信仰耶穌的人，為了獲得耶穌的聖靈，所以要吃聖餐——食其肉且飲其血。

（本節重要參考書為林惠祥所著《文化人類學》）

第二章　未開化民族的宗教

第一節　神教的分類

誰是未開化者

未開化，就是尚未接受近代文明的開發，本章所舉，則包括有保存著原始風氣的現代各民族，他們進到近世紀以來，卻仍保留著先民的習俗、信仰，及生活型態與思想觀念的全部或一部，但這種情況已在漸漸改變之中。本章所據參考資料，或與目前的實際有了距離，則亦無關宏旨。

其實，已開化民族中，仍保有未開化民族的宗教意識者，依舊不少。這種原始宗教的信念，一直影響著人們的生活，所以近世宗教的進步，遙遠地落在科學的進步之後。近世宗教之有若干進步，實際上是受了科學的影響而進步，因為宗教的本質有它的固定性。例如原始宗教即信大勢力者為神靈的抽象，到了基督教，仍以所信奉的為無上的權威者。如果將這觀念修正，他們的信仰便立即落空。這一點，佛教是全然不同的，佛教一開始就以緣生法，否定了神的權威。因此，若講宗教的進步，佛教在二千五百年前的創始之際，就已進步到了現代的階段。至於後期佛教之受外道的影響而又接受了若干原始宗教的東西，那當又作別論。

多神教

多神教（Polytheism），已比原始人類的雜亂信仰有了程度上的昇華，已將混雜無秩序的信仰，變為有系統的對各種較大之神靈的信仰，以這些較大的神靈，各自統治宇宙的一部分。例如風雨雷電氣候的神、森林江河海洋的神、戰爭疾病死亡冥界的神，每一類均有一大神，一大神統領其自類的許多群神。佛教的八部神王，原出於印度的外道而為佛教所吸收，本也是多神的性質。例如八部之中的「乾闥婆」（Gandharva），即是《吠陀經》的低級群神之一類。

在埃及，各區域都有其特別的神。希伯來人的耶和華，原是古以色列民族所奉諸神中之一個神，摩西參考了巴比侖的一神教，才把他塑成唯一的神。羅馬的神很多，故有一座萬神廟。中國的道教，事實上也是多神的宗教。

多神教所奉的神，多數是人形的神。這種「人神同形主義」（Anthropomorphism），出現於較高文化的社會中。在希臘，神和人的形貌相同，且也有人的欲望和人的劣性，乃至與人戀愛，爭風吃醋；在中國的神話傳說中，人們對於神仙的情感，不是敬畏，而是愛慕。把美女比作天仙，天仙下凡與人戀愛生子。人們渴慕能與神仙結為夫妻，神仙是人形，也是由人修成的。

依佛教的看法，多神教的神，皆是欲界的神，是地居天的神。除了他們的色身較凡人微妙，壽命較凡人為長，福報較凡人為大，其餘的生活習性，實無異凡人。例如在荷馬史詩及印度《大戰詩》中的神，都是神人同形。他們具人形，有重量，可加以枷鎖，能感覺身體之痛苦，受傷時雖無血液而有神液流出。雖不需照常人那樣的進餐，卻會吃犧牲。他們在心理方面，也有恐懼、怨恨、妒嫉、虛榮，乃至比人類更強；他們不是全知全能，有時也會憂愁失望；他們的社會也常發生戰爭，有勝有敗。故以佛教衡量，多神教的最高境界，相當於欲界的第二天，即忉利天或三十三天。

二神教

二神教（Dualism）是有些民族把宇宙間的權威者，分為兩類的特性而來，認為天地之間的不可測的大力者，不外乎慈悲的及兇狠的兩大神靈，由這兩大神靈統治著宇宙和人類。

一個神居於風平浪靜、清明晴朗的地方，他有慈悲的心腸，專做救濟苦難、施人恩惠的事。一個神居於風雲莫測之處，性格兇暴，專做害人的事。例如他使海水暴漲，狂風大作，天地晦暗，能使氣候大寒大熱，降下瘟疫、洪水、猛獸、雷擊、地震等等的災禍。

慈悲的大神，專用善良、溫和、可愛的精靈為其助手；兇暴的大神，專用殘酷、暴戾的精靈為其助手。因此，這種二神教，實是多神教的另一內容，只是把眾神分為善、惡二類，各用一位大神來統治許多的小神，不稱小神為神而稱精靈，乃是原始宗教生氣說的進步。此與原始的部落組織有關：一個部落只有一個最有能力的人做酋長，其餘的人均不得享有酋長之名；兩個部落方有兩個酋長。

有很多宗教，都有二神教的特徵。

（一）古埃及：善神為奧息里斯（Osiris），惡神為沙特（Sat）。人民很怕惡神，對之供獻時的犧牲，往往多於善神。

（二）馬達加斯加：善神為占和爾（Zamhor），惡神為尼殃（Nyang）。

（三）斯堪地那維亞：有光明之神巴杜兒（Baldur），黑暗之神羅歧（Loki）。

（四）古印度：有晝間之神因陀羅（Indra）與夜間及邪惡之神韋陀羅（Vritra）的競爭。

（五）古波斯的祆教：以光明之神阿訶羅莫他（Ahura Mazda，或稱奧姆斯達 Ormuzd），永遠和黑暗之神安格拉馬伊尼亞（Angra Mainya，或稱阿劣曼 Ahriman）鬥爭。當猶太人於西元前第六世紀，被巴比侖人流放在美索不達米亞之際，接觸到了波斯的祆教，便採納了惡魔的信仰。

（六）猶太教：猶太教是基督教的前身。一般以為猶太教及基督教均是一神教，其實不然。猶太教本是多神信仰而由摩西改為一神崇拜，到了與祆教接觸之後，又成了二神教。他們的民族保護神是耶和華。破壞耶和華計畫的惡神是撒旦（Satan）。此撒旦的觀念是採自祆教的阿劣曼，他的名則取自古埃及的沙特（Sat）。迄至基督教，雖已自命為超越的一神教，實則仍是一神分裂的二神教。撒旦與耶和華處於敵對的立場，分別統治著善、惡兩個世界。自摩西時代乃至到王國時代的猶太教，以耶和華兼有善、惡兩種性格。至先知時代以後，便將惡的性格分給了撒旦的名下。

一神教

一神教（Monotheism）即是唯一神教。一般均以為一神教是高級宗教。例如基督教及伊斯蘭教等，他們只信一個神是宇宙的主。

然而，在原始民族中，已有了一神教的信仰。例如波里尼西亞人，即信一神教。他們說：「達亞羅亞（Taaroa）是他的名」；「他獨自存在而成為宇宙」；「他創造了這堅硬石頭的世界，這世界便為他的妻，是萬物的基礎，產生了地與海。」

在耶穌紀元前一千四百年，埃及有個聖潔的王叫作亞克那頓（Akhnaton），創立了一個教派，只奉日神亞頓（Aton）為唯一的神，並向百姓宣說，亞頓是他們在天的父親，是仁愛與和平的主宰。此神無偶像，其象徵物為太陽盤（Sun Disc），但也並不崇拜此象徵物。可惜因為亞克那頓酷愛和平而痛惡戰爭，所以失了他的國家，他的教派也就因此消失。

基督教與伊斯蘭教是公認的一神教，此二教均與猶太教有深厚的淵源。伊斯蘭教兼受基督教及猶太教的恩賜而成立。

基督教受猶太教的遺產而革新。猶太教則受古巴比侖及古埃及的刺激而形成。在摩西（西元前一千五百年）之前，巴比侖（現在的伊拉克）已有了一神信仰，已有了一部二百八十五條律法的《漢摩拉比法典》，這使摩西完成了一神耶和華的崇拜及十誡的規定。到了西元前第六世紀以後，《舊約》的故事陸續編寫出來，其中的許多觀念，都是採自古巴比侖、埃及、波斯宗教的材料。例如創世神話、方舟神話、魔鬼神話、不拜偶像、一神信仰等等，無一不是來自其他的宗教。

幸運的是，猶太教乃至基督教及伊斯蘭教的教會組織及思想控制，較任何原始宗教都嚴密，所以他們的國家可以亡，信仰卻傳流到今。至於其他如巴比侖、埃及的古宗教，就老早滅亡了。

基督教自以為是高級的一神教，實則，從其一元論的二分法來看（神造萬物，是一元論；善惡絕對，是二分法），既可稱為一神教（一神一元創造宇宙），又可稱為二神教（信有義神及魔神），更可稱為多神教（耶和華天父的國中有許多天使，撒旦的治下有許多魔鬼）。

根據基督徒李杕的《天神譜》：「天神分九品：至愛者、普智者、上座者、統權者、異力者、大能者、宰制者、宗使者、奉使者。九品合為三軍：至愛、普智、上座為上軍；統權、異力、大能為中軍；宰制、宗使、奉使為下軍。品愈在前，則稟性愈美，膺寵愈隆。合九品三軍則有總領天神，即彌額爾是。」這九品天神，亦即安琪兒（Angel），亦即上帝之使者。其中的「奉使」者，即守護世人的天神。據說一人即有一神守護。又在基督徒的心目中，凡是反基督及不信基督的人，都是魔鬼或魔鬼的使者。可知，中國人所謂的「漫天神鬼」，在基督教同樣也可適用！如說基督教確係一神教，用此衡量中國的道教，也可算為一神教。道教雖形成多神崇拜，但最初最高則為元始天尊。

基督教是一神、二神、多神？站在任一角度，均可拉得上關係，因為它是以原始宗教的本質，套上了哲學的外衣，才化為高級的普遍宗教。但在希伯來人的構想中，把他們說成是「超神」的宗教。認為上帝創造宇宙、主宰萬物，宇宙萬物為上帝所有，上帝卻不屬於宇宙萬物的同一性質，而是超然在宇宙萬物之外。這是解說不通的神話，故到保羅加入基督教之後，才用希臘哲學家斯多噶派的泛神論，補充了希伯來宗教超神論的缺陷。

泛神教

泛神論（Pantheism）是哲學名詞，在宗教上則稱為泛神教或萬有神教。古來有一些大哲學家，往往兼有虔敬的宗教信仰，但其信仰對象未必是隨俗的迷信，乃依其哲學思想而構成宗教信仰，是基於理性的考察而求為情意的寄託，泛神教大致由此而來。所謂泛神教或萬有神教，即是「神即世界」之教說。以神與自然是同一物，「獲罪於天無所禱」（孔子語），「神是遍在的全體，無反對者」（十六世紀義大利哲學家白魯諾之語），「神即自然」（十七世紀荷蘭哲學家斯賓諾莎之語）。此皆為泛神教觀的代表者。泛神教的信仰者，只求自己順從於神（自然），敬神而愛人，但不求神來給予賞賜。所以泛神教者，也多是最可敬的人道主義者，他們沒有狂熱的情緒，不會盲目的叫喚救世主，也不致恐懼末日的降臨。例如斯賓諾莎即以為人應敬神，但卻不能以敬神作為求神來愛人的條件。因為宇宙全體即神，人也是神的屬性之一部分，除了使自己完成神性之外，別無一個另外的神可求。

可見，泛神教與超神教的觀點恰好相反。超神教以為神在宇宙之外；泛神教則將神與自然同視，神含在宇宙之內，神即是宇宙。超神教以神有人格性，泛神教則否認有人格的神。

交換神教

交換神教（Kathenotheism），有譯作交替神教或交代神教，亦可目為單一神教的一種。這是在多神教中的一個特徵，即於多神信仰之多神中，有一位至尊的主神，餘神皆為主神的從屬，對諸餘神，不必列為必須崇拜的對象。在多神中單奉主神者，便是單一神教。

如果在多神之中，選一神作為崇拜的對象，此神即被視為至尊的主神。到了另一時地的另一因緣而選另一位神來崇拜，同樣亦視為至尊的主神，而將先前所奉的一神淡忘者，這便是交換神教。

交換神教一詞，是由馬克斯．彌勒首創，施之於印度《吠陀經》信仰者的。因為在《吠陀經》中對諸神所用的讚歌，輒以最上最大最高最好的詞句來稱頌，似乎每一位大神，均是宇宙的主神。這在馬克斯．彌勒之外的宗教學家，也以單一神教稱呼之。

無神教

無神教（Atheism），在哲學上稱為無神論。對於基督徒而言，「無神論者」一語，不但指的唯物主義者，乃是泛指一切不信耶穌基督的人。泛神論者固被視為無神論，在馬丁路德

（Martin Luther，西元一四八三—一五四六年）及約翰．喀爾文（John Calvin，西元一五〇九—一五六四年）的宗教改革時代，舊教徒也喊他們是無神論者。不管你信有神及無神，凡是異教（Heathenism），便是無神論者。因為他們獨斷專橫，只以他們的神是唯一的神，其他人的神便不是神。縱然新教徒也信耶穌基督，因其反對羅馬的加特力（Catholic，即天主教）教會，所以也被羅馬舊教視為是無神。

但在哲學家的幅度上，無神論是指的唯物主義、進化論、不可知論、理性主義，以及現在盛行於美國的實存主義者、經驗主義者，他們專從事實的考察推論，以科學方法說明宇宙和人生，不採信神話的傳說。

至於宗教上的無神教，只有印度產生了兩個，那就是佛教和耆那教。此所謂無神，是指否認有宇宙的主宰神或人格的大神。佛教和耆那教同樣地否認婆羅門教《吠陀經》的神聖地位，及其創造並主宰宇宙的神，但卻不是唯物主義的斷滅論者。因為此二宗教，同樣也承認了許多的神靈（不過不是創造主而是眾生之別型）。

但此二教卻有不同的論點。耆那教對宇宙的看法，是「命」（精神）及「非命」（物質）的二元論者。他們對精神而言，是站在「生氣說」的立場，視「命」為常住的靈魂，以苦行的修持乃使常住的靈魂生天為解脫。若不修道，靈魂固不滅，但不得生天解脫。佛教則站在緣生性空的立場，主張無我，否認有個常住的靈魂。佛教的緣生論，認為宇宙是眾生共同的業力所感，眾多的因緣所成，所以不信有專制魔王式的創造神。眾生的本體是業所薰識，識是業的染成體，行業是剎那增減的，本體之識，也就跟著變動不已，所以沒有一個常住不變的靈魂。但在未曾以道力（八正道）斷絕（解脫）業之源流時，不論善業、惡業，均須在生死流轉中感受果報。因此，佛教主張無神無我，但仍強調三世因果，故非唯物論者可及。佛教以緣生論觀察宇宙萬有的生住異滅，頗合於今日實證主義之科學的原則，故亦迥非耆那教的二元論可比。

若從宗教的實質而言，一切神教無非原始宗教及原始宗教的流類，他們都是在未開化者的基礎上耕耘出來的。無神的耆那教，也未擺脫原始宗教「生氣說」的意識；生氣說即是精靈崇拜之一種。不論耆那教的教義，是否有近於佛教之處，它的宗教意識，卻仍淪落在心物二元期的原始宗教的狀態。

第二節　未開化者的迷信

魔術

未開化者的迷信方式很多，大致可彙為：魔術、禁忌、占卜、祈禱、巫覡，及神話的傳誦。魔術（magic）即是法術，或稱方術、術數，這是原始宗教社會通行的一種迷信方式。

魔術的根據是兩條定律：

（一）類似律（Law of Similarity）或象徵律（Symbolism）：由此而生的稱為「模仿的魔術」（Imitative Magic）。此律有兩條細則：一、同類相生（Like Causes Like），即是說，類似的事物，能引起真的事物，只要模仿真的事物，便能得到真的結果。例如雕塑一個偶人，把它當作仇敵，用針刺它的雙目，或刺它的心，刺它的腦門，那個仇敵也真會瞎眼、心痛、頭痛。若將偶人倒置或埋葬，仇敵也真會倒運或死亡。有用紙剪成人形，寫上仇敵的名字，也有同樣的結果發生。二、同類相治（Like Cures Like），即是說，相類似的假事物，能制止真的事物，故利用凶物可以辟除邪怪。例如中國人在門框上，置一個老虎頭的木雕物，貼門神像，端午節用昌蒲當作斬妖劍插在屋簷下，黑狗血能辟邪等皆是。

（二）接觸律（Law of Contact），或稱傳染律（Law of Contagion），由此而生的稱為「傳染的魔術」（Cantagious Magic）。也有兩條細則：一、凡由一全體分開的各部分，仍於暗中互相感應。例如髮及爪甲雖已離身，若對之作法，仍能影響到其所離開的那個人身。二、凡曾一度接觸過的兩物之間，即有神祕的關係。例如人身穿過的衣服，雖已離身，若對之施術，仍能影響到那個曾經穿它之人的身體。

「模仿的魔術」最普遍，它通行於古今的許多民族中：一、北美印第安人，若要加害某敵人，便在沙灰或泥土上畫一個人形，或假定某件東西為敵人的身體，然後用尖銳之物刺傷它乃至砍殺它。二、馬來人則將所要加害者的指甲、頭髮、眉毛、唾沫等物，各備一雙，以代表那人全身的各部分，然後一一安上蜂蠟做成的偶像，每晚把蠟像在燈上烘烤，並誦咒語：「我所烘烤的不是蠟啊，我所烘烤的是某某人的心肝和脾臟啊！」如法做了七晚，即把蠟像燒掉，那個被施術的敵人也就因而亡故。三、我國民間故事中也有，例如《封神傳》裡的姜子牙拜死趙公明；《楊文廣平南蠻十八洞》裡的金精娘娘射草人；現在的我國民間，尚有用紙人寫了人名八字來施術的。四、在漢朝武帝時有「女巫往來宮中，教美人度厄，埋木人祭祀；會帝病，江充言疾在巫蠱。」（《漢書》）

「傳染的魔術」也有許多民族施行，例如：一、毛利人以為取得仇敵的髮爪唾液等埋在土內，其人必死。二、務都（Voodoo）的神巫嘗對白人說：「我若得到你的一根睫毛或一片斑屑，你的生命便在我手裡。」三、我國民間，有人若被人嚇出了病，便索取那嚇人者的一截褲帶頭，泡湯一吃就好；若有青年男女因單戀而成重病，相信索取對方的一、兩根體毛，泡湯一吃就好。四、在維多利亞的俄佐巴律部落的神巫，能夠烘烤一個人的氈衣而使物主生病。五、普魯士人的舊俗，將竊賊遺下的衣物痛打一頓，賊雖未被捉到，卻自然會生病。

因此，未開化民族中，常將自己的指甲、頭髮、牙齒收藏起來，唯恐被仇人拿去施術；嬰兒出生後的臍帶和胞衣，也慎重地處理，唯恐影響到嬰兒及產母的命運及壽數。有的人的衣帽也小心地放妥，唯恐被人踐踏或跨越而倒楣。

禁忌

禁忌（Taboo）是魔術的一種。不過，魔術是採積極攻略的方式；禁忌是採消極防止的方式。魔術是為要達到某種結果；禁忌是為要避免某種結果的發生。

禁忌在各未開化民族中，流行很廣，大致可分數類：

（一）飲食的禁忌：澳洲土人不敢吃作為自己圖騰的動物，因信與之有血緣關係。塔斯馬尼亞島人不敢吃一種小袋鼠及有鱗的魚。我國民間有人不敢吃無鱗的魚。印度教徒不敢吃牛肉。穆斯林不敢吃豬肉。基督教的美以美會不吃動物的肉；但他們不是如佛教的素食是為慈悲眾生，乃是出於禁忌的迷信。又如馬達加斯加島人，不敢吃箭豬，恐怕傳染了膽小的毛病；不敢吃牛的膝，恐怕膝會變成牛的一樣，不善於跑路。

（二）作業的禁忌：新幾內亞的土人，編網未畢時不敢出屋，不敢與婦女有性行為，乃至飲食也限由男人供給。食時手指不敢觸及食物，不敢多食，不敢高聲說話；他們狩獵時，領頭的人不敢沐浴，不敢睡眠，不敢說話。發令時使用擬勢。他們出獵用的小艇不得和別個相觸。臺灣過去的原住民，出草砍人頭時，家中的火不得熄滅，家人不敢借物與人，不敢說鄙猥的話。我國有航船的船家，吃飯不得稱飯（翻），進城不得稱城（沉）。在澳洲及玻里尼西亞的婦女，不得和男人一起進食。在新赫布來島不得看見初成丁而未洗浴的人。安哥拉（Angora）人，以為有女人在場，鑄鐵必定不成。西非洲女人不得看男人飲食，不得見祖宗的像，製油時不得被人看見。印度的阿薩姆人（Assam），在出戰前不敢和婦女同床，也不敢吃女人所煮的食物。在今日的臺灣尚有人在買獎券的前後，不敢讓女理髮師剃頭。

（三）數字的禁忌：西洋人往往逢到星期五及十三號，不敢出門。星期五恰恰是十三號，更使他們困惱。乃至門牌十三號的房屋無人敢承租；旅館十三號的房間無人敢住。這都是因為耶穌的最後晚餐的傳說而起。

此外尚有妊娠期間的禁忌，例如臺灣民間有孕婦的人家，不敢隨便在家屋四周掘土。有生產的禁忌，例如肖什麼動物的嬰兒，在月子內不得見到肖相剋動物者的外人。有結婚的禁忌，例如八字不合的，雖然雙方同意，也不敢結為夫妻。

占卜

占卜（Divination）也是魔術的一個分枝，大抵是根據象徵的原理，以期發現所要知道的事物的徵兆。這在原始民族中極為盛行。我國於光緒二十五年（西元一八九九年）在河南安陽縣發掘出來的甲骨文字，乃是刻在龜甲及獸骨上用來占卜用的祝禱詞。那是殷代的都城舊址，故被稱為殷墟。由甲骨文考知，殷人凡為國家大事，都要先行龜卜。

婆羅洲的海地押克人（Sea Dyaks），凡是造屋或耕種，都要卜問七種「預言的鳥」，其有猜詳的方法，鳥聲的前後左右有分別。我國內地有用鳥來銜牌算命的方法；過去臺灣原住民出外砍取人頭時，也要聽一種鳥名「絲主絲里」（Sitsusiri）的叫聲，以驗凶吉，如叫聲悲慘，便不敢向前。占卜的方法，主要者有四類：

（一）猜詳偶發的事件：凡意外偶發的現象，均可視為預兆，應用象徵的原理，以猜詳其結果。此有四類：一、無生物的偶然異狀。例如兵器折斷，大纛倒地。二、動物異常的舉動。例如狗子夜號，母雞啼曉，戰馬悲鳴，老鼠群遷。三、人類自己偶發反常的動作。例如食時筷箸落地，碗盞打破，無故跌跤，突然心悸、肉跳、眼跳。四、反常的自然現象。例如桃花在夏天開放，六月裡天下雪，十二月的雷雨，以及陡發的怪風，日蝕與月蝕，海嘯與地震。

（二）猜詳夢中所見：詳夢的風俗，行於各處的未開化民族，因為夢中的特殊事物，極富於預兆性質，所以我國古代曾經特設有詳夢的官。相傳佛教初傳中國，即是由於漢明帝「夜夢金人，頂有圓光，飛行殿庭」，詳夢的大臣告知「西方有神，其號曰佛」，始遣使向西域求法。

（三）觀察星象變動：此即是原始民族的天文學，在西洋的古代稱為占星術（Astrology），在我國古代為星命家。以星象的明暗，星位的移動，隕星、彗星的出現等，為占卜時令及人物的禍福凶吉。此術較為複雜，故於蠻族中不甚發達。

（四）用人為的方法：此在未開化民族常用，文明的民族也不能免。例如用一個錢轉起再躺平，以錢的正反面來猜詳運氣的好壞。西非洲的土人，滿握一把堅果，然後任它墜下，再看墜下的是奇數或偶數，來猜定吉凶。也有用動物的生理構造，以驗吉凶的。在巴比侖的一本古書中說：「如能懂得動物肝臟上面的紋樣，便可曉得神的意見；能曉得神的意見，便曉得未來的事情。」在《雲南通志》中說：「玀猓人取雛雞雄者，生刳兩髀束之，細剖其皮，骨有細竅，刺以竹簽，相多寡向背順逆之形，以占吉凶。」有很多民族用獸類的肩胛骨占卜，把骨放在火上烘，然後看其裂紋，以猜詳未來之事；我國殷代也用龜甲烘出裂紋以為占卜，其法載於《史記．龜策列傳》。我在大陸曾見有人能在點燃後的香頭煙路中，占卜吉凶；有人能以熔錫倒在冷水中凝結後顯出的紋理上，看到所要占卜的事物；有人能以一把竹筷直立水中，以占卜吉凶；我國有起課、打卦之術，也是占卜的一門。

祈禱

祈禱（Prayer）是人類在無可求願之時的一種本能。人在危險之際及絕望之時，即盼望能有奇蹟出現。人在有了語言之後，最初的祈禱詞，大概是呼叫：「媽呀，來救助我啊！」直到現代的文明人，如尚無任何宗教信仰，遇到危難之時，也會祈禱「父母的在天之靈冥中保佑」。

原始人類所想像的神靈，雖是可怕之物，為了乞憐神靈不要加害他們，仍會從內心發出訴願的祈禱。例如在《舊約》初期猶太教的耶和華是可怖的神靈，教徒卻要對他祈禱；不論祈禱是否生效，百次之中只要一、二次生效，就要大大的感恩。迄今的基督教，仍極重視祈禱，例如〈聖號經〉、〈聖三光榮經〉、〈天主經〉、〈信經〉、〈信德經〉、〈望德經〉、〈痛悔經〉、〈飯前經〉、〈飯後經〉等，都是一些重要而簡短的祈禱詞。甚至可說，除了祈禱，基督教便無靈修，這乃是原始宗教的特色之一。

低等的祈禱，大都是為了肉體生存的需要。例如北美印第安人，求他們的神「俄康達」（Wohkonda），保佑他們擄得野馬或殺死敵人；非洲黃金海岸（Gold Coast）的黑人，求神賜他們多量的米、芋、薯、黃金。

高等的祈禱，則為滿足精神方面的需要。例如請求神靈消人自己的罪愆，增加善行的鼓舞。用祈禱的方法，達到占卜目的者，有所謂「求夢」，在神靈之前祈禱，請在夢中告訴他們所要知道的事物。這在好多地方有專供「求夢」的房舍，例如臺灣北部的仙公廟，就有專供人去求夢的房間。

在民國十六年（西元一九二七年）三月二十一日上海《申報》，刊出一條社會新聞，大意是說當時的上海，盛行一種叫作「花會」的賭博，共有三十六門，極難押中，若中，可獲賞數十倍。有一姓曹的少婦，丈夫出外經商，她先小試花會，有輸也有贏，後來便傾全部家產押上，輸個精光。有位老婦人告訴她「殺一生物以祈夢，可以靈驗」。她初殺貓，祈之果驗。她正想另外再殺一貓而不易找到，適巧她三歲的獨生子因失果而號泣，她一念忿起，便用菜刀砍下了兒子的頭，她不悲悔，倒是興沖沖地把兒頭包藏於枕邊，焚香默祝，託兒示夢，禱畢就寢，夢見其兒持首哀號，忽而化成一隻大鼠。這少婦醒來，知道兒子示夢她押「鼠」門。第二天想盡一切辦法，籌得三百多元，全投鼠門，果然押中，贏了五千多元。錢是到手了，獨生子卻死了，丈夫也回家了，終被其夫逐出門，自縊而死！

巫覡

在原始民族中，有一些自稱能通神祕之奧的人，有能力對付在冥冥中的可怖的東西。這種人的名稱很多，因地而異。例如巫（Witch）、覡（Wizard）、禁厭師（Sorcerer）、醫巫（Medicine man），或稱僧侶（Priest），或稱術士（Magician）；西伯利亞和北亞洲及阿拉斯加等地，則稱之為薩滿（shaman）。但其性質類同。

巫覡們常自稱能呼風喚雨，能使人生病及病癒，能預知吉凶，能變化自身為動、植物等，能與神靈接觸或邀神靈附身，能用符咒法物等遣使神鬼，能魘魅別人，使人生病和死亡。故在野蠻人社會中，巫覡幾乎被視為萬能的生活支配者。

巫覡的產生，大抵是由一些曾在夢中或病中有了神祕經驗的人充任，也有是自幼承老巫覡的訓練而成。他們確有一些神祕效驗，在中國內地，有所謂童子（男巫）及師娘（女巫）。我親眼見過好幾位，他們並無一定的師承，往往是一個正常人，突然病了一場，就有神靈附體，自稱是某神要借他在世上行道幾年，或要他終身成為神巫，他就變為神人之間的媒介了。他們能看病處方，本人原不識醫理及藥名，竟在神附於身之時，說出醫理，開出藥方，病人服了也真除病；他們能預告吉凶，能為你找來亡靈和你對話，能「走陰差」到陰間查探你家亡靈的下落。在臺灣流行的扶乩及乩童，大陸也有，且也確有若干程度的靈驗。那些降下乩壇的神，每皆先自通名報姓，什麼觀音大士、關公、張飛、李白，乃至《西遊記》中的孫悟空、豬八戒，《封神傳》中的各路神仙，都會出現。其實，這些附身或降乩的神，都是依草附木的小小鬼神。這些鬼神，遍處都有，只是借了著名之神的名，揚他們的威風而已。所以他們的靈驗是有的，但在時間上不會久，在空間上不會大。不信其有，固不可，若堅信其可靠，那就大可不必了。

巫覡在基督教社會中是不被寬容的。歐洲人凡是提起巫覡，便聯想到「妖術」（Witchcraft）。基督教仇視一切異端，故將一切的罪惡，例如自然現象的變怪，天災人禍，乃至頭痛、心痛等小毛病，也都說成是巫覡們施的妖術。在基督教社會中，巫覡是魔的異名。他們的童話故事中，說到巫字，必然是可怖的精靈之類的妖怪。因此，焚死巫覡乃是他們唯恐做之不及的事。雖然《舊約》中的許多「先知」乃至《新約》中的耶穌，也類於巫覡一型的人物，但他們對於異端的巫覡，特別是窮苦而有一些神祕經驗的老婦，甚至凡是面皮多皺、唇上生毛、眼睛歪斜、姿勢蹣跚、聲音尖銳，加之獨居寂處的婦人，都在基督教會的焚燒之列！不過，近代一個多世紀以來，各國的法律，已不容許基督教徒用私刑焚斃巫覡。巫覡在歐美，也不再被視為可怖之物了。基督的神之權威，已因人間的法律而退讓到天國去了。

神話

神話（Myth）的意思是迷信或無稽之談。它是由於人類對實在的事物，所產生之幻想的故事。例如野蠻人看見火焰飛舞，便以為它是活物；聽到山谷的回響，便以為有怪物在山內作聲；聞到雷聲，便以為天神的車輪在空中轟轉，或以為是有天神擎著大錘捶擊。

神話的大部分和宗教的迷信有關，因為神話和儀式，同為宗教的工具。沒有神話，原始宗教的信仰便無依靠，因為神話能替各種信仰，尋出解釋的理由來，並構成一個系統，以滿足原始人類求知的願望。雖然用科學的角度觀察神話，只能產生研究其發生的背景之興味，不能引生信仰；但在原始人類，凡可解釋的，即可引生信仰的情愫。

神話，可分兩大主題說明之：

（一）神話的性質：據林惠祥先生說：凡神話有特性六點：

一、傳襲的：它們發生於很遠古的「神話時代」，其後流傳久了，以至於人們皆忘了起源為何。

二、敘述的：像歷史或故事一樣，用來敘述一件事情的始末。

三、實在的：在民間，神話是被信為確實的記事。

四、說明性的：神話的發生，是為要說明宇宙間各種事物的起因與性質。

五、人格化的：神話中的主人翁，不論神靈或動、植物，都是擬人化的，其心理及行為，都像人類一樣。

六、野蠻性的：神話是原始心理的產物，以文明人來觀察它，常有不合理處，然其乃為原始社會生活的反映，不是無理的。

（二）神話的分類：其標準很多，參考海思丁（**Hastings**）以內容為標準，分為十二類：

一、定期的自然變遷及季候：有些神話的發生，是要說明晝夜的交替及季節的變換。例如日月星的神話，司年、司季候神的神話。

二、自然物的神話：例如說明動物、植物、無生物等的形狀及性質的神話。在神話中常把自然物擬人化而構成一個故事，當作人類一樣。

三、反常的自然現象：如地震，常被猜為地面下有某種動物作祟。風有風伯、雨有雨師，洪水神話更是很多原始民族所有，日月蝕的神話也很普遍。

四、宇宙的起源：又稱作開闢神話，也幾乎是各民族皆有。例如中國有盤古開天地，以色列有耶和華的創造宇宙。通常以為由一個或幾個神或人，把原為混沌狀態的宇宙，給開創了天和地、人及萬物。

五、神的起源：野蠻人中，以為神和人一樣也有誕生、家族、先世、一生事蹟、成神的原因等。這在中國的《山海經》、荷馬的史詩、印度的《大戰詩》都有這類神話的流布。

六、人類及動物的起源：這類神話常與宇宙起源神話相連，宇宙是由神造，而人是神的子孫。

七、變化：傳說人類與動物或他物互相變化。如某處石頭原是人化為石；某處的湖原為某人的宅，由某原因而成為湖；某種鳥原是人，由某緣故而化成鳥；某人行善放生鳥或者獸等，牠們就化為人形來救他的命，或做他的妻；某種花草或樹木原為人，由於某緣故而化成了植物。

八、死後的存在及冥界：此由鬼魂崇拜中發生。如基督教的煉獄，道教的地府，印度教的耶摩界，佛教的十殿閻君及地獄。這些境界乃由神祕經驗中發現。不論其真實的程度如何，出於神祕經驗的傳說，自以神話視之。

九、妖怪：妖怪神話，大都是由動、植物等的崇拜而生。這種神話的主角，都是兇狠暴惡的，常與正直的神戰爭。

十、英雄、家族、民族的神話：這是各家族、民族推溯自族的來源而起。各族自以為最初的祖先，都是神祕性的英雄。

十一、社會制度及各種發明的神話：各民族的社會制度及風俗儀式，經常溯源於神靈的意旨；各種發明也都是神化了的英雄人物所為。例如我國的神農氏、有巢氏、燧人氏；又所謂三百六十行，行行都有其神祕化了的祖師爺。

十二、歷史事件的神話：歷史的事實相傳久了常被摻入神祕色彩。歷史學者無從考察其原委，便被搜入史書。如中國周朝以前的歷史中，就有不少的神話；在猶太人的古史《舊約》中幾乎以神話淹沒了史實；在印度的古代，也以神話當作歷史。

（以上分類法參考林惠祥及海思丁之著作，解釋說明由作者自行編寫）

迷信神祕的解釋

神祕在英文是Mysticism，可以釋作「神契」；它的重要涵義是「我與非我之契合」。若用Mystery（神祕）一字，就沒有如此恰當，因為此處的神祕，是指的人於宗教信仰中，得來的神祕經驗。

對於宗教的神祕經驗，近世以來已有宗教心理學家，從事科學方法的研究解釋，是由心理分析，說明神祕經驗。所以在宗教心理學家的研判之下，所謂神祕經驗，已無何神祕可言。甚至主張：有神契經驗，卻不能作為斷定即有上帝存在之證據；古代西洋教會中有守道貞女，自以為是上帝之妻，故有邂逅耶穌，與之擁抱的親驗，但也不得謂為耶穌肉體之復生。此等乃是以「不在為實在」（Sense of reality of absence）的心理錯覺。

魔術或法術，係由宗教動作而來，它的效驗是或然性的，不可能是必然性的。不過職業的法術師施術時，或然率較一般人為高。這是心力運用得純熟之故。

禁忌，完全是出於偶然的事故。例如有人早上出門時聽到烏鴉當頭叫，出門後即遇到意外，此後就以為烏鴉叫是凶險的預兆，凡有烏鴉叫，便不敢出門了。

占卜，也與法術相似，有或然性而未必有必然性的效驗。

祈禱的效驗是發於祈禱者的精誠。祈禱靈驗之效果如何？乃視思考精到之程度而定。這還是自身的心力對於外物的感應而來。所以經常祈禱的人，比起不大祈禱的人，容易得到宗教經驗。

巫覡之中固有偽裝著騙人的，但也確有許多巫士巫女，連他們自己也確信真有其神其事的。這在宗教心理學家的考察，認為是一種催眠作用：當他們情緒及肉體經過一陣震顫、興奮、血管放大、血液循環加速之後，便進入催眠狀態，在此忘我狀態下的心不由己的語言，便以為神靈附身的語言而非他們自己的語言了。因此，學者認為：這是他們自欺欺人的一種生理病態加上心理病態的綜合現象。因為人體的化學要素的變化，能引起心理的變化。所以近世的西洋有一種名叫Mescal的藥草及Hasheesh的藥品，人服了之後，即可產生解脫煩惱、羽化登仙的感覺；現在美國的LSD，也同樣有效。

研究這種神祕現象的另一派學者，八十多年前（西元一八八二年），英國倫敦成立有一個「心靈研究學會」（Society for Psychical Research）。西元一八八五年，美國也相繼成立，不久在巴黎也成立了國際心靈學會。他們都是研究所謂「第六感覺」的，著重於「靈魂不滅」及「心靈感應」之兩大問題的探討，蒐集了許多的資料，也做了許多的實驗。在美國的研究者，如今稱之為「副心理學」（Parapsychology），已於一九二七年以來，在杜克大學設立副心理學研究中心。他們做了「心靈感應」、「心靈動力」、「預覺」的實驗。凡是心意集中的被實驗者，「或然率」則較高。這也說明了佛教所說「定心能發神通」的原則是合乎科學觀點的。

不過，站在佛教的立場，除了接受用科學方法分析神祕經驗的心理因素之外，同時也不否認自然界確有神靈的存在及活動。唯以佛教並不重視他們的存在與活動，所以正信的佛教徒也不許迷信這些神祕現象。科學方法雖可設法解釋宗教的心理現象，卻仍有許多的宗教現象為科學所不能解釋。例如法術之中的水遁、土遁，在道教稱為「行蹻」、「變化」等的神祕性，今日心理學的程度尚未能窺其堂奧哩！因為人類的心理活動，固然是神祕經驗的一大要素，除此之外，必另有客觀的神靈之作用。想藉科學方法，徹底否定神鬼或研究神鬼現象之為無稽，是不可能的事。

第三章　古代民族的宗教

我們若要確切了解近代各大宗教的內涵，必須先來發掘古代民族的宗教狀況。因為近代的高級宗教，即是循著人類歷史的發展而成長，來得並非偶然。所謂天降聖書或神啓的律法，我們寧信其為信仰及心理上的事實，而非人類文化之開展的事實。

本章所要介紹的宗教，是已經沒落了的古代民族的信仰，是在許多古代民族中，選取了幾個具有代表性的民族，作為樣本。這些古代事物之能進入今人的知識範圍，乃是近世許多的專家學者，主要是考古學的研判中獲得。

第一節　巴比侖的宗教

巴比侖的環境和時代

此所謂的巴比侖，即是今日的伊拉克及敍利亞（Syria）境內，她的古代文化之發達，是由發源於亞美尼亞（Armenia）眾山中的幼發拉底河（Euphrats）及底格里斯河（Tigris）所賜。此兩河流初出山時，方向相反，繼而平行，終又併在一起，流入波斯海灣（Persian Gulf）。在這兩河之間的肥沃平原，歷史上稱為美索不達米亞（Mesopotamia）。就在這肥沃的平原上，產生了古代民族的文化。

美索不達米亞是個富庶而宜於農耕的地區，卻不是可以防守外敵外侵的環境，因此而有外敵自東、西、北，各方面攻入。所以，城市此起彼落，民族你來我往，語言相互摻合，王國也興興滅滅。

最早在那裡留下值得吾人注意之文化的，是蘇美連人（Sumerians），他們在西元前四千年或者更早，便已知道利用銅器。他們的文字，是用一種鑿子般的東西，刻在石頭及泥板上的，一直被稱為楔形文字（Cuneiform）。今日吾人所知有關美索不達米亞的歷史，多半也是從那些刻在泥板上的楔形文字中發現出來的。約在西元前二千八百七十年，自西方來的閃族人（Semites），也在那裡建立了帝國。

這個地區之被稱為巴比侖，是因底格里斯河的南部有一座城，叫作巴比侖（Babylon）。所以又稱那個地方為巴比侖尼亞（Babylonia）。

巴比侖曾產生了一位名王，叫作漢摩拉比（Hammurabi），征服了其他民族，將他的版圖自波斯海灣沿底格里斯河與幼發拉底河向北擴充。這位名王，大約是西元前二千年時代的人。他給歷史上留下的最珍貴偉大的文化遺產，是刻在一塊方形石頭上的法典，那就是有名的《漢摩拉比法典》，一共二百八十五條。例如商業、婚姻、工資、謀殺、盜竊、債務等的事項，都有了法律的規定。由此法典對於人民生活之各方面的保障，所以商業繁榮，文化發達。

宗教的歷程

巴比侖人的宗教信仰，最早是屬於精靈崇拜：認為自然界充滿了精靈，自然界的一切現象，皆出於精靈所為。但他們相信，誦了咒文，可以役使精靈，所以盛行咒術及護符。

精靈崇拜的時代之後，他們即以動物的形貌來表現諸神的姿態。例如生翼的牡牛，或以人形戴上鷲鳥的頭，都是他們的神像，這被稱為神形獸視的時代。接著又有半人半獸的時代、天象神化的時代等等。

他們對於信仰的變遷，固然是由於文化的漸次進步，同時也因為各外來民族所帶去的各種信仰，在那裡匯合融化的結果。例如他們在西元前三千二百年至二千八百年時，諸市均已有了特有的保護神的固定，實源於諸民族不同的信仰所賜。

主要的神

巴比侖的宗教，所信的神靈極多，本地的神，加上外來民族的神。如今且僅介紹其主要的十五位神名如下：

（一）亞諾（Aun）：這是天神，他與地之神英里爾（Inlil）及地下之水神雅（Ea），是三位一體（Trinity），即是三神合一（Three Gods in One）的，他是三神的主位神。所以此神被認為是諸神之父，也是諸神之王，是處理萬事的無上之神。

（二）英里爾（Inlil）：即是地神，關於此神的事，在巴比侖的洪水神話及讚歌之中，可以發現。他是三位一體的第二位。

（三）雅（Ea）：此即三位一體的第三位，是水神，所以祭祀他的地點，是在幼發拉底河及底格里斯河的河口地方。此神與人的關係密切，因此又被當作智慧之神、河泉之靈力來崇拜。

（四）新（Sin）：這是月神，他又是巴比侖宗教中另一個三位一體神的主神；同時又被視作慈悲之神及啟示之神而加以崇拜。《舊約》的西奈山（Sinai）的名，即根據此神之名而來。《舊約》中的耶和華，在西奈山降靈，與此月神崇拜有淵源。

（五）息摩息（Schamasch）：這是日神，是第二個三位一體之神的一位。他是月神新的兒子，又被視為光之神和獎善懲惡之神，所以又是司法神。在《漢摩拉比法典》開始之前，傳說凡是法律，皆為此神所制。此神同時又被視為啟示之神，所以受到占卜者的特別崇敬。

（六）伊息塔爾（**Ischtar**）：這是巴比倫諸神之中最流行的女神，本為地方性的神，後來普及各地，她與金星崇拜有關。從多方推察，她原是農作之女神，所以又被視為愛護自然界的生命之神；在神話中又被列為性欲之神；亞述利亞的諸王，又把此神崇為戰爭及狩獵之神；在讚歌中發現，此神乃是幫助人類的慈悲之神，她是為人類除病，並赦人之罪的善神。她的性格如此之廣泛，所以受到普遍的崇敬。

（七）摩爾達（**Marduk**）：這是巴比倫城的守護神，春分時節祭祀此神，因他本來是表示生命與光的春之日神。他能袚病，並富於智慧。在星象中與木星有關。他的別名叫作貝爾（**Bel**），即是「主」的意思，故在讚歌中，被視為最高的神或諸神之王。

（八）奈婆（**Nabu**）：這是帕息巴市（**Borsippa**）的守護神，他司理命運的報告、書記、藝術、植物的繁榮。在星象中，初與木星有關，後與水星有關。

（九）尼尼波（**Ninib**）：這是地神英里爾的長男，他是治病、護田之神。亞述利亞人則以為他是戰爭及狩獵的神。初與火星有關，後則與土星有關。

（十）奈格爾（**Nergal**）：這是高德市（**Kutha**）的守護神，被視為冥府女神。她在巴比倫宗教中，占有特殊的地位。因在另一方面，又被視為熱病之神、戰爭及狩獵之神、司理農作豐收的慈悲之神。她與盛暑的太陽及土星、火星有關。

（十一）納斯庫（Nusku）：這是尼坡魯市的神，是月神新的兒子，是光明之神，是勸善罰惡的神，他與弦月有關。

（十二）基比爾（Gibil）：這是火神，司理鍛冶及神供。

（十三）拉夢（Ramman）：這神又名阿大的（Adad），他是暴風及雷雨之神，也是降雨施惠之神。

（十四）達摩茲（Tammuz）：這是守護植物的神，春天草木萌芽，盛暑草木枯萎，是此神的表徵。在神話的傳說中，此神是女神伊息塔爾的情人或丈夫。

（十五）阿息息爾（Aschschur）：這是亞述利亞人的最高神，是戰勝之神，故到後來奪取了摩爾達的地位而代之。

巴比侖的神話

巴比侖的神話很多，例如《舊約．創世記》中創造天地的神話和洪水神話，即是巴比侖神話的複述。另有伊息塔爾的戀愛神話，基爾加彌息（Gilgamesch）的英雄冒險神話等，現僅錄兩節如下：

（一）創造神話：這個神話是在楔形文字記載的斷碑上發現。可能是由春之神話的敷演而成，是描寫巴比侖人與雲、霧、雨等戰鬥獲勝而見到了太陽的故事。

據說，最先是水神泰阿摩（Tiamat），率領他的眷屬統治著世界，無有能夠反抗他的。神界的眾神就開了一次會議，決定推請春之神摩爾達為元帥，向水神泰阿摩決一死戰。天神亞諾、地神英里爾、水神雅，也將各自的權力委於摩爾達。摩爾達即用風袋保護身體，手揮三叉戟，突破水神之口，並將風力吹入，破裂了水神巨大的身體，即以其一半造成為天，另一半造成了地。

（二）伊息塔爾的戀愛神話：女神伊息塔爾，當其戀人植物之神達摩茲死的時候，她就降來下界，以救戀人的命，而求生命之泉。當她下界時，要經過七重門，每一門要脫下一件衣服，終於把身子脫光而成為裸體，因此被冥府女神關進了牢獄。然而，地上的生物因了達摩茲之死而皆失去了生命，所以諸神同時遣使下界，請把女神伊息塔爾免罪釋放，讓她求到生命之泉，救活她的戀人。

很顯然的，這是一個季節的神話，在於解釋自然物何以在冬天枯死之後，又能於春天生長的原因。

伊息塔爾之被視為性欲之神，也就是因她能助她的戀人植物之神生養萬物之故。到了《舊約》中，就將這神話演為天使墮落的神話。

巴比侖的宗教生活

宗教生活可分數點，述之如下：

（一）神人關係：人對於神正像臣民之對於專制的君王，要抱有絕對服從的態度。人唯有默默地跪於諸神之前，謙遜地感激神的賜予；對於神的忿怒，有頗深刻的畏怖之念。人唯自覺自己的罪惡，而哀求神的恩寵。這對後來《舊約聖經》的啟發作用很大，對於耶和華的信仰，大致也是如此的。

（二）未來思想：死了的人，到下界去，住於洞穴中，不見日光，那裡充滿了塵土，死者即以泥濘為食糧。下界之道是在地下的西方，共有七門。死者之命運，但視其現世的生活及後人對死者的追弔之如何而定；然其不再復活為人，故亦沒有輪迴的意思。統治下界的王，是叫作愛里息基迦（Erischkigal）的女神，在其屬下，又有好多分擔各項職司的女神。

（三）神殿建設：巴比侖的神殿很多，各市均有守護之神的神殿，另有許多與其守護神有關係的各種神殿。其神殿建築，大致是在其境內有一個大廣場，殿前有一前庭，正殿是其聖所，安置偶像，正殿之前有一座大房子，正殿之旁的建築物是庫藏、記錄所、祭司們所住的房間。在神殿境內附設有學校，教育年輕子弟讀書識字，乃至訓練他們成為祭司。

（四）祭司階段：祭司分有：一、獻供物者，二、誦讚歌者，三、祓惡靈者，四、判斷吉凶者等的好多階級。他們在巴比侖的社會中很有權力，且占很高的地位。其有特殊的，即是女教士制度，他們稱女性的祭司為「神之妹」，又叫作「聖女」。本書第一章所說「神聖的賣淫」者，就是她們。

（五）祭祀儀式：他們各神廟有各種不同的祭日，最重要的是新年祭。祭祀春日之神摩爾達，是在春分之際尼桑（Nisan）月的第一日行祭。又將每月的七日、十四日、二十一日、二十八日，稱為大凶日，在此四日之中，人民停止工作。後來以色列人的每七天有一個安息日的思想，即是淵源於此。咒術、占卜、詳夢、星相等術，也很盛行。供神的物品中，凡是動物即以其後右腳焚給神享受，剩下的便歸祭司受領，這到《舊約》中，摩西也學了類似的規定。

第二節　埃及的宗教

古埃及

埃及（Egypt）與巴比侖一樣，也是世界偉大的文明古國。據古代史的權威學者邁葉爾（Edward Meyer）說：埃及曆的制定，早在西元前四千二百四十一年。又據希臘大歷史家希羅多德（Herodotus）說：埃及的文明是由於尼羅河（Nile）所賜。

又有人說：埃及是尼羅河的女兒。尼羅河是一條從南到北的大河，發源於東非洲的高地。每年的大雨洗刷高地的泥土，急流下注，直到尼羅河的水位升高二十五呎至三十呎，掩蓋兩岸的河谷。水勢消退之後，便留下一層薄薄的黑色淤泥，造成一個從十哩到三十哩寬的肥沃的農作地帶。這種黑泥，極富生產力，所以尼羅河流域與幼發拉底河流域，在古代世界有穀倉之稱。

在這樣的環境下，產生高度的文化，自是不足為奇。他們最早的文字記錄，常被學者假定在西元前三千五百年，也許還更早些。那是一種象形文字（Hieroglyphic）。

由於相信死後的境界，所以要費極大的工夫來保存遺體，製成香屍，稱為木乃伊（Mummy）。國王們（或稱法老們 Pharaohs），更建築巨大而華貴的墳墓來保藏他們的遺體。這在西元前三千年第四朝的諸法老時代為最盛。當時最流行的墓式是石頭砌成的大金字塔，其中最大的一個，高約二百呎，塔基占地三十英畝，常被稱為「大金字塔」（Great Pyramid），直到今天尚被公認是世界奇觀之一。

古代社會

由於防禦外敵的襲擊，古埃及的社會制度發達極早。他們的祖先最初處於部落割據的狀態，後來漸次統一，分為南、北兩個王國。到西元前三千四百年時，南王國的梅尼斯王（Menes）將南、北統一成為一個王國，建都於孟斐斯（Memphis），這就是馬尼德（Manetho）王朝的始祖。此被史家稱為舊王國。推究此一王國的起始，則早在西元前五千六百年至三百年時，距今已近八千年了。這個舊王國到西元前二千一百六十年時滅亡，由阿米寧哈脫一世（Amenemhat I），建立中王國，都於底比斯（Thebes）。到了西元前二千年時，有來自敍利亞方面的外敵入侵，造成數百年的混亂局面。至西元前一千五百八十年，始由阿哈米斯（Ahmes）奮起，擊退外敵，建都於底比斯，稱為新王國。到了西元前五百二十五年，終為波斯（Persia）所滅。

在舊王國的時代，他們的社會是由貴族階級的地主、卜層階級的農民（戰俘、奴隸），以及中間階級的一般人而組成。

中王國末期之世，除了王族及奴隸之外，又有祭司、武士、平民的階級。其中以祭司的地位最高；國內有二分之一的土地為祭司所有，並享有免稅的特權，因此而與王族的勢力時常發生摩擦。祭司之有如此高的地位和勢力，因為他們是國內第一等的知識階級，他們是學者、預言家、醫師、裁判官、政治家、建築家，他們直接為國王的輔佐，為國家處理極其廣泛的事務。所以，祭司們一面佐助國政，一面服勤於神廟，同時又擔任學校的教師，普及知識於國民。我們看到《舊約》中的摩西的才能，實在就是埃及祭司那樣的人物。

神的信仰

在部落時代，各部落均有其所信的神，乃是由於圖騰崇拜而來的祖神或家族神。圖騰之物，往往是動物，故其神與禽獸的關係，非常密切。例如底比斯地方的神阿明（Amen）是牡羊形，孟斐斯地方的神匹達（Ptah）是牡牛形，黑里奧帕里斯（Heliopolis）地方的神阿托姆（Atum）是獅子形。

到了南、北兩王國對立的時代，歐姆婆斯（Ombos）地方的沙特（Sat）是南王國的神，比提脫（Bedet）地方的霍魯斯（Horus）是北王國的神。由於兩國對立，在故事中此二神也常有衝突。後來竟將沙特視為惡神。

舊王國時代，因其都於孟斐斯，所以專祭匹達神。不過已往的匹達是牡牛形，此時已轉為人的姿態。然在另一方面，又表現了半人半獸的神靈信仰。

在舊王國的第五王朝，係出於祭司翁（On）的世家，他們將獅子形的阿托姆神視為太陽神。除此之外，他們尚信奉好多的神。又從此一時代的國王墳墓的銘文發現，他們相信王死之後，即成為奧息里斯（Osiris）神。此神的性質，約與巴比侖神話中的植物神達摩茲類似；同時，他們以為凡人死後即降至下界，國王死後即成為神，進入天上的樂園。故後來又將奧息里斯視為善神，而與沙特相對。

到了中王國時代，因其都於底比斯地方，所以崇拜這地方的阿明神，並使他成為一般人崇拜的神。因為中王國的埃及人，受到外敵侵凌達數百年之久，所以產生了一種類似後來以色列人的彌賽亞（Messiah）思想，渴望有一位大力的王來拯救他們。相反地，我們也可以說，以色列人的彌賽亞思想，恐係淵源於此，也說不定。

西元前一千四百年時，有一位叫作亞克那頓的國王創立了一神教，只奉亞頓一神。因受到保守主義的祭司們反對而遷都，但當此王死後，他的宗教也歸滅亡。

總之，古埃及的神，最先是動物神的信仰，把狒狒、獅子、貓、牛、豺、鷹、鱷、羊、蛙等，都當作神來崇拜。有的動物是屠宰了當作供神的物，所以視為神聖；有的動物則被視為神殿的守護者，所以認為神聖。進而由動物神進入擬人化的過渡階段，即出現半人半獸形的神。例如創造神庫奴姆，戴著牡羊的頭；巴斯太托神，戴貓的頭；托烏斯神，戴紅鶴的頭；敏志神，戴鷹的頭。但到後來，牡牛形的匹達神成了人形，牡羊形的阿明神也成了人形，奧息里斯神也是人形。由此可以見出進化的歷程。

埃及的神靈，有產自本地的，也有來自非洲、亞洲、巴比侖的神，所以非常複雜。

神殿及祭司

古代埃及的神殿，並不完全相同，大致是在神殿中置一密室，安置偶像。密室之前為連柱堂，祭壇即設於連柱堂前方。神殿周圍有用牆圍成的大廣庭苑，苑內另有小房，收藏祭物並供祭司使用。神殿的財產極多，全國七分之一的土地為其所有，有一個時代，神殿的奴隸達十萬七千人，大小家畜達四十二萬之數。

祭司每晨為神殿開門、焚香、清飾神像、供養花果飲食，並誦一定的祭詞。諸神各有各的大祭日，每逢祭日，祭司用船形的櫃安置神像，抬在肩上，排成一個人行列，訪問其他的神殿。祭日的神殿，滿飾草花，供物山積。在祭儀之中，祭司串演神話中的角色，並與信徒共同演出，以娛神靈。

來世思想

埃及人相信人死之後可以復甦，復甦的死人生活與現世的生活一樣。所以人死之後要用陶器及石器裝了食物和水陪葬，並以家具、武器、化妝品、泥製的屋子及船、石和土製的人等，和死人埋在一起，以供死人在另一世界之用。因此而建築堅固偉大的墓（如金字塔），因此而用香料製成永不腐爛的木乃伊。祭司要為木乃伊的耳目口鼻誦咒文，使得死者的官能到復甦時再使用。

起初，埃及人相信復甦的死人是生活在墓中，後來則相信死者將移居到遙遠的境界中去生活。因此而產生了「西方淨土」的觀念，並將奧息里斯神視為西方淨土的神。人在死後，亡魂即到天上，在奧息里斯神之前，接受數十位列席的法官審判，用天秤載之，以斷其善惡。審判結果，若受有罪的宣告，即被大怪獸吞食。罪有兩類：一、對神的非禮、掠取神的財物；二、對人的殺害、偷盜、姦淫、誹謗。因此，人在下葬之際，隨著屍體帶有一份「死者之書」（*Book of the*

Dead），寫著類似如下的句子：「我沒有使人們鬧過饑荒。」「我沒有傷害過任何僕役及他的主人。」「我沒有搶奪過死者殉葬的食物。」

這「死者之書」，是為求得神聖或裁判死者的法官之恩赦，是為表明自己無罪。死者之書當中，除了類似的自白外，尚有符咒，有頌讚奧息里斯神的詩篇，有指引亡魂通過關卡的方法。我們另當明白的是，基督教末日審判的思想，此處已經有了先驅。

第三節　以色列民族的宗教

希伯來人

現存的世界各大宗教中，以伊斯蘭教最年輕。要知伊斯蘭教，當先了解基督教；要知基督教，當先了解猶太教；要知猶太教，當先了解希伯來人（Hebrews）的宗教；要知希伯來人的宗教，當先了解巴比侖和埃及的宗教。這都有著血統因果關係。巴比侖與埃及，已經介紹，現在介紹希伯來人的宗教。

希伯來人與以色列人同為猶太人的名稱。根據《舊約》記載，耶和華為亞伯拉罕（Abraham）的孫子雅各（Jacob）取名為以色列。所以希伯來人自稱為「以色列的子民」（Children of Israel），或稱以色列人。以色列這個民族，最先是從哪裡來的？史家頗難查考。大概是在今之敍利亞地方的閃族（Semitic Race）的一個分支。他們曾經做過巴比侖、埃及、亞述利亞人的順民，卻是玩著打家劫舍的把戲。後來由於饑荒的緣故，不知在哪個世紀中，從阿拉伯沙漠遷往埃及，做了法老們好多個世紀的奴隸。最後又進入亞洲西部的肥沃平原，那個叫作巴勒斯坦（Palestine）地方，才有了自己最起碼的文化。

巴勒斯坦的閃族

巴勒斯坦的東面是阿拉伯沙漠，西面是地中海，南面是西奈半島，北面是黎巴嫩山（**Lebanon**）。它的面積東西約三十里，南北約八十里，由於地勢特別，氣候頗多變化。以色列人就在這塊小小的地方成長起來。在此以前，他們處於荒古的狀態下，逐水草、藉遊牧為生，居無定所，流浪散處。

原始民族的宗教信仰非常單純，他們除了考慮自身的安全以及自家族人的安全而外，不會想到其他家族的人也希望得到安全。所以，閃族的人，由於各個部落分散在各地，各部落均有他們各自的家族保護神。後來，其中有一支閃族人在摩西的領導下，實力強大，所以把他們自族的保護神耶和華的勢力也擴大了，並強調唯有他們以色列人的神，才是獨一無二的神。但此神的性質，仍是其民族神，而非其他民族共同的神；因為他們相信，唯有以色列人，才是神的選民。

根據謝扶雅的《宗教哲學》第二章說：「希伯來民族，移住埃及之先，本由四酋族合組而成，其中兩族曰野牛族（**Leah**），曰牝羊族（**Pechel**），顯係最原始宗教時代之圖騰制度……至摩西領該族出埃及而赴迦南之際（西元前一三二〇年），開宗教的新局面。」

因此，希伯來宗教乃由原始的圖騰崇拜，進化為多神崇拜，再演成為一神崇拜，是很明顯的。

希伯來宗教與猶太教

一般的宗教學者，未嘗把希伯來宗教與猶太教（Judaism）區分，往往一說到希伯來宗教或猶太教時，就意味著是同一個宗教的兩個名稱。其實，它們是有不同的。

希伯來宗教，始於摩西時代。到西元前五八六年，希伯來人（所謂亞伯拉罕的子孫）被巴比命人流放到美索不達米亞之時，他們已經失去了自己領土的樂園而亡了國，已經離開了巴勒斯坦的耶路撒冷，而被他們自己的保護神所不喜。

真正的希伯來宗教，也就在那個時候壽終正寢。

至於猶太教，是在希伯來人漸漸地又從被流放區域允許回到了巴勒斯坦之後的事。當西元前四四四年，尼西米（Nehemiah）做耶路撒冷的省長時，率領祭司及文士，大會以色列人，宣讀摩西律法（見《舊約．尼西米記》第八章），人民一致宣誓遵守，此即為猶太教呱呱墜地的第一聲。

但是，以色列人的宗教，雖可分期研究，卻有其一貫的思想原則；若要介紹其內容，仍以打通了希伯來及猶太之間的界限為宜。

所以，有關以色列人的宗教內容，將在第七章介紹猶太教時再做論述。

第四節　古希臘的宗教

希臘及其人種

相傳希臘人自稱是「赫倫人」（Hellenes），此字意為赫倫之子；稱其國家則為「赫勒斯」（Hellas），意為赫倫人之地。赫倫（Hellen）是希臘人傳奇式的王，他有似亞伯拉罕之與猶太人的關係，希臘人把赫倫當作他們的始祖。

但是，要說明希臘人究竟是什麼人？是一件頗不容易的事，因為她是一個混合的種族。從他們的宗教、語文、膚色來判斷，卻與印度人及波斯人極相近，所以很多學者假定希臘人是雅利安人。這一個民族，不唯是在希臘半島，在西元前一千二百年至一千年之間，即渡過愛琴海，散布到特洛伊（Troy）以及小亞細亞一帶。西元前七百五十年至五百五十年之間，又殖民到了黑海海岸、地中海以南的非洲海岸，與希臘半島之西如今之義大利、法蘭西、西班牙等處。這是一個非常活躍的民族，所以可以把他們分作三分：一、北方種族（Nordics），二、阿爾賓斯種族（Alpines），三、地中海種族（Mediterraneans）。據研究，希臘人也不是希臘半島的土著。在他們未到以前，已有一個叫作匹拉斯基（Pelasgi）的民族住在那裡，那是體短、色黑、頭骨長、瘦弱而胸部狹小的民族。

當希臘人來到之後，次第征服了愛琴海（**Mare Aegean**）諸島以及小亞細亞沿岸諸地之後，希臘人遂造成了愛琴海的文化，此乃是受了埃及的文化和美索不達米亞（巴比侖）的文化之影響而成長的。例如埃及人的象形文字，巴比侖人的楔形文字，閃族人的字母系統，均給希臘人學習選擇而做了改良，因此而成了世界史上極其優秀的民族。例如近代西方的藝術、哲學、文學、科學等各方面的啟蒙，無一不是拜希臘文化之賜。

祖先崇拜

希臘人的宗教信仰極其複雜，如果未曾研究她的古代社會形態，根本難以理解其信仰複雜的原因。

根據十九世紀法國的大歷史家古朗士（**N. D. Fustel de Coulanges**）所著《希臘羅馬古代社會史》一書中說：羅馬人即是希臘人的殖民，希臘人確與印度的雅利安人同一血統。從印度的《吠陀》經典以及婆羅門的《摩那法典》（*Manou*）的內容，對照希臘古代的社會制度及信仰，類似之處頗多。雖然，《吠陀》及《摩那法典》是在印度的產物，但仍可以看到其最原始的痕跡之彼此相通。希臘雅利安人與印度雅利安人的社會發展，由家族的祖先崇拜，即開始有宗教的信仰，是一致的。祖先崇拜的方式是守一家火，以使家火不熄為子孫的職責；守火即是奉祖，火即是祖神的表徵。發展至後來，印度的婆羅門要事火、祭火，希臘人則家有家火，居里有居里之火，部落有部落之火，邦有邦之火。以常燃的火為他們同一家人乃至同一邦人全體的共同之祖。祖先是善鬼，也即是保護庇佑其子孫的神。所以將所守之火稱為聖火。迄今運動大會之有傳聖火的儀式，即是由此傳統的信仰而來。因為奧林匹克（Olympic）競技會，原是希臘每四年一次的宗教大典，其最早記錄是在西元前七七六年。

聖火

希臘人及羅馬人的屋內皆有一個祭台，台上常有燃著的煤及炭，屋主人有使此火日夜不熄的宗教職責—此火若熄，其家人必有不幸；只在某一家族絕嗣之時，其火方熄。這與中國人的煙火不熄，以說明子孫綿延的意思相同。

因為希臘人相信人死之後，仍有鬼魂與活著的家人同在，所以把死人葬在家裡，或葬在家的附近，一方面享受子孫的火祀，一方面保佑子孫的幸福。如果沒有子孫火祀的鬼，就變成厲鬼，變成遊魂。所以希臘人特別重視家族的延續及繁榮。這與中國人「不孝有三，無後為大」（孟子語）正同。因此，在古希臘的宗教及法律，嚴禁男子不婚，並且強迫少年結婚。有一位雅典的演說家說：「沒有一個人，在他臨危的時候，不顧自己而使其家無後人，因如是則無人祭祀他。」在印度的婆羅門教，也有「婦人既娶八年而無子者，其夫須出之而另娶」的宗教教條；有兩位斯巴達（**Sparta**）的王，因無子而被迫出妻；在羅馬有一位大族的人，因婦無子而與之離婚，他雖愛妻極深，也無法挽救，為的是他娶她之目的是在給他生兒子。這在中國人，也有無子而娶二房三房的。不過中國人不禁男子多妻，所以沒有出妻的必要；希臘人的宗教卻是不許多妻的。

由於聖火的祭祀，各家的祖神是絕對排外的；各家的聖火均藏在不使外人看到之處，祀火不許外人參加，否則此家便有災禍。因此，希臘及羅馬人之對於男女婚嫁的宗教儀節也極繁複：女孩子先是父母家的人，也祀父母家的聖火，由父母家的神做保護。當她要出嫁之時，必須行宗教儀式，宣布脫離這個家的聖火及神的保護，再蒙上面紗，穿戴白色的宗教儀服及冕，坐上向敵人宣戰及媾和時所用的名叫「黑侯」（**Heraldus**）的車，伴送者唱宗教的歌曲。到了男家的門前，女子要假裝不肯進門，新郎假裝劫持進門，以表示不是她自己要進入這個家，而是被迫進入的，希望這家的家神原諒她。接著又進行一個極嚴肅的宗教儀式：男女站於祭台之前，使新娘見過家神（中國古代也有廟見之禮），用浸過聖火之炭的水浸洗她，又用她的手觸聖火；繼之向家神禱告後，新夫婦遂分吃一塊點心，一塊麵包及水果。以表示這個女子已成了這個家的一分子，與新夫同信一個宗教，同受一家之神的保佑。

由此可見，今日的新式婚禮之由來，基督教之洗禮之由來，實皆淵源於雅利安民族的古宗教之信仰。

各家有一祭台，有一聖火，有一宗教的信仰。家家如此，所以他們的信仰很複雜。但是，年代久了，家族繁了，有的一家竟達數千人，同祀一個聖火，這就成了居里的聖火。由居里再發展，幾個居里共同祀一個部落的聖火。最後，築成了城作為祀聖火的神殿，那就是邦的聖火。然而，各家、各居里、各部落、各邦雖有共同的聖火及祖神，仍有各自的小團體的聖火及祖神。於是，一個小孩的出生，有其必行的宗教儀式。羅馬在第九日，希臘在第十日，印度在第十或十二日，其父聚集家族全體，請來證人，舉行祭祀，使小孩初見家神，成為這家神保佑的人。數年以後再行祭祀，進入居里，進入部落。十六歲至十八歲時，另行祭祀，要求入邦，從此以後，他才成為公民而信邦的宗教。

希臘的城邦很多，各邦均有各邦的聖火及保護神，始終未能產生為全民共同信仰的統一的宗教。不過，聖火的性質，到城邦時代，與初期的略有不同。因為希臘人除了信仰祖神之外，尚信仰另外一類的自然神，並且均有偶像。偶像即供在祭台的聖火之旁，附屬於祖神而保佑各家的家族。然到後來，自然神的偶像被供在神殿的中央，聖火變成了祭神時用來燒犧供的祭台而被置於神殿之前，他們的祖神變成為他們祭祀偶像時的媒介了。但這並不表示希臘人放棄了祖神崇拜。在大祭日，推派各小家族的代表們，群集於神殿之前，共同分吃由祭台上燒出來的犧供之時，他們就有同一血統、同一祖先、同心一德的神聖之感。所以古希臘人，凡有大事必禱於神：出征時必先集合由大將祭禱（中國的《左傳》也有「治兵於廟」之句），出征時必載著邦神及邦的聖火（中國《禮記》也有「出征必載主」之句）。可見希臘人的宗教信仰雖複雜，但也不是無理的，因此祖神與自然神混合信仰而不相妨。

自然神的信仰

不論是東方人或西方人，一說到希臘的神，往往會想到荷馬的兩大史詩——《伊利亞特》（*Iliad*）及《奧德賽》（*Odyssey*）。第二種我國商務印書館有漢譯本，在美國則均曾攝製了電影，也在臺灣放映過。據說荷馬是西元前九世紀的人，胡適之卻說：這是一位箭垛式的人物，因為那樣兩部均達二十四卷之多的偉大史詩，絕非他一人所能完成。但在這兩大史詩中，既敘述了歷史，也介紹了神話。例如他把宙斯、雅典娜、希拉、普西頓、阿弗羅底特等等的男女神祇，描繪得淋漓盡致，而使我們稍有西洋文學知識的人，對這些神祇異常熟悉，乃是荷馬所賜。這些神，便是自然界的神，便是奧林帕斯山（Olympus）的群神。

然而，若要為希臘的群神各各找出固定的屬性，那就異常的困難。因為各邦有各邦的神；各邦的神，往往可能用同一個名，兩個同名之神的性格，卻各異其趣，乃至是站在敵對的立場。而且，同一個神，由於時代的變遷及環境的轉移，也會一再地變換他的性格。例如從部落時代進入城邦時代以後，便在原來的神的屬性中，加進新的觀念而改變了原來的屬性。

這種自然神的信仰，可能與祖神的信仰同時產生。祖神信仰是對已死之人的崇拜；自然神的信仰是對自然現象之要求解釋及妥協而起。實際，即是生氣說的分類崇拜，生氣在人為靈魂，死而成為祖神；生氣在自然為精靈，昇華而為群神。但其不論祖神或自然神，皆為活人心理的反射作用。所以希臘的神，因為是擬人的，故其也有人類的弱點或劣性：殺、盜、淫、妄，樣樣都來；貪、瞋、癡、慢，色色俱全。雅利安人畢竟與其他的民族不同，在他們的神祇之中，不會找到一個東方型的道貌岸然的神，他們都像粗獷活潑而健美的人。

主要的神

希臘的自然神是很多的，在此僅能列舉其主要的十二位神如下：

（一）宙斯（**Zeus**）：這是希臘諸神中最大的神，被詩人荷馬稱為「諸神及人類的父」。他能使雲興起，供給一切生命的飲料，所以又是雨神。他住於空中，又住於為雲層密集的高山之頂。因此，奧林帕斯山是此神特有的住處。

根據烏西尼爾（Usener）的《神名考》（*Gotternamen*）所說：宙斯神的職掌極廣。例如所有的家族、居里、國邦，均在他的掌握中；他保護越境出國的旅行者；他是最高的救主兼滅罪者；他是使男女結為夫婦並守血統的關係者；他司理生死，衡量黃金，決定武士的命運；他守護國境，王權及其象徵物也是由他而出；他監視人間的盟約而為忠實與信譽之源；若正義受到蹂躪時，他即使之恢復；他嚴懲不公平的審判，同時也監視犯罪者的服刑。

（二）赫潘斯托斯（Hophaestus）：此為電光神，是宙斯之子，宙斯發怒時即把其子擲於地上。考此神之本義，據說原係火神，後來認為他是司理鍛冶之神，是鍛冶者的祖先及其保護者。當希臘之雅典（Athens）為金屬工業的中心之際，此神受到該一城邦人民非常高的崇拜。

（三）雅典娜（Athena）：這是由宙斯頭上裂出來的女神。當她從宙斯的腦袋裡裂出來時，便是全副武裝的，所以她是戰神。當時的雅典城剛完成，她和她的叔父海神普西頓競爭而獲勝利，就做了雅典的保護神。並用她的名，命名這個城。但她又是智慧女神及紡織術的保護者。因她是雅典的保護神，當雅典成為文化的中心時，雅典娜也成了希臘人所共通崇拜的神了。若考察此神的原義，實是暴風神，由烏雲（宙斯）而裂出暴風，勢力威猛，故成為戰神。

（四）阿波羅（Apollo）：希臘人在太陽上升及下山之時，祈禱太陽神赫里奧斯（Helios）。此神是無物可遮的，故在正式的契約之時，常以此神作證。後來卻在阿波羅的名下，成為全希臘重要的神。他是光神，他日日為人類帶來幸福，幫助病者，並在黑夜的危險中保護人類；又為航海者驅除暴風。此神又是預言的神、詩歌的神、音樂的神，以及守護青年的神。他擁有非常英俊的姿容，具有男性美的一切條件，是美男子的標準典型，可是他在神話中的戀愛卻是個失敗者：當他追求河神之女黛弗妮（Daphne）的時候，黛弗妮卻被她的父親畢尼厄斯（Peneus）河神變成了一棵月桂樹。阿波羅為了愛她，就說：「以後凡是在詩歌和音樂比賽中的優勝者，都要戴上用妳的葉子編成的花冠。」這也就是英國宮廷有「桂冠詩人」的遠因。

（五）赫爾蜜斯（Hermes）：這是牧羊神，又是宙斯之子，是天使。在以家畜為人們財產的時代，他被當作福神崇拜。此神又是旅行者之神，後來又成為守護死者之魂的神。此外，他又是商人、演說家、市場的保護神。

（六）普西頓（Poseidon）：這是宙斯的兄弟，是泉神、川神、湖神。先被塞莎利亞（Thessalia）及阿爾加地亞（Arcadia）兩個地方祭祀，後來受到全希臘的祭祀而成為海神。

（七）阿弗羅底特（Aphrodite）：此神的出生有兩種說法：一、是天神宙斯和濕氣女神黛奧妮之女，二、生自希臘塞莎利亞島附近的浪花中，由風神吹送到塞浦路斯島。在希臘諸神之中，以阿迪米斯神為洪荒的自然界的代表。以阿弗羅底特神為生物界繁茂之代表。對自然界，她是豐穰之神；對人生界，她是戀愛女神。此神能給戀愛者美麗及魅力，所以又是美之女神。她的兒子艾羅斯（Eros），即是愛欲。

（八）阿迪米斯（Artemis）：這是阿波羅神之妹，宙斯之女，是月之女神。此神表達處女的純潔和嚴正。她又是狩獵之神，又是誕生之神，又是關係婦女生活之神。然此神的偶像，帶有陰鬱的姿勢，故亦是夜之黑暗的女神。

（九）希拉（Hera）：這是天后，是宙斯之妻。此兩神的結婚，即是天地的結合。希拉又是結婚女神，所以她是守護已嫁女人的女神。但她非常傲慢，在神話中她的氣量狹小，稍受侮辱，就覺得仇深如海，一定要報復到底。她又是個善妒的女神，她的丈夫宙斯是個好色之徒，曾和許多女神及女人發生關係，並生了好多私生子女。每次被希拉發現之後，總要大發雷霆，而且要用各種方法去陷害她丈夫的情婦及私生子。

（十）艾利斯（Ares）：此為宙斯之子，是軍陣之神，好戰，常率領殺伐的神靈，降臨於戰場，招募戰士而給予勇氣。

（十一）黑地斯（Hades）：這是宙斯的兄弟，是陰間之神，是閻王。但他見了宙斯之姊迪米特女神的女兒潘塞弗妮（Persephone），便被愛神的箭射中了心，把潘塞弗妮抱上車子，向地獄飛奔而去，做了他的王后。

（十二）迪米特（Demeter）：這是宙斯之姊，是閻王的岳母，是掌管農業的女神。因她的女兒被閻王搶去了地獄，她便使大地終年荒蕪。後來潘塞弗妮在一年中的一半在丈夫那裡，一半在母親那裡—當女兒在迪米特身邊的半年，大地就恢復生產，開花結果，那便是春、夏兩季；另半年女兒在地獄裡，草木便要凋謝，那便是秋、冬兩季。

自然界的神，均由對自然界的現象之幻想而產生。所以為了配合自然現象的解釋，各神的倫理觀念，就不能比照現代人的角度來衡量了。

如今，希臘古代的多神教，早已被基督教所消滅；現在希臘人則是信仰基督教的東方正教。但在希臘民間，只不過以基督教的聖徒為他們的保護神，聖母瑪利亞也不過是保護神之一。所以有些無知識的希臘人，往往跪在自家這一街的瑪利亞像前，辱罵那一街人所供的瑪利亞像。可見在他們的意識中，基督教也不過是古希臘之邦神或家神信仰的不同名稱而已。

第五節　古羅馬的宗教

羅馬人

根據傳說，羅馬是由一隻母狼乳養大的孿生兄弟羅牟拉斯（Romulus）和利牟斯（Remus）所建，那是在西元前七百五十三年。但此不為近代史家採信。

約在西元前一千年時，義大利住著一種混血民族，他們以農牧為生，文化不高。然而在拉丁姆（Latium）地方的台伯（Tiber）河畔，住著一個名叫拉丁（Latin）的族派，後來大大地繁榮；拉丁語文及羅馬法律，終於自他們所建的羅馬城而普及於世界。

另有一些人好像是從小亞細亞來的，在歷史上被稱為伊突斯干人（Etruscans）。在很古的時候，他們便與希臘人通商。他們的文字，是假借希臘文的字母；也使用希臘人的甲冑以及希臘人的戰鬥方法，乃至模仿希臘人的油畫及雕刻。凡此種種，又由他們而轉傳於羅馬。在伊突斯干人來到義大利不久，希臘人的殖民者，也跟踪而至。到西元前三百年左右，希臘人在義大利所建的諸城，似乎都比拉丁人建的羅馬城更有希望。但到後來，羅馬終於征服了伊突斯干人和希臘人的諸城。可是，在文化上說，羅馬仍是希臘人的俘虜，因為羅馬文化的要素，大多淵源於希臘。

羅馬人的信仰

我們在上節已說到，羅馬的古代社會與希臘人相似。最初的宗教信仰，是以各家為一獨立的宗教，以祭祀祖神的爐火為主。同時也在每家之中，各家均奉有自己的自然神的偶像，與祖神同來保護各自的家及家族。每一個家庭就是各家的神廟，就在家裡奉祀鬼神。國家是家族的擴大，所以也有全體國民共同的神及神廟。

所以，據美國的歷史學家桑代克（Dr. Lynn Thorndike）在他的《世界史綱》中說：「古代羅馬宗教，似乎是一種極粗野、極幼稚的宗教。」又說：「羅馬宗教雖高於拜物教，然迄未超越低級程度的萬有有生論。主要的事情，即在反覆歌誦某種巫術上的語句及名詞，或舉行與爐火、門戶、門檻有關的儀式，以期保護家族生命及家宅之平安；或舉行農事的巫術以保其五穀豐登；或舉行公共祭典以維持國家興盛。」

因此，女巫在希臘及羅馬非常盛行，不論公私大小的疑難之事，均要求得巫者轉達的神意，才算最後的決定。基督教《舊約．出埃及記》第二十二章第十八節所說：「行邪術的女人，不可容她存活。」就是為了消滅這一類的多神教及多神教的女先知或女巫，故當基督教成為羅馬的國教之後，那些古宗教的女先知（預言家）們，就沒有活命的機會了！

羅馬的神

羅馬的神也很複雜，除了祖神，還有自然神。自然神也分有本地產生的及外國輸入的兩大類：

（一）羅馬本地的自然神：羅馬人的自然崇拜，仍為精靈崇拜的一種，認為自然界中處處有各各的神靈，把那些與他們的實際生活有直接關係和福利的神，就加以崇拜。例如莎托令奴斯（Saturninus）是播種之神，克利斯（Ceres）是穀物成長之神，康蘇斯（Consus）是收穫之神，息爾凡奴斯（Silvanus）是森林之神，派里斯（Pales）是牧場之神，梵爾托奴斯（Volturnus）是河神，摩脫爾摩吐托（Mater Matuta）是生產之神，拉寧托（Lalenta）是死神。諸神之中最大的神是邱比特（Jupiter），這是降送雨水和日光之天神。

（二）由外國移入的神：這是外來的神祇。例如塞比爾神（Cybele）來自小亞細亞，伊息斯神（Isis）自埃及傳入。外國神的主要的輸入國，乃是希臘。因為羅馬是希臘文化的俘虜，希臘的信仰，羅馬人也照樣接受過來。據《愛納曲》的傳說，特洛伊城的王子愛納（Enée）遷移到義大利去的原因，就是奉了特洛伊城的神之命令，將神自特洛伊城，渡海至拉丁，建立新城。這是可信的，因為當時的希臘人對於神命是唯謹唯從的。不過，希臘的神到了羅馬之後，多改變了他們的名，現將其主要者列表之。（請見一一〇頁「◎希臘羅馬神祇名稱對照表」）

政教合一

羅馬人和希臘人一樣的崇拜祖神，羅馬人說：「鬼是可怕的神，他可以降懲罰於人，他監視家中一切的舉動。」又說：「祖先是養我們的神；他們賜飲食給我們，還指揮我們的靈魂。」因此而產生墳墓宗教，因此而將死了的英雄，當作偉大的神，把各邦的建城者視作偉大的神，把在歷史上略有影響的古人當作偉大的神。到後來，羅馬帝國成立，羅馬的皇帝也就成了活生生的神，稱為「皇帝神」（Divi Imperatores）。

在希臘及羅馬的社會裡，由於祖神崇拜的祭祀，家庭的主人便是一家人的主教，是領導一家人祀神的人。各級團體的首領，也就是各該團體在宗教方面的主教。他們雖另有職業的女巫及教士，但凡是宗教的大典，主祭者則必定是各各的首領。

如果召集各方首領在一個城邦共同的神廟前會議，便是主教大會。當羅馬皇帝被視為神之後，皇帝既是政治首領，也是宗教首領。可見後來基督教的教皇、主教、教士的制度，原來是羅馬古教的遺產。

基督教消滅了羅馬教，卻仍接受了羅馬教的制度。

法律與宗教

我們知道，羅馬人是以法律的精神著稱於世，乃至成了後來世界各國法治精神的先導；但是很少人知道，羅馬的法律與宗教是不可分的。

法律與宗教，在羅馬史上是同時開始的。他們的「民法」（Jus Civile）是市民與市民間正當關係的維繫；他們的「神法」（Jus Divinum）是羅馬人與神之間正當關係的維繫。

例如對於宗教上的一切徵兆、預示、儀式等，皆須加以嚴格的遵守實踐。因此，羅馬人的宗教固然粗陋，卻能證實他們有堅強的法律意識，以及對於形式、契約、習慣的重視。由於這個基礎，他們的精神用在民法上，也能如同遵守神法那樣的堅固。

到後來，羅馬人與其他文化如基督教發生關係，乃至他們的宗教被基督教所吞沒，他們不得不漸漸地放棄了古宗教的信仰。但是，他們的法律精神及內容，卻因吸收了新的營養而得以繼續改革發展下去。

◎希臘羅馬神祇名稱對照表

性質	希臘名	羅馬名
天神、眾神之主	宙斯 Zeus	邱比特 Jupiter
天后、宙斯之妻	希拉 Hera	邱儂 Juno
海神	普西頓 Poseidon	柰伯君 Neptune
愛神	阿弗羅底特 Aphrodite	維納斯 Venus
戰神	艾利斯 Ares	馬斯 Mars
閻王	黑地斯 Hades	普羅脱 Pluto
農神	迪米特 Demeter	賽麗斯 Ceres
天使	赫爾蜜斯 Hermes	茂格雷 Mercury
智慧神、戰神	雅典娜 Athena	蜜娜娃 Minerva
月神、狩獵神	阿迪米斯 Artemis	黛安娜 Diana
閻王之妻	潘塞弗妮 Persephone	普洛色賓娜 Proserpina
詩神、太陽神	阿波羅 Apollo	(同上)

第四章　印度的宗教

第一節　印度的環境及其民族

緒言

印度是一個不重視歷史的民族，她卻又是一個包羅萬象的文明古國：她有世界各國不同的人種，她有五千年以上的文化傳統，更有東、西方由古到今的各型哲學思想，和各類的宗教信仰。因此，要研究印度文化，既覺得支離駁雜，也感到豐實博大。

本章的標題所指，應該是由古到今的印度各宗教；然而，限於本書的篇幅，只好做濃縮和重點的介紹，將著重於印度的傳統宗教，也就是雅利安民族的婆羅門教。印度文化的開展，主要是婆羅門教的幾部聖典。《吠陀》（*Veda*）是一切根源的根源，故用三分之一的篇幅來介紹它；其次出現的有《梵書》（*Brāhmaṇa*）、《奧義書》（*Upaniṣad*）、《經書》（*Sūtda*）；再次是兩大史詩的鼓盪而有改革的印度教。佛教是印度文化的一大主流，除以另章介紹之外，它與婆羅門教及印度教的相互關涉之處，本章也將指出。

印度宗教的分期

根據日本比屋根安定的《世界宗教史》，印度宗教的歷史過程，大致可分如下的七個時期：

第一期為神話時代：西元前一千五百年至一千年間之時，是將自然現象做神格化的時代，此以《梨俱吠陀》為代表。

第二期為婆羅門教時代：西元前一千年至五百年間，有專職於宗教事業的婆羅門族，從事於《夜柔吠陀》及諸種《梵書》的著作，並將宗教的祭儀做了條理的組織；《奧義書》也在此時發生，對於宇宙的問題，做了哲學的解釋。

第三期為印度哲學興起時代：西元前五百年至二百五十年間，在保守派方面，有《經書》的編成；在神話方面有毘紐笯及濕婆的崇拜；在哲學方面有《新奧義書》的編出；其他尚有主張物心二元論的數論派，說禪觀之法的瑜珈派，倡物理原子論的勝論派，站在論理學立場的正理派；在宗教方面，則有反婆羅門教的教團蠭起，佛教與耆那教即是其代表。

第四期為佛教興隆時代：西元前二百五十年至西元後五百年間，佛陀的人格及其教義，由於印度史上最偉大的明君—阿育王的外護而流傳至四方，使佛教成為世界史上第一個世界性的宗教。

第五期為婆羅門教復興時代：西元五百年至一千年，婆羅門教成為諸種印度民間的普遍信仰，此即為印度教的產生。

第六期為印度教分派時代：例如，毘紐笯派、濕婆派、性力派、信念派、薩烏拉派的分別獨立。又由於伊斯蘭教之入侵，而有綜合了印、伊二教所產生的錫克教。

第七期為宗教混合時代：西元一千五百年至現代，由於基督教的入侵，造成混合的局面。

以上七期，大致上本章的重點是放在前面的三期及第六期；有關佛教部分，另在第十章中介紹。

印度的環境

印度位於山海之間：自西北至東北，由興都庫斯山、喜馬拉雅山、喀喇崑崙山為屏障；東南為孟加拉灣，西南為阿拉伯海，南為科末林岬及印度洋。自南向北看，與中國及阿富汗相接，乃是大陸國家；自西向南看，與錫蘭島對望，卻是一個半島。

向來介紹印度的地形，皆稱為一個大三角形，北方廣闊而南方尖狹。德國的梵文學家多伊森氏（Paul Deusen，西元一八四五－一九一九年），著眼於印度文化史的遷移，而以印度是個四方形：由興都庫斯山為頂端，畫一線至印度河出口處，又畫一線至恆河出口處，再自印度河口及恆河口各畫一線至科末林岬，即成了一個不等邊的四方形。若就其文化史的過程而言，又可將此四方形再割為三個三角形：先由印度河出口處畫一線至恆河出口處，再由興都庫斯山垂一直線至兩河之間的橫線。如此，則西北為第一個三角形，是印度河流域及拘羅平原（Kuruksetra）的婆羅門教發源地；東北為第二個三角形，是恆河流域的佛教發源地；南方為第三個三角形，是德干高原的土民族文化的發展地。印度文化的開展，即是順著這三個區域的次第而出現。

本章第四節以前的內容，將以日本學者高楠順次郎及木村泰賢合著的《印度哲學宗教史》為主要的參考書。現據該書緒論，略介上述的三個區域的大要如下：第一個三角形區：此即由於印度河的灌溉而造成的肥沃土地，氣候溫和而適合於農牧。印度河發源於中國的西藏，沿印度西境而下，兩岸匯引許多河流而入阿拉伯海。印度國名實由此河而來。由北方初到的移民見此河水，聲勢雄大，故稱信度（Sindhu，水或海的意思）。此在古代波斯語中讀作Hindhu，後與希臘語化合而稱為印度。在中國史書中的「身毒」、「賢豆」、「印度」，皆為此字各方語音的轉譯，本為古代波斯人呼其對岸地方的稱呼，希臘人也因襲而利用它。但在印度人自己，原來未嘗自稱為印度，而是以「閻浮提」（Jambu-dvipa）或「婆羅多」（Bhārata）稱全印度的。

第二個三角形區：此為恆河平原，由此向南，漸入熱帶。然除東北境的雪山之外，地勢開闊，沃野千里，均適合於農作。但由於水旱時至，人民多樂於悄退山林，靜默沉思，對宗教的發展極為有利。此一區域的文明，是拜恆河（Gaṅgā，競伽河）所賜，其價值尤勝於印度河。若無恆河上游的最大支流閻牟那河（Yamuna），婆羅門教也不會以拘羅平原為其文化的中心（中國）；若無恆河中游摩揭陀國一帶地方，佛教文化也不會發生，佛教的「中國」（Madhyadeśa）也不會出現。

第三個三角形區：此為頻闍耶山（Vindhya）以南的半島地方，大部為山嶽的高原，僅於兩邊海岸處有平地。因此住於山間的諸民族，由於交通不便而各自開發其獨特的文明。加之此一區域屬於熱帶，隱遁山林者，可藉天然的果實維生，實為沉思默想者的好環境。故也產生了具有特色的一般文明和偉大思想。

印度的民族

印度的人種很多，現在我們要介紹的是雅利安人。但在雅利安人進入印度以前，已經有了先到該地的達羅維荼（Dravidian）等的人種，後來南印度的文化，即是這一等的人種所創。

雅利安人的最早發源地究在何處？尚不得知。但據近世學者的想像，他們曾在中央亞細亞一帶過團體生活，其後分向東方及西方移動。當西元前三、四千年以前，有一支西向歐洲移民，此即為後代大部分歐洲人的祖先；又有一支東向波斯及印度移民，其到波斯者成為伊朗人種，到印度者成為雅利安人種。合起來則總稱為印度歐羅巴人種。追溯其根本及分支的時代，則可分為印度歐羅巴共住時代，和印度伊朗共住時代，簡稱之則為印歐時代及印伊時代。

這是從比較語言學、比較神話學、人類學、考古學等的考察而證明出來的結果。

第二節　吠陀時代的宗教

四　《吠陀》

《吠陀》是印度宗教的原始聖典，尤其是《梨俱吠陀》，乃是世界最古的詩篇，比諸中國的《詩經》及希臘的荷馬史詩，它是早得多了。

《吠陀》共有四種：

（一）《梨俱吠陀》（*Ṛg-veda*）：是祈請者所用。它的編成年代，約在西元前一千五百年，其中的大部分是印度雅利安詩人，居住於東迦布爾地方及五河地方時，對大自然歌出的詩句。它保有印度歐羅巴共住時代及印度伊朗共住時代的人類思想。所以這書在研究宗教學及神話學上，被視為不可缺少的珍貴資料。

（二）《沙摩吠陀》（*Sāma-veda*）：歌詠者所用。

（三）《夜柔吠陀》（***Yajur-veda***）：祭供者所用。

（四）《阿闥婆吠陀》（***Atharva-veda***）：祈禱者所用。

實際上，此四《吠陀》的內容，皆是以祭祀為中心。不過，早期的《吠陀》聖歌，均為詩人所撰。後來的《吠陀》祭儀，則為職業的僧侶增補。然在四《吠陀》中各有特色：例如，《梨俱吠陀》代表古代雅利安民族之上流思想家（詩人）的信仰；《阿闥婆吠陀》，是詩人們故意繼承下流社會如達羅維荼族的信仰，加入向來上流的哲學思想而大成的。《阿闥婆吠陀》主要是重視咒法，重視招福及禳災之超自然力的信仰，故富於民間迷信的色彩；這在其他三種《吠陀》是沒有的。

《吠陀》神話

此所謂的《吠陀》神話，是指《梨俱吠陀》中所說的神話。若作《吠陀》神話的研究，則當另以《夜柔》及《阿闥婆》二吠陀作為補遺的參考。

《吠陀》神界的要素，兼備萬有的全體：在天界有日、月、星、辰之神；在空界有風、雨、雷、電之神；在地界有山、河、草、木之神，以及人間的諸種事象，乃至和人為敵的動物，皆在《吠陀》神話之列。但因雅利安族的進入印度，分有先後，到了印度又因地理的殊隔，以致各自發展其宗教的信仰。例如《梨俱吠陀》中就有「五種族」（Pañca jana）的名。種族之內又分部屬，部屬之內再分聚落，每聚落有好多個家庭。各家的家長，既是家業的中心，也是宗教的祭祀人，這與希臘和羅馬相似。所以各地對神祇的崇拜，便不能統一。在甲地的人，特別重視甲神；

乙地的人，又特別重視乙神。因此，吠陀時代的雅利安人，同時信仰著很多的神；但在諸神之間，並沒有聯絡的系統可尋。一個人可以信仰所有的諸神，然當他們在對其中的某一神崇拜時，皆可用光明、智慧、威力、慈悲等語讚頌之；皆可用最上、最大、最美等語形容之。他們是崇拜多神的；但在崇拜某一神時，即將某一神視作宇宙的主宰。

由於上述的原因，有人將之稱為「單一神教」，即是在多神之中，只崇拜某一個神的宗教。馬克斯．彌勒則將之稱為「交換神教」，即是在多神之中，主神的主體經常交換的宗教。

《吠陀》神話中的神，分有界別。《梨俱吠陀》分為三界：一、天界（Div），二、空界（Antarikṣa），三、地界（Pṛthivi）。有時又將天、空、地界各分為二界而成六界。到《阿闥婆吠陀》，在三界之上立一光界而為四界。又有將天、空、地三界各分為三界而成九界；但其皆以天、空、地三界為基礎。現在即以三界的次第，將《梨俱吠陀》的諸神之重要者，介紹如下：

天界的神

在《梨俱吠陀》及《阿闥婆吠陀》，常常說到三十三天，又稱三界各十一天。到佛教則以欲界第二天的忉利天稱為三十三天，說在忉利天即須彌山的頂上，有三十三個宮殿，故名三十三天。《吠陀》則以三界為三十三天。驟觀之，似有三十三個神格，實則此三十三之數字，在印度只是一個泛數，而非表示神之定數者。

現在介紹主要的天神：

（一）特尤斯（Dyaus）：這在《吠陀》的諸神中，是最有原始形跡的一個神，約在印歐共住時代已有了他，故與希臘的宙斯（Zeus）、羅馬的邱比特（Jupiter）為同一語。是由「發光」（dyu）之語根而成之神名，乃由光明而神化的。對於地母而言，此神被稱為天父。此神又被想像作牛的形狀，稱之為牡牛，故與稱降雨之雲為牡牛者有關。

（二）婆樓那（Varuna）：這是《吠陀》神界最有力的神，被信為非常有威信的司法神，起源甚古，與祆教的阿訶羅莫他（Ahura Mazdah）的性質相似，故知至遲是印伊共住時代的產物。這是由「包容」（var）之語根而來，是蒼空自身的神化。故他以天為座，以阿耆尼（火神）為面，以蘇爾耶（太陽女神）為眼，以窪尤（風神）為呼吸，著金色之衣。故為宇宙之大王，為規律之保護者。此神為古印度在道德上理想的最高表現者。到了佛陀時代，由於眾多新興的小國分裂，彼此爭戰，遂有霸主思想產生，欲以道德及威信而將印度統一，那就是轉輪王（Cakravartin）之理想。到了阿育王世，也就真的實現了此一理想。推究此一輪王思想之根由，實即是以司法神婆樓那的性質，移於武神因陀羅，而在地上的人間出現者。

（三）蜜多羅（Mitra）：此神與祆教的蜜德羅（Mithra）相當，是「友人」之意。是表示太陽之（晝間）恩惠方面的神。

（四）蘇爾耶（Sūrya）：這是代表太陽之具體的女神。相當於希臘的赫里奧斯（Helios）。

（五）沙維特（Savitṛ）：這是代表太陽之活動方面的神。此神似為印度的特產。他使人人由睡眠中起來，能使神與人不死，能驅除惡鬼魔物及惡夢，並導死者之靈升天。

（六）布咸（Pūṣan）：這是表示太陽在養物方面的神。又為引道神、牧畜之保護神。能為旅行者驅除猛獸賊盜，能導死者之靈達於天國。

（七）毘紐笯（Vaishṇava）：此神到了後來的印度教中，與濕婆神同等地位（又譯作維修那或毘濕紐）；但在《梨俱吠陀》中的地位並不高。其特質為三步可以跨越全世界，故為太陽出於東、達於中、再沒於西的神格化者。

（八）阿提緻（Āditi）：此為女神，她的功德在於給人類以無縛的自由。此女神所生的各神，稱為阿提底耶（Āditya）。

（九）烏舍（Uṣas）：此為黎明之女神，是《吠陀》神中最美的女神，性格與希臘女神雅典娜有相似處。這是天父特尤斯之女，是夜之女神拉脫麗（Rātri）之妹，是日神蘇爾耶之母。其年紀雖已很老，但日日新生，永如少女。

（十）阿須雲（Aśvin）：此為耦生神，能給老男人以妻，能給老女人以夫，給盲目者以眼，給折脛者以腳。此神對人類做廣泛的救濟，有人漂流於黑暗的海洋，手攀木片而念此神，即得大船來救。故被視為海路之神及醫藥之神。

空界的神

現再介紹主要的空界之神：

（一）因陀羅（Indra）：這是《吠陀》神界最雄大、最威武、最被重視的印度國民的保護神。是由印伊時代傳來，在祆教視此為惡神。至佛教則視為忉利天的天主釋提桓因（Śakra-devānām-indra），為皈依佛教的神。在後來的印度教又視為喜見城（Sudarśana）之主，為永受崇拜的豪華奢侈的最高地位的天部。此神乃為雷霆的神格化者，他的母親是「牡牛」（Gṛṣṭi，雲），裂破其母之脇而生，生後即為一個勇者，跳舞震動天地，手中常執金剛杵（vajra）為武器，故又名為金剛手。佛世的印度，產生轉輪王思想。佛傳的作者多以為佛陀若不出家成佛，必為轉輪聖王。輪王思想是由婆樓那及因陀羅兩個神格的化合而成，所以，因陀羅既是裂破其母之脇而生，亦附會佛陀是由摩耶夫人的右脇降生。其實，根據《異部宗輪論》等考察，以佛由右脇而生之說，僅是大眾部的主張，在有部的《施設論》中，便未說到此事。大眾部總喜歡把人間的佛陀，描繪成為理想化的佛陀。雷神因陀羅裂破其母親雲之脇而生，是不難解釋的；佛教的大眾部主張：「一切菩薩，從母胎出，皆從右脇生。」（《異部宗輪論》），就不免是附會神話而生的神話了。更可笑的是中國的道教，受了佛經的影響，也來東施效顰一番，說他們的老子也是破其母親的左脇而生的。因陀羅神給佛教的影響，可謂極多。又如印度後期大乘密教的本尊，稱為金剛薩埵或金剛手，本尊佛現出忿怒相，手執金剛杵以為降魔器，這不就是由於因陀羅神的觀念而來的嗎？

（二）羅特羅（**Rudra**）：此神自《梨俱吠陀》經《夜柔吠陀》至《阿闥婆吠陀》而逐漸發達，到了後來的印度教，即變成為濕婆神（**śāiva**）。此神怒時，每以其霹靂之矢，普殺人畜以及損傷草木。此神的天然基礎，則與山嵐有關，也有學者以為與瘴癘之氣、雷電之力有關。

（三）馬爾殊（**Maruts**）：此為暴風的神格化，通常成為一群（Gana-Śardha），其數或謂二十一，或謂百八十，以羅特羅為父。牡牛（雲）為母。

（四）窪尤（**Vāyn**）：此為風之神格化者，其行速為諸神之第一，是雷神因陀羅的同盟。

（五）巴爾加魯耶（**Parjanya**）：此為雲的神格化，是降雨之神。

地界的神

再把地界的主要諸神介紹如下：

（一）阿耆尼（Agni）：此為火之神格化者，因火有不可思議之力，未開化的人類即以神格視之，乃為祭壇之神。與希臘羅馬的聖火，有類似處。

（二）祈禱主（Bṛhaspati）：此亦為地上的祭壇之神。

（三）蘇摩（Soma）：此為酒神。是從印伊時代繼承而來的神。他的功能與阿耆尼有相似處，即是自身為神，同時又是神人之間的媒介。蘇摩本為草名，後因用此草製酒祭神，故轉為酒神之名。在《梨俱吠陀》中，有蘇摩與太陽女神蘇爾耶結婚的神話。以日月相對的聯想，到了《阿闥婆吠陀》以後，便將蘇摩與月同視了。因為蘇摩草莖之名為安休（Aṁśu），與「月光」同名；又因蘇摩草液之名為英獨（Indu），有「月」的意思。所以就把酒神轉成為月神了。

（四）薩羅婆伐底（Sarasvati）：此為以上的三大祭壇之神之外的地界最著名的神，是河川女神。此究為河精或為河的自身，不能明瞭。《梨俱吠陀》以此神能除人之穢，並給人以富，且給人之勇敢及子孫。到梵書時代，此神又兼為「語」（Vāc）神。後來的梵天之妻、吉祥天女、辯才天，亦皆為此神發展於人格方面的結果。

動物神與植物神等

除了如上的三界之神，尚有許多的神。動物之中，崇拜馬神，牽引三界諸神之車的，大抵是馬神。其次為牛神，《梨俱吠陀》以天父特尤斯是牡牛形，《阿闥婆吠陀》呼牡牛為因陀羅，《夜柔吠陀》稱牡牛為「不可殺者」（Aghnya）。後來的印度教即以牡牛為毘紐笯的化身而加以崇拜。最初只是將天空的雲層形容為牡牛而想像為神的形狀，後來竟以真牛為神的表徵了。此外有野羊（aja）、犬、野豬、鳥、蛇等的動物神。蛇神崇拜則與後來龍的信仰有關。

植物神之中，有蘇摩草，有藥草奧薩提（Oṣadhi），有大樹為森林之主，有森林全體之女神。

庶物神之中，有祭柱、祭筵、搗蘇摩之石、犁頭、犁；有戰時用的甲、胄、弓、矢等神。更有微妙的，竟以某些語句的本身，也當作神來崇拜。例如豐滿、神靈、死、信心、信仰、愛、貧乏、滅亡等語。在《阿闥婆吠陀》中，皆呼之為神，而向之祈禱。此與咒術有關。

魔神

魔神又另成一系，其主要者有三類：

（一）阿修羅（Asura）：此本與波斯祆教的最高神阿訶羅（Ahura）同語，但在《吠陀》神界，漸變成為惡神。《吠陀》中的阿修羅，初為稱有力諸神如蜜多羅、婆樓那、阿耆尼、因陀羅等之號，以表示諸神之有可畏的魔力者。後來由於罪惡觀的進步，便以魔力成為魔神之特性，終於成為獨立的神格。《阿闥婆吠陀》及《夜柔吠陀》，以阿修羅為一魔群，全然與天神反對。到了奧義書時代，遂發展以蘇羅（Sura）為天，以阿修羅為非天之說。

（二）羅剎（Rakshasa）：此為惡鬼的一種，始於《梨俱吠陀》，至《阿闥婆吠陀》而愈盛。阿修羅與天為敵，羅剎則與人為敵，化作種種形相來害人。例如犬狀、禿鷲狀、梟狀，以及化作人的兄弟、愛人、丈夫之形，來接近之而加害之。這也是一魔群，他們又常隨飲食而進入人腹，吃人內部之肉而使人發病。

（三）畢舍遮（Piśāca）：此為無人祭祀的幽鬼群。在《梨俱吠陀》中只見一處，《阿闥婆吠陀》及《夜柔吠陀》中則屢見之。一名為餐屍者（Kravyād），他們與人們的祖先為敵，餓鬼之名稱，殆為由此而來。

以上三種魔鬼，在佛經中屢見不鮮，可見《吠陀》諸神給佛教攝受的程度之深了。佛教為了攝化傳統的人群，所以也方便接納傳統信仰中的諸神，置於外護的地位。

低級群神

這是小神，是天空地神之外的別屬群神，主要者有如下數類：

（一）梨布斯（Rbhus）：此為由人而成的巧匠神。他們本來不是神，因蒙諸神之寵而上天，因努力而達於神位，得以不死。

（二）乾闥婆（Gandharva）：此與祆教的乾闥列瓦（Gandharewa）為同語，起源於印伊時代。《梨俱吠陀》對此神兼用單、複兩數，《夜柔吠陀》謂此神有二十七，《阿闥婆吠陀》謂有六千三百三十三。有說此神住在天上，有說常與水中的天女阿布沙羅斯同住於水中。有說此神是半獸半人狀，《百段梵書》則說此神頗美。此神好女色，除以天女阿布沙羅斯為其戀人外，《梨俱吠陀》謂未嫁的處女皆屬於乾闥婆。佛教及印度教以乾闥婆為天音樂神，在《吠陀》中尚無此說。

（三）阿布沙羅斯（Apsaras）：此為水中的天女，雖常住於河沿，卻時遊於榕樹及菩提樹等的大木之下。在樹下吹笛、跳舞、歌唱。又好賭博而使賭博者好運。此為乾闥婆之妻，但亦與人間的男子有關係。曾與世人鋪爾拿發斯（Purū-ravas）同居四年而生下了詩人發息西陀（Vasiṣṭha）。然此女神善於惑亂人心，世人亦對之有幾分畏懼。

神與人的關係

在猶太教，以神為主（Lord），人為僕，神人之間是主奴關係，所以人當絕對地服從神命。在《吠陀》中的神人關係，大體上是親族關係。印歐時代的雅利安人，已稱天為父，至吠陀時代，遂常以我等之父（Pitāṇaḥ）一語呼神。猶太教雖也在〈以賽亞書〉第六十四章第七節中呼神為「我父」，但此種例子很少。到了基督教，才常用天父呼上帝。

《吠陀》以人類皆為神之子孫。例如生界的祖先摩（Manu）及先界之人的祖先耶摩（Yama）及耶彌（Yami），為人間最初之兄妹，是最先的死者，同為遍照神（Vivasvat）的子女。人類的祖先是摩，摩是由遍照神與工巧神之女沙羅尼尤（Saranyū）所生，人類也即是神的子孫。可知《吠陀》的宗教思想，遠較猶太教靈妙得多。同時，在人類本皆具有神性的前提下，後來即與「一切眾生皆有佛性」的偉大思想，先後接通。

《吠陀》的實際生活

此所謂實際生活，是指人神交接的生活，人要與神交接，便得借用如下的幾種方法：

（一）祭典：原始人類為了買取神的歡心而賜予恩惠，必有祈禱及供物的祭典。在《梨俱吠陀》時代，尚沒有神殿，祭典多在各自的家中舉行，祭場的中心是火爐，火爐旁邊設一用草蓆蓋起的祭壇，作為神座及供養之所，但無偶像。祭典時則讚美和祈禱於祭壇，以供物投於火中，相信神即攝取其氣。動物的犧牲，通常是用牛、馬、羊、野羊。太古時代似曾用人來作犧牲的，後來改進了。例如《百段梵書》中說：「其初原以人為犧牲；其精逃去而入於馬，更以馬為犧牲；其精逃去而入於牛，次經羊、野羊，而入於地，由地引出而得米麥；於是爾後，捧米麥以代人。」由此也可以看出，自太古之蠻風而漸次進入文明的歷程了。然到後期的印度教性力派，又恢復了以人作犧牲的祭典。

（二）咒法：印度的咒法，起源於《夜柔吠陀》。祭典為表面的行事，咒法乃是內面的行事。咒法以行於下等社會為主。《阿闥婆吠陀》中的咒法基礎有兩個思想：一、信一定咒文之自身有神祕之力；二、信表徵能代表實在之物。也就是說：誦一定的成句而利用表徵的物，其力即能策動一切的神靈。咒法的種類則可分為四項：一、息災，二、咒詛，三、開運，四、幻術。

人死之後的命運

許多學者以為印度的宗教是厭世主義的，其實在吠陀時代的雅利安人，卻是抱的現實主義及樂天主義的態度，對於死後的未來是不大考慮的。但皆深信其人雖死，死後尚有一種個人人格的存在，類似後世俗稱的靈魂之說。在《阿闥婆吠陀》，說明此死後之靈，住於天、空、地之三界。其所理想之地，即是生於死國之王的耶摩天國。《梨俱吠陀》中說：凡是對神行苦行的聖者、戰場喪生的勇士、不惜財物而作供祀的人，皆入此天國。

在此天國，有無限的光明，有急流的水，稱為最高的光明界，人間所見的星宿，即是入此國之聖者的光明。一般亡者住入這個天界，一切願望皆可遂心：無衰老、無病痛、身相具足、無有富貴與貧賤的差別，與聖者同享一樣的安樂。天國有音樂歌唱，有父母妻子團聚之樂，有百味飲食自然湧出而蓄之於池，有如意牛使人滿足一切的欲望。諸神在此以耶摩為中心，在菩提樹下大開宴會。

耶摩與地獄

耶摩的字義有二：一為俱生，一為嚮導。由後者之意至後世即化為制御惡人的神，最初住於最高的天上，故必與太陽神話有關。《梨俱吠陀》說亡者至天界，第一當面謁耶摩及婆樓那，至《阿闥婆吠陀》，即對耶摩有了恐怖思想。說耶摩司理死亡，並且有死後的裁判權。到了佛教時代，又將此神一分為二：天上為耶摩天，地下為地獄的閻羅王。

在梨俱吠陀時代，是否已經有了地獄（Nārakaloka）思想？學者之間頗有爭論：西方學者有以為在《奧義書》以前，印度沒有地獄思想；有的以為善有善報，惡也必有惡報。據日本的高楠順次郎及木村泰賢的意見說：「以予觀之，《梨俱吠陀》之讚歌，皆隱惡而揚善，捨黑暗而言光明。地獄之說雖不現於表面，但不可即判定為無此思想；雖不完全，亦未嘗無萌芽之可見。」例如《吠陀》中所說的「深處」、「無底之黑暗」、「無底之淵」、「地之下室」、「地之下底」、「最低之黑暗」等。不過，詳言地獄的苦患，置罪人於天秤以定罪的輕重等之思想，是起於梵書時代了。耶摩成為閻羅大王以做地獄之主的思想，乃是起於史詩時代。

第三節　梵書及奧義書時代的宗教

《梵書》的時代

《梵書》的年代中，包含了《夜柔吠陀》。約為西元前一千年至五、六百年之間，此為雅利安人由五河地方移住於拘羅地方時代。這是思想沉滯而宗教保守的時期。宗教家們專以傳教為宗旨，抑制進步思想，自閉於傳統的儀式生活之中。所以，《梵書》的主要成就，即是婆羅門教的三大綱領：《吠陀》天啟主義、祭祀萬能主義、婆羅門至上主義。《梵書》的性質，不過是在發揮《夜柔吠陀》的特質。對四《吠陀》中關聯於祭典的事項，一一附於因緣、故事、來歷。即以散文解釋《吠陀》中供祭者所用的讚歌。

若要作一個比喻，那麼，四《吠陀》相當於佛教的經典，《梵書》則相當於佛教學者根據經典而撰之論部。所以，《梵書》也就是附屬於四《吠陀》本典的神學書。

現存的《梵書》只有十四、五部。屬於《梨俱吠陀》的有兩部；屬於《沙摩吠陀》的有九部；屬於《夜柔吠陀》的分為《白夜柔吠陀》（《百段梵書》）及《黑夜柔吠陀》。《黑夜柔吠陀》所屬的又分為四部；屬於《阿闥婆吠陀》的有一部。

《梵書》時時說神話，述故事，論瑣細的儀禮，傍及宇宙的本源，故其內容很雜。

《梵書》的神話

此時期將古代重要的自然神，漸失其自然色彩而隸屬新起的抽象（原理）神之下，又將古代不顯著的下級神的地位抬高，同樣隸屬於抽象神之下。

此期的諸神，皆帶有人格的色彩，品格則頗下落。在故事中，司法神婆樓那為了捕食幼童，竟向阿耆尼及因陀羅行賄；阿耆尼本為清淨的神，竟與其師婆樓那的妻子犯姦淫。

《梵書》中的洪水神話，與猶太教的挪亞洪水神話極相似。說有一個遍照神之子叫作摩的人，因為在洗身時在水中得到一條小魚。魚說：「救我，我亦當救你。」摩便蓄魚於瓶，繼置於池，再放入大海。臨別時，魚說：「今夏有大洪水來，將滅一切有情，我將救你，你當做船待我至。」夏天果然大水，魚來將船縛於角，引往北方的高山。待水退後，摩即徐徐下山。因為生物皆已淹死了，摩為了再得子孫，便行祭祀及苦行達一年，忽在水中牛出一個婦人，對他說：「我即幸福也，因為你的祭祀，故得子孫及家畜，其身幸福。」因此，後世的人類，都是摩的子孫了。

輪迴說及業說的起源

輪迴（saṃsāra）是流轉的意思，此在印度是由奧義書時代以下的共通思想。大體言之，梨俱吠陀時代並未見有輪迴思想，據學者的考察，此一思想起於梵書時代，而圓熟於奧義書時代。因在《梵書》中雖說到輪迴問題，只是片段的。故關於輪迴境界的種類、業的賞罰期間、靈魂往返的狀況，及與輪迴說不可分離的解脫問題，皆不明瞭，到了《奧義書》，始將此等問題補充起來。所謂解脫（Mokṣa）、涅槃（Nirvāṇa）、不死（Amṛta）、無上界（Niḥśreyasas），皆為欲脫離此輪迴之境而達於永久不動的狀態。所以輪迴之說與解脫思想是不可分離的。

輪迴之說的起源　以革爾拜氏（Garba）繼承格夫氏（Gaugh）之意見，謂係由原始的土人信仰，移於雅利安人的。因為此一思想在雅利安人的同一血脈的歐羅巴人並未產生，其他各地也未產生，獨產於印度。

至於業說，學者以為也是起源於下層信仰，業的思想起於《阿闥婆吠陀》。《阿闥婆吠陀》認為人之有意或無意而犯罪，必有相當的罰，故有除罪的咒文。因此，罪這樣東西，就像是一種物質（如佛教說一切有部主張的無表色），甚至罪也可以使他人感染而犯罪。更進一步說，一切的善惡之業，必有各各個人應負的責任。此責任感之及於過去現在未來的三世，便是業說的成立。然而，《阿闥婆吠陀》，乃為印度社會下層信仰的代表，其中混入有不少土著的信仰，故對業說的根源，或即本於土人的信仰，亦未可知。到了佛教，即以佛的智慧，對輪迴及業，作了淨化並肯定的界說。

《奧義書》

《奧義書》的梵語為優缽尼沙曇（Upaniṣad），為肝膽相照的對坐之意，其目的在於教人以不知的祕密教義。此係由於時代思潮的影響，祭祀至上的思想已不能滿足當時智者的要求，於是將祭祀的說明（如《梵書》）降為第二位，將哲理的考察成為第一位，此即《奧義書》的任務。

《奧義書》是承《梵書》而來，是《梵書》的一部分，它的本身並不是獨立的文書。因在各《梵書》的最後部分，通例皆稱為《阿蘭若書》（*Āraṇyaka*，《森林書》）之章，即由網羅《梵書》前部分中深入於哲學方面的思想而成。《奧義書》實即屬於《森林書》的最後部分。因此，《奧義書》的最古部分，大約出於西元前七百年至五百年代。

多伊森氏將此與希伯來的宗教作比較，謂《奧義書》以前的文書如《舊約》，《奧義書》如《新約》。《新約》脫化了《舊約》的律法精神而向倫理方面發展；《奧義書》則脫化了《梵書》的祭式味道而向哲學方面發展。

《奧義書》的分類及譯本

在原則上，《奧義書》的總數應與《梵書》相同。《吠陀》的各支學派，當各有一本。但到後世，有的已湮沒，又有的是後人擬作，所以無從確知其總數了。巴特氏（Barth）說有二百五十種，韋柏氏（Weber）說有二百三十五種，此外又有近世新發現的。因此，研究《奧義書》時，必須分為兩條線索：

（一）《古奧義書》：此係隸屬於《梨俱吠陀》、《沙摩吠陀》、《夜柔吠陀》，現存者有十一種。因其屬於較古的支派，故稱為古，又稱為正系。

（二）《新奧義書》：此係隸屬於《阿闥婆吠陀》，年代較晚，故稱為新，可疑者多，故又稱為旁系。此皆個人或小團體所行的學說，不是繼承《梵書》而來的產物；只是為了推尊此等學說為神聖，所以用了《奧義書》之名，實則與《阿闥婆吠陀》自身，也無直接的關係。除了《古奧義書》的十一種之外，餘皆屬於此系。故在研究正統《奧義書》上，此亦無大價值，其特色則為帶了學派的色彩，主張組織的教義。

印度可稱為「奧義書全集」的有兩種：一、集五十二種而成的，為《烏普賴克特集》（*Oupnek'nat*）；二、集一百零八種而成的，為《慕庫地克集》（*Muktika*）。

《奧義書》譯本之完善者，有四種：

（一）叔本華門派的多伊森氏之《六十優鉢尼沙曇》之德文譯本。

（二）馬克斯．彌勒的《東方聖書》中的英文譯本。

（三）美國的漢米氏（Robert Ernst Hume）譯有*The Thirteen Principal Upanishads*。

（四）日本由高楠順次郎監修，翻譯《慕庫地克集》的全部，即是一百零八種的全集，共分九卷。

《奧義書》之能受到世界學者的重視，乃是它的哲學的價值。在《奧義書》中，可以見出與柏拉圖、斯賓諾莎、康德等相為呼應的思想。無怪乎叔本華要說：「余得是書，生前可以安慰，死後亦可以安慰」了。

《奧義書》的宗教思想

印度的思想，宗教與哲學是不能分的。《奧義書》的內容，可分作本體論、現象論、終局論的三部分。本體論及現象論是純哲學問題。所謂本體，即是宇宙的原理。《奧義書》以「自我」（Ātman）作為此一原理。據《布利哈德奧義書》四．四，五稱：「此我，實彼梵也。」梵即是宇宙的本體。實在之梵，顯現於世，即為現象論。《奧義書》說梵之成為現象者，共有三態：

（一）世界的支配神：此稱為梵天（**Brahman**）或自在天（**Īśvara**）之人格神。相當於柏拉圖所說的造化神。

（二）物器世界：此即有情輪迴的舞台。在空間的位置上，分為天、空、地之三界；在時間的過程上，有「劫說」（**Kalpa vāda**）。謂世界於某時期依「梵」而發展，經過一定的時間之後，再歸入於「梵」，世界常以同樣的情形而循環不已。

（三）有情的成立：據《奧義書》的思想，有情的範圍極廣，上自天人（**Deva**），下至植物皆是；然其經常考察的中心是人類。有情的種類有四：一、胎生，二、卵生，三、濕生，四、芽生。

以上的梵之三態，除了支配神的觀念之外，幾乎多為佛教所吸收，加以改良之後，成為佛教的觀念。

輪迴與解脫

輪迴思想起於梵書時代，成熟於奧義書時代。根據業說而以為有情本體之我是常住；由此常住之我，因其行為的餘勢（業力）而連貫過去、現在、未來的三世，三世因果的觀念，也就隨著成立。由三世因果而發動常住之我的輪迴流轉。

在《奧義書》中，有情輪迴的範圍也很廣，包括天、人、鬼神及一般生類，乃至遍及植物在內。

《奧義書》的最終目的在於解脫。這個解脫，在於離去一切假現的繫縛而安於本性的梵，不在於嚮往從來未有的天國，是在發現有情本具的真性。從《奧義書》的立場看，一切現象界的經驗和知識，均與解脫的工夫無助；解脫是在離言語、絕思慮後的智慧（Vidyā）。凡為宗教上的祭祀及世間的道德，乃是相對的善行，不是解脫的正道，僅為助成解脫的初步或輔業。因此，《奧義書》中所謂的「知梵拜梵」，不是世間所稱的知和拜，實與佛教禪宗的「大悟徹底」相同。

解脫的境界，也絕不是躐等的工夫。在達此境界之前，必須經過相當順序的修行。故將人生過程分為四個時期：

（一）青年期的獨身研究生活：入師門學《吠陀》及祭法。

（二）治理家庭的生活：結婚生子，供神祀祖。

（三）森林苦修的生活：中年過後，修道習定。

（四）隱者羽士的生活：晚年時期，雲遊弘化。

修行解脫道的方法，即是禪定、瑜珈。將身心結合於一處，離動住靜而做內觀，此為《奧義書》中期以後的重要修行法：即在遠離人跡的林間、河邊、洞穴等處，端坐調息，將心集於一境，念「梵」之表徵「唵」（oṁ）字密語，達於恍惚的狀態，便以為近於「梵」我的真性了。

第四節　經書及學派時代的宗教

《經書》

《經書》的梵語叫作修多羅（Sūtra）。係由「織」（siv）字而來，意為在用簡單的語句，總括教義之大綱，好像以線穿花或穿珠那樣。

《經書》的年代，馬克斯．彌勒說：大約自西元前六世紀至西元前二世紀之間。其內容雖混有古書中所沒有的信仰及思想，但在大體上仍為祖述梵書時代的制度及儀式。故其雖為學派時代的產物，仍是形成廣義的《吠陀》之一部分。《奧義書》是《吠陀》理想方面的發展；《經書》則是《吠陀》婆羅門教實際方面的記述。所以，若不研究《經書》，便不能完全了解婆羅門教。

《經書》屬於《吠陀》的，又被稱為《劫波經》（*Kalpa Sūtra*），是由三類合成。所謂三類，即是：

（一）《法經》（*Dharma Sūtra*）：蒐集四姓的義務、社會的法規、日常生活規定而成。

（二）《天啟經》（*Śruti Sūtra*）：說明祭官所司的大祭。

（三）《家庭經》（*Gṛhya*）：說明家庭中，由家長所司祭的儀式。

合以上三經，便完成了婆羅門教實際方面的說明。

四姓

四姓即是婆羅門教的階級制度。四姓的淵源是在《梨俱吠陀》的〈原人歌〉，謂由原人（梵）的頭生婆羅門，由肩生王族，由腿生吠舍，由足生首陀羅；經夜柔吠陀至梵書時代，四姓即成為社會的制度。但在《梵書》及《經書》中，對於婆羅門的要求也很高。例如祭典中若有一個婆羅門有罪即不成就；作為婆羅門的資格，必須音聲好，形相正，年老有知識，道德而有善行；若不學《吠陀》也不教《吠陀》，便等於首陀羅。

婆羅門有六項職責：一、學習《吠陀》；二、為自己司祭；三、為他人司祭；四、教授《吠陀》；五、自行施捨；六、接受布施。剎帝利王族的職責，在於用武器保護有情之財產，並且施行善政。政治是以人民為本位，稅收用作保護人民，給俸官吏，供養沙門，保護殘廢，養戰死者之遺族；僅以其餘，用作國王宮廷的開支。

吠舍即是百姓，其職責在於農、商、牧畜等。要納稅金，要供養婆羅門。

以上三姓有信仰宗教及死後生天的權利，故稱再生族；首陀羅沒有信仰宗教的權利，故稱一生族。首陀羅是奴隸階級，毫無公民的權益。據《法經》中規定，此一種姓，唯一職責是在以勞動來服事以上的三姓，不許經營獨立的生活。乃為宗教所不救的賤民。

婦女與婚姻

婦女在梨俱吠陀時代，有與男人相同的地位，並且很可能行的是一夫一妻制。到了夜柔吠陀時代，婦女地位下降，以「女子為不信」、「女子為污濁」，但仍不失太古之美風，夫婦同住，同司祭場的重要儀式。至經書時代，婦女地位僅是男子的附屬，喪失獨立的權利，如同中國古代的「三從」之風；且在《法經》中公認多妻主義：一、婆羅門種姓可有三妻，娶本姓一個，剎帝利姓及吠舍姓的各一個。二、剎帝利種姓可有二妻，娶本姓及吠舍姓各一個。三、吠舍種姓及首陀羅種姓，各娶本姓的一個。婦女的地位，全與首陀羅相彷彿，規定殺死婦人之罪與殺死首陀羅的罪相同。因為男子結婚是求子嗣，「婚後十年不孕，或二十年只生女孩，或十五年生子皆不育，則當出其妻」（《包達耶那法典》二．二、四、六）。

但是，《法經》對婦女也有寬大的地方，《科多馬法典》中說：「若女子已達妙齡，其父不為其定配偶者，經三月後，女子得自從其意擇夫。」這是自由的婚姻。

《包達耶那法典》對於婦女的貞操尺度也很寬大：「婦女有特有之拂穢法，每月之經水，能去其自犯之罪。」即是說：妻女與他人通姦，只要沒有因此受孕，便算無罪。

對於寡婦的要求也不嚴格，《科多馬法典》及《包達耶那法典》均說：於丈夫死後的一年之間，要斷酒、肉、蜜、鹽等物，伏於土室。一年後若欲求子，可與亡夫的兄弟或親族，生兩個兒子。《科多馬法典》又說：若丈夫他往，過六年而仍無音訊者，其妻與他人通姦，無罪。

生活即是祭祀

根據《經書》的規定，人之一生，不過是依照祭祀的預定次第而行的歷程而已。每日有每日的祭祀，每月有新月及滿月祭，每年有例行的年祭，其間又有種種臨時祭，又有數年一次的祭，一生之中又有數次特定的祭。婆羅門教的三大綱領之一，即是「祭祀萬能主義」，離開祭祀，他們就無生活可言了！但要給它分類來說，可分作家庭祭及天啟祭的兩大類：

在家庭祭之中，包括從人之托胎而至下葬的儀式，試舉如下：

（一）受胎禮：夫婦婚後，欲懷孕而行的祭。

（二）成男禮：懷孕三月，希望生男孩而行的祭。

（三）分髮禮：成男禮後一個月行之。

（四）出胎禮：臨盆時，生產時，生下後，斷臍帶時，由父母共行之。

（五）命名禮：一般在生後十日行之。

（六）出遊禮：初出門時，為生後四月行之，與父母外遊。

（七）養哺禮：初進食物時，為生後六個月行之。

（八）結髮禮：嬰兒終期入童子期時行之。

（九）薙髮禮：剃除頭髮的四邊，表示童子期終入成年期時行之。

（十）入法禮：此為人生四個時期的第一期開始—婆羅門八歲至十六歲，剎帝利十一歲至二十二歲，吠舍十二歲至二十四歲之間為入法時期。若此時期中不行入法禮，即失去宗教的權利，也失去再生族的特權。

（十一）歸家禮：由師家學成返其自家之前所行之禮。

（十二）結婚禮：歸家後，行人生在家的大禮。

此外要行新滿月祭，要行好幾個月的定期祭，要行祖先祭。

對於死人的葬法，分有火葬、水葬、埋葬、投棄、曝棄等五種。

又由專門的祭官所司的天啟祭祀。家庭祭是以家長為司祭者，天啟祭的司祭者是專門的祭官；家庭祭只用一火，天啟祭則用家主火、供養火、祖先祭火的三火。

在天啟祭中又分為供養祭及蘇摩祭。

（一）供養祭：包括置火祭、火祭、新滿月祭、祖先奉餅祭、初穗祭、四月祭、供獸祭等。

（二）蘇摩祭：凡供養祭以外的大祭，皆稱為蘇摩祭。例如力飲祭、即位禮、馬祠、奉乳茶、火壇祭、人祠、一切祠等。其中的馬祠，是婆羅門教的大祭，若有野心的國王，想要征服四方，便行此祭。先選取一匹供作犧牲的馬，洗淨作法後，派貴族少年武士，放馬於東、南、西、北方各一年，任由馬的心意到各鄰國的領土上吃草。馬所經之國，該國若自知無力抵抗放馬之國者，即當以精兵加入衛馬的隊伍，以示承認了馬祠之國的宗主權，否則即以兵力相抗，發生戰爭。至於人祠，太古時可能曾用人作犧牲的。但到梵書時代，已改用米麥等物代替了。所謂一切祠，是將財產、妻子、眷屬等奉施於神及人，自己隱居於山中的祭祠。事實上，凡為隱遁之士，多作一切祠的祭式。

學派的興起及其開展

在《奧義書》的終期，由於內外雙重的原因，開出非婆羅門主義的好多學派。此等學派思想的興起，由內觀之，固以《奧義書》為其原動力，但也因了潛伏在民間的信仰之抬頭；由外觀之，乃因隨著各地方而生出的種種思潮之獨立而成。

據多伊森氏等的研究，當時繼《新奧義書》而開出的學派，可分為五大潮流：一、純吠檀多主義；二、瑜珈主義；三、濕婆主義；四、毘紐笯主義；五、遁世主義。其中的濕婆主義及毘紐笯主義，是在《古奧義書》之外發展而迎合有神思想的學派。在此五大潮流之外，尚有佛教、耆那教、正理派等，與《新奧義書》的思想也無甚聯絡。

在原始的佛教聖典中，對於佛世的時代思想雖曾詳述，對於當時的大思潮卻未提到，乃至連《奧義書》的名字也未發現；但研究《古奧義書》的年代，確在佛世之前。即使為中國及日本佛教學者認定較佛教為早的幾個學派，例如數論派、勝論派、正理派等，在原始佛教的史料中，亦難證明它們的存在。這是頗難解釋的問題。

學派時代之初的四大思潮

事實上，在佛世前後，也即是學派時代之初的二、三百年之間，印度思想極為混亂，大致可分為四大流派：

（一）正統的婆羅門教：婆羅門教在此期間，一面遭受學派分化的氣運所逼，一面則促成其在對抗新教派的必要上，編成了幾部有組織的宗教書，例如《家庭經》、《天啟經》、《法經》，即是此時的產物。

（二）習俗信仰的有神思想：有神的潮流之中，具有代表性的文書，便是《摩訶婆羅多》（*Mahābharata*《大戰書》），特別是《大戰書》中的《薄伽梵歌》（*Bhagavad-gītā*，為此思潮的頂點。在此時期，將吠陀時代的神做了改變。例如把雷神因陀羅變為帝釋天（**Śakra-devānām-indra**），變為勇武而多妻妾享受的天神；酒神蘇摩變成了月神。又增加了吠陀時代所未有的神。例如財富之神毘沙門天，女神吉祥天。此時的中心神格有三位：一、毘紐笯（**Vaishṇava**），即是那羅延（**Nārāyaṇa**），二、濕婆（**Śaiva**），即是大自在天（**Maheśvara**），三、中性之梵及男性化的梵天（**Brahmā**）。在此三神之中，尤其崇拜毘紐笯及濕婆二神；在梵書時代，原以那羅延天、摩醯首羅天（大自在天的音譯）、梵天，是一體三身的造物主。

（三）哲學的潮流：以上所舉《新奧義書》開出的五大潮流行於此時；六派哲學中的數論派、瑜珈派、勝論派、尼夜耶派的興起，也在此時。

（四）反《吠陀》的沙門團：由佛典中知道，這些反對婆羅門主義的教派，是活躍在恆河東岸及下游的摩揭陀國一帶。佛經中常見的六師外道，就是指的這些教派，分別主張現世主義、唯物主義、快樂主義、苦行主義。不過，婆羅門教固有足以反對之處，六師外道的極端反對婆羅門教，也未必就是眾生之福，遂有釋迦世尊起而宣揚中道主義的佛教。

學派時代的共通思想

從出發點上說，一切學派無不以離苦而得解脫為目的。解脫的中心，即是由「我」之生命的問題而發展出來。

對於器世間（物質的宇宙）的看法，自《推提利耶奧義書》（《古奧義書》之一種）以來，認為組成器世間的元素有五種：地、水、火、風、空。除空之外的「四大」說，乃諸派共通的見解。

就世界的種類及形狀而言，《推提利耶奧義書》即說：宇宙上下皆圍以水，其中有三界，三界之旁有日、月等的守護神。學派時代仍保存此三界的名而加以各種說明，佛教也不例外。

世界的中心何在？據《大戰書》中說：世界如一蓮花，中心有高達天界的迷盧山，梵天座於山上而造作萬有。佛教的學者，則以須彌山（Sumeru，須彌盧，妙高山）為世界的中心。山在八海之中，四方有四洲，日月旁繞須彌山，人類住於東、南、西、北的四洲之上。須彌山實即是由於學派時代的印度人，對於地理考察所產生的神話解說。因為印度的北方有喜馬拉雅山，他們即以為是世界的中心。又因印度的地理是個大半島形，海洋的水將它三面包圍，所以認為世界是在水中。又因印度位在喜馬拉雅山之南，他們便以南洲自居，而自稱印度為南閻浮提。其實，這種地理知識是很幼稚的，唯在當時的人類，也只能作如此的半神話解釋。

在時間的看法上，《摩那法典》（婆羅門教的法律書，成於學派時代）及《大戰書》，將人間的一個循環，由道德及壽命的關係而分為四期，稱為：一、四點，人壽四百歲；二、三點，人壽三百歲；三、二點，人壽二百歲；四、一點，人壽一百歲；每期時間的延續，依四點的次序為四千年、三千年、二千年、一千年；如此循環四千回，即相當於梵神的一日。梵神睡了，世界便破壞。再等同樣的時間，梵神醒來，世界又成立。佛教的學者，則將之分為：成、住、壞、空的四劫。以四劫為一大劫，即一個循環，觀念雖略異外道，但也大同於外道。因為這種時空組織的思想，是完成於部派佛教時代，所以我稱為佛教學者的意見，而不稱為佛的知見。

兩大史詩

我們知道，當雅利安人進到印度之後，征服了先住的土著民族，為了保持雅利安人既得的優越權益，所以創始了階級制度。因為當時的雅利安人，是以祭司為社會的領導階層，便唱出了一個神話：「梵天口中生婆羅門（祭司），肩膀生刹帝利（武士），腿部生吠舍（平民），腳上生首陀羅（賤民）。」故在《吠陀》文學中，均以婆羅門階級為最高。

但在雅利安人移住到恆河流域之後，與土著達羅維荼族的文化接觸交流之下，便對《吠陀》思想產生了審查的態度，他們是將刹帝利階級提高至婆羅門以上，至少是看為平等。於是，就產生了兩部以王者武士階級為中心的史詩，那便是《摩訶婆羅多》及《羅摩耶那》（*Rāmāyana*）。這兩部書是接受《吠陀》思想的根柢加上民間信仰的素材，鎔鑄起來，用敍事詩的體裁，敍述了古代印度的社會狀態。正如兩大史詩的英譯者洛美斯·達德（**Romesh C. Dutt**）所說：「兩大史詩顯示給我們以古印度所存在的文明與文化、政治與社會生活、宗教與思想的最明瞭而生動的圖畫。」它是代表當時王者武士們的思想模式，也代表了當時印度一般宗教信仰的傾向。而此時代正好是佛陀化世的前後。

《摩訶婆羅多》譯為《大戰詩》或《大戰書》，照字意解應是「大印度」。摩訶是大，婆羅多則為印度人自稱他們的全境。這是世界第一長詩，共十八卷十萬頌二十萬行；若把希臘的兩部史詩《伊利亞特》與《奧德賽》合併起來，也不過《摩訶婆羅多》的七分之一。全書故事是以階級歧視而引起：有兩位武藝相埒的英雄迦那和有修，本為同母所生。迦那為車夫的兒子，有修則為國王的兒子。在一次比武大會上，迦那因為是車夫的兒子而被拒絕比賽，有修則順利地取得了冠軍；又一次在女主角德珞帕娣的選婿大會上，迦那雖有合格的絕技，德珞帕娣竟當場宣布不願嫁給這樣一個車夫的兒子，結果又是有修中選。因此而使兩位親兄弟成為生死怨家，興起了一場動員全印度大小數十國的大戰。在拘羅地方大戰十八天的結果，迦那仍死於有修之手。

大戰發生的時期，據歐洲的東方學者麥克．唐納（Prof. MacDonnell）等說：是在西元前一千年頃。有些印度學者，則謂在西元前一千三百年左右。傳說此書的作者是廣博尊者，口口相傳而到最後，始用梵文記錄。實則此書是經過長時間及很多人的努力而完成。在西元前五世紀時，可能尚是一些口唱的短歌，多半是不連貫的戰歌或戰史。到西元前三百年左右，才由僧侶們把各自所信的諸神及神話插進去，用以抬高其宗教的地位。到西元三百五十年為止時，已在詩中加進道德的教訓，使之成為雅俗共賞而獲得「第五吠陀」的美稱。書中的可利休那（Krishna）智慧卓越，有人把他比作《三國演義》中的諸葛亮，因此也被印度教視為毘紐笯的化身。

《羅摩耶那》譯作《羅摩所行傳》，共有七卷二萬四千頌四萬八千行。此書的基礎早於《摩訶婆羅多》。在西元前五百年時，已完成了簡單的故事，但到亞歷山大於西元前三二六年攻略印度後，此書仍在增加之中。

這是敘述憍薩羅國羅摩王子的一生行事：他為遵守父王諾言而放逐於南印度森林中十四年，

忠心的妻子息妲隨行，卻被錫蘭國王誘拐而去，因而引起戰爭。後得猴神哈紐曼的幫助，渡海攻陷錫蘭而救回息妲。此在佛教文獻中也有消息。例如巴利文《十車王生經》及漢文《十奢王緣》中，同樣記載著羅摩放逐的故事；又在漢文佛典《未名王生經》中，說有一位國王被逐，王妃被邪龍搶去海島，因得小猴之助而負石填海，天藥治病，屠龍得妃。這兩種記載，可說是《羅摩耶那》最初的本事。

可利休那與羅摩，同被印度教視為毘紐笯的化身；但可利休那的教訓和靈異，究不如羅摩人格的故事感人之深。所以迄今在印度民間，羅摩崇拜的勢力大於可利休那。印度政府也每年要主持羅摩節的典禮。

（本節內容多半採自糜文開的《印度兩大史詩》）

第五節　印度教的內容

印度教的歷史

印度教（Hinduism），即是新的婆羅門教，在佛陀時代的前後，由於新興思想及民間信仰的刺激，有神派的婆羅門教，即漸變而成了印度教。

印度教的歷史，大致可以分作六個時期：

第一期：自西元前二世紀至西元後二世紀之間，是有神論復興轉機的時代。此係由於《羅摩所行傳》及《大戰書》的兩大史詩的力量，將梵天、毘紐笯、濕婆的地位提高。又有《奧義書》將梵我與濕婆、神與英雄可利休那，視為一體，樹立了唯一絕對人格神的崇拜。

第二期：西元二百年至五百年時，有毘紐笯派、濕婆派、梵天派等的產生。由佛教方面的資料，知道毘紐笯派及濕婆派，在龍樹時代（西元一五〇—二五〇年）已經出現，因在《中論》及提婆的《百論》中，已提到了這兩派的信仰。

第三期：西元五百五十年至九百年間，由商羯羅阿闍梨，自吠檀多派的哲學基礎上，大成了印度教；濕婆派及毘紐笯派在此期間極盛。從《大唐西域記》中知道，玄奘留印期間，印度諸國多有信奉大自在天及那羅延天；唐玄宗開元年間（西元七一三—七四一年）來華的金剛智及不空所傳的密教，亦有降伏大自在天之說。濕婆派的異流鑠乞多派（Śakta）的女神崇拜，也在此期中興起。

第四期：西元九百年至一千三百年頃，為怛密耳（Tamil）宗教詩人歌詠其宗教信仰中心的時期。

第五期：伊斯蘭教影響印度教的時代。

第六期：西元一千八百年之後，基督教影響印度教的時代。

本書不能將印度教的各派各期，詳細介紹，只能將印度教與佛教先後互關以及重要的部分，作扼要的說明。以下所用的參考資料，則係取自是姉崎正治的《印度宗教史》、坂井尚夫的《印度之宗教》、糜文開的《印度歷史故事》及《印度兩大史詩》。

印度教的三位大神

印度教是《吠陀》信仰的革新，也是婆羅門教的復活。因在阿育王時代之前，佛教的崛起，取代了婆羅門教的地位。此後，婆羅門教吸收了佛教的優點，以及民間信仰的要素，便起而復興成為印度教。

取自佛教的有哲學理論、宗教儀節、寺院建築、聖像雕刻和繪畫，以及聖跡的巡禮及培植。此在佛教以前的婆羅門教，特別是藝術方面，非常貧乏。

取自民間信仰的，則為《羅摩所行傳》及《大戰書》中的英雄人物，被印度教融和成為神的化身而加以崇拜。由於民間英雄崇拜及佛教化身觀念的輸入婆羅門教，結果便出現了一神而現三身的信仰，將婆羅門教的梵天，演為三種身分：

（一）婆羅摩（梵天）為宇宙的創造神。

（二）毘紐笯（那羅延天）為宇宙的保護神。

（三）濕婆（大自在天）為宇宙的破壞神。

此三大神的性能各異，本體則一，是由一元之本體而作三種不同的顯現。吠陀時代以來的諸神，均降為三位大神的下屬。這種三位一體的信仰，略似基督教的聖靈、聖子、聖父；梵天居於聖父的位置，毘紐笯與濕婆居於聖靈的位置，化現的英雄人物居於聖子的位置。但到後來，印度教徒對於毘紐笯及濕婆起了個別獨立的崇拜，印度教也就因此分派再分派。

梵天，本為古來印度的最高神。到了印度教，又對他構成了新神話，將他置於宇宙的中心位上，而把另外二神當作人格崇拜的對象。加上民間英雄崇拜的故事，此二神的神話也就愈來愈與人間接近。由於英雄的戀愛故事，故也構成了神之配偶的女神崇拜。《羅摩所行傳》中的羅摩，《摩訶婆羅多》中的可利休那，既被視為保護神毘紐笯的化身，書中的女主角息妲和薩維德麗，黛瑪英娣和德珞帕娣，自然也成了被崇拜的女神。由於兩大史詩均極重視夫婦的愛情，婦人的忠貞和賢淑，青年男女的相愛。例如牧童可利休那與少女相戀，羅摩與息妲的蜜月，或則悱惻動人，或則風光旖麗，都是一種戀世思想的表達。故在此後的印度教各派，固仍有修苦行的人，多半教派的教師卻是有家有室的人。

這種化身的思想，原出於佛教。佛的「本生譚」中，說他在往昔生中行菩薩道時，曾現種種身分及種種類形，此為印度教吸取之後，即有毘紐笯化種種身的傳說。例如《大戰書》卷一四，便說曾化野豬、人獅子、矮子、魚、羅摩、可利休那。其他地方的記載，乃至連佛陀也被說成了毘紐笯的化身之一，佛像也成了被他們崇拜的對象。因此，佛教中慈悲、寬容、平等的觀念，也被印度教吸收過去，終使佛教混入印度教中而消失。

《富蘭那》文學及印度教的諸神

印度教的教理及神話，自佛教之後，即漸次形成。至西元二、三世紀之際，即有新的聖典編成，稱為《富蘭那》（Puraṇa）文學，係由二大史詩的神話、印度教的法典以及其他的傳說與習慣的總合與大成。它的內容在四世紀的一位學者，將之分為五部：

（一）世界創造之宇宙論（Sarga）。

（二）世界之維持、破壞，及其年代（Prati-sarga）。

（三）諸神及教主之系統（Vamsa）。

（四）摩拏之歷代（Manvantara）。

（五）日、月兩個種族之歷史及其子孫（Vamsanucarita）。

現在的《富蘭那》已經後世改竄不少，故其只就關於梵天、毘紐笯、濕婆三神的記載而分作三類。

在《富蘭那》中，以為世界之創造，是由於梵天或毘紐笯受了婆藪天（Vasudeva）的迷妄，故造出梵天的世界，並使其子七人為教主，主持人類的繁殖和世界的成壞。這個世界的中心是須彌盧山。在我們所住的閻浮提波（Jamabu-dvipa）的周圍，尚有八山相隔，外面又有鹽海、糖海。這個宇宙便是以這樣的七陸七海圍繞而成。往空中數，有七層天，最上一層毘孔陀天（Vaikuntha），為宇宙保護神毘紐笯的居處；往下有七層地下世界。地下世界之下，則為二十一個地獄。

天上有無數的神，或做人形，或做禽獸形，步行於空中，各以各的果報而享天樂。他們多手多腕，有身體但沒有陰影。他們的眼睛永遠不瞬，天衣花鬘，華麗而永不衰壞。能以一身而作種種形態的自在變化。

天上諸神的最高地位，是喜見城主因陀羅，又名帝釋天，與他的妻子因陀羅尼（Indrani）共住於最上天宮。柱楹均係珠玉鏤成，七寶行樹連接成林，微妙音樂及美好飲食充盈其間，萬千美女以及緊那羅（Kiṃnara）、乾闥婆、迦樓羅（Garuḍa）等天神圍繞。

緊那羅是人身馬首的天部，能歌，乃為天上的歌神。女的稱為緊那羅女（Kiṃnarī），在佛典中說她們極美。

乾闥婆也是音樂神，是天上的樂手。能嗅香、善奏樂、精舞伎。其妻阿布沙羅斯（天女），美而善舞。

迦樓羅是半人半鳥的神，通稱金翅鳥。常受因陀羅及毘紐笯的役使，飛行各處，與敵戰鬥，殺龍是他的特技。同時又能吹笛，常在空中奏樂。

另有龍王（Nāgarājaḥ）、龍女（Nagakanya）住於地下之龍宮。德叉迦（Takṣaka）龍王及和修吉（Vāsuki）龍王，是龍王中的大龍王。龍是半人半蛇的神，其宮殿稱為薄迦伐帝（Bhogavati），處於海中之下界。龍王舍夏是支撐宇宙的神，又是毘紐笯的侍從，共有千頭；同時又以五頭的龍表徵濕婆而加以崇拜。

尚有夜叉（**Yaksha**），是人形的空行神，雖其有時對人不利，但卻經常是人類的保護者。女的稱為夜叉尼（**Yakshani**）。此外有常與天神作戰的阿修羅，與人為敵的羅剎、畢舍遮，此皆屬於惡神、惡鬼、幽鬼之類。

從以上諸神看來，大致仍是吠陀時期的產物，不過加入了民間信仰及佛教的成分。這些神鬼均被佛教承認，大都成為佛教的護法神；一轉又被印度教吸取，成了毘紐笯及濕婆的天部。

商羯羅與印度教

印度教的圖謀復興，固然為時很早，印度教的思想統一及獨立分派，則有待於商羯羅（西元七〇〇—七五〇年）的出世。商羯羅阿闍梨之前，雖已有了《富蘭那書》及《薄伽梵歌》，前者重於宗教信仰，後者重於宗教哲學，但其仍為混亂駁雜的局面。歷千年之後，始由商羯羅將之組織統一。當他死時，他對印度教的貢獻之大，卻可與亞歷山大對希臘王業的功勳相比。他首先站在吠檀多派知識宗教的立場，註釋了許多的古代哲學書。以他自己的意見，主張用印度傳統的婆羅門哲學為主幹，總合印度的一切哲學。因其吸收佛教的思想極多，故在後世的學者，把他稱為

「偽裝佛教」。但他這種吸收新知而匯集印度哲學之大成的胸襟，立時風靡了全印度的思想界。他又親自遊歷四方，教化人民。同時派遣英俊弟子多人，多赴各地，他們均以奔放的熱情及滔滔的辯才，高倡破邪顯正。他們選擇的主要對手，便是已在走向下坡的佛教。商羯羅嘗至藩伽羅找佛教辯，竟無一人是他敵手。因此而有二十五寺被焚掠，五百比丘受迫改宗。他們對於上流社會，是用哲學思想來說服，對下層社會，則用通俗信仰來教化。

當商羯羅去世之前，已在印度四方創立了四座大修道院，死時即指派其高弟分別主持。可是，凡事無常，當印度教統一之後，接著來的便是派系的分裂，但他仍為諸派的共祖。後來的毘紐笯派，把他祀為毘紐笯的化身，濕婆派又視他為濕婆的化身。當時的佛教，正在鬧了自家門內的思想糾紛之後，中觀派與瑜珈派諍論，中觀派中也分作兩系來互諍。但到此時，人才凋零，已無一位大師。真是鷸蚌相爭，漁翁得利，結果是印度教大獲全勝。

印度教的支派分裂，是從西元第九世紀開始。同出商羯羅的及門弟子開出的，據說有濕婆派（Śaiva）、毘紐笯派（Vaishṇava）、性力派（Sāura）、伽那鉢提派（Gāṇapatya）、太陽派（Śākta）、波輸鉢多派（Pāśupata）。分派的原因，係由於崇拜對象的不同而起。因為印度教的源頭是婆羅門教，那是交換神教，可以隨崇拜時的不同對象，而予此對象以最高神的地位。到了印度教中，則以唯一絕對的最上之神以外，容許另有各種性格的大神存在。如前面所舉的三位大神，本係一體的三相，後來卻把他們分開，各派僅拜其中的一位。

最初出現的分派，主要是毘紐笯派及濕婆派。從形式上看，有兩種不同點：一、是額前的記號：濕婆派用白色畫三條橫線；毘紐笯派則用紅、黃、白三色畫三條縱線。二、是持用的數珠：濕婆派係用堅果做菱形的數珠三十二粒；毘紐笯派則用木質的數珠一百零八粒（後來傳入佛教的念珠也用此數，值得留意）。

再從意趣上看，濕婆是威嚴破壞之神，所以有時用死人骨骼做數珠，以三叉之槍作表記，以男性生殖器憐伽（Linga）為其表象。濕婆的偶像也極恐怖森嚴，又用牡牛表徵其威力。因此，這派的修行者，重視冥想、禁欲、苦行，與古婆羅門教的厭世派相當。至於毘紐笯乃是人情之神，富有溫和快活的風趣，故以英雄羅摩及可利休那之像為其偶像。此派信徒，多屬戀世，故有流於肉欲放逸的頹風，但他卻為一般人民所支持。此派的僧侶多有家室，一如世間的俗人。

濕婆派

濕婆神在吠陀時代，乃是空界的群神之一，名為羅特羅。由於他有忿怒殺傷之威力，故到印度教中，就成了宇宙的破壞神，與破壞相對者，他又是再生之神。所以，此神的性格很複雜，大抵可分如下的五類：

（一）一切眾生的破壞者：當一劫終期，他便殺盡一切眾生，乃至梵天與毘紐笯，然後用火燒毀。他將天神的骸骨纏於頸間，把餘灰塗上他的身體。因此，濕婆派的信徒，也均用灰塗身，作為崇拜的表徵之一。

（二）再造者：他在破滅之後，又常加惠眾生，給予再造及守護。在此種觀念的崇拜下，多半是用男性生殖器憐伽為其表徵。

（三）苦行者的模範：因其有沉思冥想及苦行禁欲的性格，所以又被稱為大苦行者（Mahā-Tapāh）。修持者以坐於榕樹下，裸體、塗灰、冥想作為崇拜的表徵。所以濕婆派的厭世傾向與毘紐笯派的戀世傾向，適巧相反。

（四）一切聖知之泉源：因其禁欲冥想，所以是學者及思想家的模範。

（五）歡樂的神：有時濕婆又與其妻同住山中，狩獵、飲酒、有扈從的小神圍繞，並與其妻共舞嬉樂。由於這一性格，後來產生了女神崇拜。因為濕婆與妻擁抱交合，本係用以表徵再生的威力，也就是天地造化合一而使萬物得以生生不息之意，但到後來卻演為用性交作為崇拜的儀式了！

由於濕婆的性格複雜，故其名稱也極多，據說共有千八個異名。例如大自在天、大天、火神、施惠、母、父、眾生現出者、一切構成者、寂滅、造歲者、大幻、夜行者、馬面、大怒、根本、畸形等等。

由濕婆派分出的，又有好多派，主要者有復認派、波輸缽多派、水銀派。

復認派（Pratyabhijñā），是絕對的唯心論者，以為世界係因迷妄而成，世界及眾生均屬於唯一的大自在天，所以是濕婆之奴。站在人的立場，視一切萬物，亦不出乎自己心中的觀念之外。吾人認識萬物，亦即是大自在天之觀念藉吾人自己的觀念而重新認識，所以稱為復認。因為吾人與濕婆同一體，亦能同其觀念來認識事物。由此恩寵，故知自己的神，即存乎自己之中；所以，離去迷妄，即可回復神力而得解脫。所謂解脫，乃是完全地與大自在天成為同一的實在。

波輸缽多派（Pāśupata），此在漢譯佛典中稱為牛主外道，或獸主外道。在商羯羅之前的世親菩薩的著作中，即已見到此名。此派以為世界及人類之存在，是受苦界的繫縛，若盼解脫此苦，首先要靠智力和思想之與濕婆神結合，由之進入停止一切的活動，擺除一切的苦惱，與絕對的宇宙原理合而為一，便是解脫之境。若想解脫，需要依止師，修戒行，常遠不淨，除迷誤，常冥想濕婆；一日三次舉行沙浴，坐於燒熱的沙上；奉供物，誦經文，巡禮聖地；以歌讚、欠身、振顫、跛行等動作向神獻媚；乞食、破衣、粗食，嚴厲地自制克己。可見此亦苦行的一派。

水銀派（Raseśvara），此與中國道教的丹鼎派類似，是以煉金術而使肉體不壞不死，故以健身養生為目的。此派的不死之法，是用雲母及水銀配製混合，由其質的變化而生不思議的神力。

他們認為水銀與雲母的配合，即是濕婆與女神威力的合一，所以能藉此種神化的精力而使服食的人從必死達於不死，並且得大自在，飛行無礙，徹見宇宙原理，遠離一切苦厄，解脫一切繫縛，獲致永恆的幸福。這是求取現世幸福的一派，所以也是由苦行派過渡到性力派的中間派。

女神崇拜

濕婆神是破壞者，也是再生者與繁殖者。原是一種宇宙觀的理論或解釋，所以初期的濕婆派是屬於知識階層的宗教。後來與民間信仰結合，既有求取現世幸福的教派出現，也就自然地引生了肉欲放縱的信仰。認為濕婆也是幸福及財富的來源，他能賜人以子女，並使家畜繁殖。又從生殖的威力，轉移到女神崇拜。

濕婆與妻交抱，本來表示宇宙的合一而生萬物，後來卻將生殖的威力轉變為濕婆之妻的表徵，以為生育之力，是出於女性的特長。女神崇拜既由濕婆的派生，女神的性格也與濕婆相同，她有威烈和溫和的兩種面貌。在威烈方面，她是死亡女神。名叫卡利（Kali），黑面、亂髮、獠牙咧嘴、提劍殺人、用血潤喉、以枯骨環頸。故在祭祀之時，常以血食供奉。虎血可獲女神百年的滿足，人血可買女神千年的滿足。在過去常用活人作犧牲，後為英國的殖民政府禁絕。

此一女神的另一個名稱叫作杜爾嘉（Durgā，意為難近母）。全身金色，共有十手，各持兵器，追殺惡魔。據考察此一女神，本為住於頻闍耶山中的處女神，是水牛魔（Mahisa）的殺戮者，喜酒肉、好犧供。到了《摩訶婆羅多》中，把她寫為英雄可利休那的戀人。這個原始山地人民的處女神，由於和可利休那神話的結合，便一變而成了濕婆之妻，又改換一個名字，叫作烏摩（Uma）。

這有一個生動的神話：天上諸神被水牛魔阿修羅打敗驅逐，去向梵天求救，梵天要諸神去找濕婆的兒子。當時的濕婆卻還沒有結婚，獨在山中靜修，正好山神派他的女兒烏摩在做濕婆的侍者，諸神就派愛神（Kamadeva）去用法術使這兩神相愛，結果就使他們二神成了一對夫婦，並且生了二男二女。戰神迦帝凱約（Kartikega）和智慧神迦藍司（Ganesh）是他們的兒子；文藝女神娑羅掃阿帝（Sarasuati）和吉祥女神拉克辛蜜（Lakshmi）是他們的女兒。烏摩帶了她的兒子戰神，出陣連戰三日三夜，最後戰勝了騎在水牛背上的阿修羅。

印度教本以牡牛是濕婆的表徵，但在每年祭祀杜爾嘉女神的連續十天之中，每天必殺水牛奉祀，把殺水牛作為殺敗魔神阿修羅的象徵。

但在另一方面，這位配偶女神，又是溫和柔情的。她與濕婆恩愛歡樂地住在山中，度著享受五欲的夫妻生活，因此，她又叫作愛欲女神（Kāmeśvari）；她也是貞潔的清淨女神（Vimalā）。

另外尚有很多的名，例如大智女神、生育女神、大母神、戀愛女神、行法修驗女神等等，總數約有一千個。

這個女神既有愛欲及生育等方面的威力，乃至宇宙間的任何威力無不集其一身，所以此派信徒即對女神產生至尊無上的信念。萬物均由女性而生，萬物無不含於女性之中。結果，便是性力的崇拜。

性力派

性力從何而來？初為生殖器崇拜。此在印度《吠陀經》中尚未發現，或係出於非雅利安人的土著之間。亦有人說是由外來民族的輸入，唯其在印度文獻之中出現，乃為《富蘭那》聖書。將宇宙的破壞及再生，以濕婆及其妻作為表徵。又用男性生殖器憐伽（Linga）及女性生殖器優尼（Yoni），象徵男、女二神。即以男女陰陽的崇拜，作為信仰破壞力與再造力的對象。

本來，僅對生殖器的崇拜，不致激起放逸的淫風，因在後來又產生了一種理論，認為人體機能，有無數的脈管，共分六大部分，分屬六個中心輪（Cakra），各輪均如蓮花狀，由上而下分六個位置。最下部最重要，那便是生殖器，稱為木拉陀羅（Mūlādhāra）輪。即以此輪而修（男女）

相應（瑜珈）之術，可將此一相應產生的力，由最下輪而升至最上輪。上下之輪相通相接，便可產生超自然的奇蹟。（此可注意者，中國亦有一派術士，把修定運氣稱為轉法輪，氣脈接通稱為破關，也同於此了。）

於是，由女神的性格，導向女性的生殖器；又把女性生殖器，視作修行瑜珈術的曼怛囉（Mudrā，印契）。現將性力派的祭祀儀節，略述如下：

（一）神殿禮拜：對女神供獻穀物、家畜，乃至以人為犧牲。

（二）輪坐禮拜：以同等數目的男女各半，進入密室，在夜間圍繞一個作為本尊（女神）象徵的裸體女人而坐，唱五摩字真言，即是酒（Madya）、肉（Māṃsa）、魚（Matsya）、印契（Mudrā）、穀粒（Maithuna）。

（三）行悉檀：悉檀（Siddham），是成就的意思，即以修瑜珈術而獲成就。

（四）最上祕密法：依照怛特羅（Tantra）儀軌，接受教師指導，行男女祕密之術。

這四個階段，主要是在吃了魚肉喝了酒，各就「印契」而行交接。這樣的集會，他們稱為聖輪（Śri-cakra）會。性力之名，即是由其聖輪會的重心，在於最上祕密法。

祕密法與咒印

性力派發展後，印度晚期佛教的祕密乘，也就接受了它的理論。故在尼泊爾及西藏的喇嘛教，也有無上瑜珈法，並將無上瑜珈的經典儀軌，也稱為怛特羅。

所謂怛特羅，乃為性力派聖書的總稱，通常所用者六十四種，共計則有一百九十二種。以內容的性質而言，可分四類：一、教義的理論；二、瑜珈；三、建立神殿及神像的規定；四、宗教儀軌的行法。大多是記載女神與濕婆的對話，並非全部是講的最上祕密。因為其中有數種怛特羅，名為瑜摩拉（Yamaa），有「雙」字的意味，而且此也正是性力派的特徵，那即是指的男、女二神的擁抱之狀。於是，密教無上瑜珈部的「上樂輪」，便名之為怛特羅。

性力派尚有一項特徵，也為佛教的密乘接受或相近，那便是咒印。其內容可分六點：一、咒文（Mantra），是指某些不必解釋其義理而專供念誦的文句。二、咒字（Bija），是指以某些個字，代表某些個神，例如「唵」字代表宇宙神的三位一元。其他各神均有特定的字，誦每一咒字即能借得某一神的神力。三、咒符（Yantra），是以種種符號代表種種神，用血書寫的符號所得的神力最大。四、咒札（Kavaca），在石片、木板或紙上記下咒文、咒字、咒符，隨身攜帶，有避凶趨吉的功用。五、咒念（Nyasa），口誦咒文之時，用指摩觸身體各部，便可獲致神力加持。六、印契（Mudra），是用手指所作各種姿勢表達各種神意，其目的是在求取相應。口誦咒、心觀字、手結印，便是三密相應。故將最上祕密的相應，也視為印契之一，而且是大印契。

可見性力派的信仰，有取於婆羅門教的咒法巫術；最上祕密，則又類於中國道教的房中術或御女術。此為尼泊爾及西藏的喇嘛教所吸收。但是，喇嘛教畢竟是以佛法為中心的。欲知喇嘛教的教理及教儀，則請參閱另一拙著《西藏佛教史》。本書限於篇幅，已不能介紹了。

印度教的思想家

在商羯羅之後，到了西元十二世紀，毘紐笯派出了一位羅摩那者（Rāmānuja），主張限制的一元論，與商羯羅的思想抗衡。十三世紀時，又有摩陀婆（Madhva）主張人神二元論，開出摩陀婆派。十四世紀則有羅摩難陀（Rāmānanda）出世，他以史詩中的英雄羅摩為毘紐笯的十大化身之一，故以羅摩為崇拜的對象，並且主張四姓平等，向賤民階級傳布他的信仰。至十五世紀，又有基於羅摩難陀的立場，採納伊斯蘭教的優長，開出一個改進派，後在此派之下，便出現了印、伊雜糅的錫克教（Sikha）。

這種貴賤平等的思想，原出於佛教，此時再度興起，影響很大，故在十五世紀的難提夫（Nāmdev）以及十七世紀的吐迦龍（Tukārām），均係賤民出身的宗教家。他們兩位排斥偶像崇拜，主張道德生活，誠心皈依毘紐笯。這又是接受了伊斯蘭教影響的思想。

自十九世紀以下，由於西方殖民主義的國家，為印度帶進了基督教信仰，基督教未能吞滅印度教，卻使印度教的內部又起了一次改革性的變化。例如朗摩罕拉（Rām Mohan Roy）所創的婆羅門薩摩傑（Brāhma-Sāmāj），以及陀耶難陀薩羅斯薄底（Dayānanda Sarasvati）所創的雅利安薩摩傑（Ārya-Sāmāj），都是受了基督教的刺激，起而鼓吹復古思想：主張站於《吠陀》的立場，強固純印度傳統宗教的信仰。

第五章　中國的宗教

第一節　中華民族及其宗教的起源

中華民族

現在的中華民族，是包括了漢、滿、蒙、回、藏等種族而成。從人種學的觀點來說，這些都是蒙古種系的黃種人，故可以說：今日的中華各民族，原來就是同一種族的各支分系。根據中國古史記載的傳說，中華各民族，也都是炎帝及黃帝的後代。

不過，在中華諸民族中，以居留於黃河流域的漢族，發展最盛，文化最高，開化最早。所以，往昔提起中國人，即會與大漢民族連在一塊。中國的歷史文化不自漢朝開始，何以自稱中國人為漢族？那是因為秦漢時代的中國武力最強，版圖最大，最先接觸到外來如西域及印度的文化，並將中國的勢力向外延伸。所以外國人最早知有中國者，是秦始皇時代，故稱中國為「秦」，用羅馬字拼音，便是CHIN。西洋似有一個慣例，每喜歡在許多地名的末尾，加一個A

字的「阿」音以表示地方之意。因而中國的西洋名稱就成了「秦那CHINA」，日本人則稱我們為「支那」。也許中國人以為秦始皇行暴政，並且國祚短暫，漢朝武帝國力極盛，崇尚儒學，推行仁政，國祚長久，所以寧願自稱漢民族，而不願自稱秦民族。

那麼，漢族最先是來自何地？西洋學者間有種種之異說，據李學曾的《亞洲種族地理》，總集之分為十說：一、巴比侖，二、中亞，三、于闐，四、甘肅，五、印度支那半島，六、土著，七、美洲，八、埃及，九、印度，十、土耳其。

各家學者所見不一，但也均有若干立論的根據。不過其中多少亦含有地域及宗教上的主觀色彩。例如有的西方人或基督教、猶太教、伊斯蘭教的信徒，他們相信上帝造人的一元共祖的說法，所以總希望設法證實中國人也和他們的祖先是在同一個地區發源的。根據錢穆的《國史大綱》，以北京人的發現及爪哇猿人的對照，便以為西洋人所持中國人來自西方的臆測是可以不攻自破的。以爪哇猿人及北京人齒骨及頭骨的性質解剖，唯與東亞的蒙古種人及北方的中國人相類似。爪哇猿人距今已五十萬年，北京人的牙骨可能已是百萬年前的遺物。

至於歐洲所見最早的克魯麥囊人，距今不過四萬年至二萬五千年之間。依基督教的《舊約》，上帝創造宇宙及亞當和夏娃的時代，據奧古斯丁的推算，尚不到六千多年而已！克倫威爾時代的天主教士詹姆斯·厄舍爾（**Jame Ussher**，西元一五八一——一六五六年）說：是造於西元前四〇〇四年十月二十八日星期五那天。

然而，太古人類的史跡難求，中國人的祖先究竟來自何地？尚待學者們的繼續求證。若從人類學及比較宗教學的立場推想，不論任何民族，他們均有共通的特質，畢竟人類的思想是大致相似的。正所謂：「人同此心，心同此理」，自會產生類似的現象了。

上古的宗教信仰

中國人的上古祖先的信仰，與其他民族的原始人類，沒有什麼不同之處，也是圖騰崇拜及庶物崇拜的信仰者。

先說中國人的圖騰崇拜：例如伏羲氏所本以畫八卦的《河圖》，夏禹所本以作九疇的《洛書》，說是出於龍馬及靈龜，而且古代的三皇五帝等的形像及感生的傳說，大多與庶物有關。傳說伏羲氏是蛇身人首；「摶黃土為人」，「鍊五色石以補蒼天，斷鼇足以立四極」的女媧氏，也是蛇身人首；神農氏則為牛首。伏羲氏由其母感虹迴繞而生，神農氏由其母感龍首而生，黃帝由其母感大電繞北斗樞星而生，少昊氏由其母感太白之精而生，堯由其母感赤龍而生，契由其母感吞燕卵而生。《詩經》亦說：「天命玄鳥，降而生商。」孔子由其母夢黑帝（水星）而生，乃至漢高祖劉邦，也是由其母夢與蛟龍合而生。這些均可說明是圖騰崇拜或圖騰觀念的遺產。

尚有個人的生肖，中國人以鼠、牛、虎、兔、龍、蛇、馬、羊、猴、雞、犬、豬等十二種動物，作為生年的所屬。這雖由天干地支的大道理而來，但也不難推想到此十二地支的原始信仰，即是圖騰崇拜。再說庶物崇拜，試舉如下：

（一）日、月的崇拜：因為天無形體，故以日為百神之王，配之以月。如說：「祭日於壇（春分），祭月於坎（秋分），以別幽明，以製上下。祭日於東（外祭），祭月於西（內祭），以別外內，以端其位。」（《禮記．祭義》）。可見祭日、配月是三代（夏、商、周）通行的信仰。

（二）星辰的崇拜：漢字中凡是關於崇拜或祭祀的字，都從「示」，此即「崇拜在上的日、月、星三光」的意思，「二」是上字，「川」是代表日、月、星三光。故於《周禮．春官．大宗伯》之中說：「以實柴祀日、月、星、辰。」由對星辰的崇拜，即認為世間的人均與天上的星宿有關。致到晉代葛洪的《抱朴子》要說：「《玉鈴》云：『主命原由人之吉凶』。制在結胎受氣之日，皆上得列宿之精。其值聖宿則聖，值賢宿則賢，值文宿則文，值武宿則武，值貴宿則貴，值富宿則富，值賤宿則賤，值貧宿則貧，值壽宿則壽，值仙宿則仙。」（〈內篇〉卷一二）中國的星命之學，排八字算流年，即由星宿崇拜而來；中國人將定命論稱為宿命論，也是由此而來。

（三）自然氣象的崇拜：在古書中對同一神也有不同的名，例如《周禮．春官．大宗伯》的「飌師雨師」，《尚書．洪範》之注則謂：「箕星好風，畢星好雨。」《楚辭．天問》中的雨神叫作蓱翳，〈離騷〉及〈遠遊〉中的風神叫作飛廉及風伯。另有在〈離騷〉中的雲師及雷師叫作豐隆。在《周禮．春官》中，又有暑神及寒神的季候崇拜。

（四）自然山水的崇拜：《周禮．春官．小宗伯》說：「兆山川丘陵墳衍，各因其方。」「兆」是築壇以祭祀的名稱。《尚書》中說虞舜：「望於山川，遍於群神。」《禮記．祭法》中也以山林川谷丘陵，是人民取給財用之地，故列為祀典。《楚辭．九歌》中以山鬼稱山神。水神之名很多，〈遠遊〉中稱為海若，〈九歌〉及〈天問〉中稱為河伯，〈九章〉中稱為陽侯，又有〈遠遊〉中稱為馮夷。

（五）社稷的崇拜：社稷是土穀之神，社是從土地產生農業稼穡的職能而來，所以自天子以至庶民，皆各有其大小尊卑不同的社。在民間以二十五家建立一社，百家為里社，二千五百家為州社；並以最適宜其土質之樹，種於各社之旁，當作社神崇拜。如《論語》中說：「夏后氏以松，殷人以柏，周人以栗。」這種社的性質，有點像希臘及羅馬的聖火。稷是穀神，以稷為五穀中主宰的代表。社稷是由自然力的崇拜而起。民以社土為居住，又以食穀為生活，故到後來的政治上，把社稷的祭祀看得極重要，它關係國家（領土主權）的存亡，故將其祭壇設在王宮之右，與宗廟相對。

開闢神話

中西各民族，多有各自關於開天闢地的神話。希伯來人說是上帝創造天地，中國古籍中雖沒有這類具體的描寫，但自春秋戰國以迄魏晉時代，就成立了許多神話。盤古開天地的神話之摻入古史，則始於三國時代。《太平御覽》所引徐整的《三五曆記》及梁代任昉的《述異記》，均說到盤古的神話。《三五曆記》說：「盤古在天地之中。」《述異記》說：「盤古在天地之先而為天地萬物之祖。」

《三五曆記》說：「天地混沌如雞子，盤古生其中萬八千歲。天地開闢，清陽為天，濁陰為地；盤古在其中，一日九變，神於天，聖於地，天日高一丈，地日厚一丈，盤古日長一丈。如此萬八千歲，天數極高，地數極厚，盤古極長。」（《太平御覽》卷二）

《述異記》的開頭說：「昔盤古氏之死也，頭為四岳，目為日月，脂膏為江海，毛髮為草木。秦漢間俗說：盤古氏頭為東岳，腹為中岳，左臂為南岳，右臂為北岳，足為西岳。先儒說：盤古泣為江河，氣為風，聲為雷，目瞳為電。古說：盤古氏喜為晴，怒為陰。」

這是把宇宙間的自然現象，用神話來解釋的一種記述。據學者考察，《後漢書．南蠻傳》中說：南蠻之祖，名叫槃瓠，或者是把南蠻的開闢神話，轉變成為中國人共同的神話，因在廣西的南海有盤古墓，桂林又有盤古祠（並見《述異記》），盤古大概就是槃瓠的變音吧！

盤古開了天地，又有「女媧摶黃土為人」之說（《太平御覽》人事部所引風俗通之語），這幾乎與《舊約．創世記》所說的神話相同。女媧氏是古代帝王，是神聖的女王。有關女媧的神話，則頗有矛盾之處，因她姓風，與伏羲氏同一宗族，而又成為伏羲氏的王后。後來繼伏羲氏而治天下，為第一位中國的女王，可見在她之前已有了人類。至於她的「鍊五色石」的神話，據張其昀的《中華五千年史》第一冊第四頁的解釋，是「表示新石器時代的情況，那時期石器已經高度磨鍊」，「五色石則表示石器種類繁多，藉以適應各種不同用途的需要。」如此解釋古代神話，確是史家的責任所在。

巫覡與巫術的信仰

巫覡之在原始民族中，乃是通行的信仰。巫覡是代人祈禱神明降福的人，是人神之間的媒介者，與古代猶太教的祭司如摩西，乃至諸先知一樣。中國古代，曾經特為宗教信仰設兩種官職：一叫「祝」，一叫「史」，巫覡便是祝的一類。《國語．楚語》中的觀射父說：「古者民神不雜，民之精爽不攜貳者，而又能齊肅衷正，其智能上下比義，其聖能光遠宣朗，其明能光照之，其聰能聽徹之，如是則明神降之，在男曰覡，在女曰巫。」可見古代巫覡的資格，也是很不容易的。

《說文解字》中則說：「巫，祝也。女能事無形，以舞降神者也。」中國上古的巫祝，大抵是以女人充任，若男子為覡，也要男著女裝。後來傳到新羅去，凡為覡的男人，都著女裝。例如他們信奉的「花郎」，都是選取貴族中美秀的少年擔任。由韓國傳至日本，日本迄今仍有以男著女裝而行祭禮、作歌舞的宗教儀式。

巫術是由巫覡而來。中國的巫術，實在太多。王治心的《中國宗教思想史大綱》第一章中說：「我們一讀中國的古籍，無論是經、子、史，無一不有關於巫術的色彩。《易》的陰陽，《書》的五行，《禮》的明堂，《詩》的五際，以及二十四史中的五行、方技、術數，子集中的鬼神因果，尤其是漢代的讖緯，與漢以後的佛道諸籍，莫不充滿著許多神奇怪誕的巫術。」因為巫術的範圍非常複雜：「大概史籍中所列關於祭祀的明堂、合宮、封禪、祠祀，及兵家的權謀、形勢、陰陽、技巧，術數的天文、曆譜、蓍龜、五行、雜占、形方，方技的醫經、醫方、房中、神仙……等等，都可以包括在內。」

陰陽五行八卦

中國的巫術，主要是由陰陽及五行演化而成。陰陽源出於《易經》，五行本出自《尚書·

洪範》。《易經》的陰陽及〈洪範〉的五行，原意是推究宇宙原理的解釋。戰國時的陰陽家，也是一種學術的研究者。五行的金、木、水、火、土，乃是對宇宙元素的分析，正像印度以地、水、火、風的四大為宇宙的根本原因一樣。但在宗教方面，始終是以陰陽五行為巫術的根本。到了秦漢時代，特別是董仲舒著的《春秋繁露》，以儒者的身分，提倡陰陽五行的迷信，推行求雨止雨的巫術。所以，漢代的儒家思想之因雜以迷信，與孔子的「不語怪力亂神」，罕言「性與天道」，是很有距離的。無怪乎章太炎要說：「夫仲舒之託於孔子，猶宮崇、張道陵之託於老聃。」（章氏叢書《太炎文錄》二）

本來，伏羲氏用陰陽的道理，畫出八卦，乃是人類最初對於自然現象記錄的象徵性的符號。初由對於男女生殖器的崇拜，而想到用「」爻代表男性生殖器，用「」爻代表女性生殖器，再用陰陽而配合為天地的觀念，由天地所生的各種自然現象，即以男女陰陽兩性的兩種符號，變更排列來表示，那就稱為八卦。八卦含有八個元素的自然現象，現以圖表如下：

卦名—	乾	坎	艮	震	巽	離	坤	兌
八卦—	☰	☵	☶	☳	☴	☲	☷	☱
現象—	天	水	山	雷	風	火	地	澤

若以五行、方位、天干、日期和八卦配合起來，可用下列一表說明之：

五行	木	火	土	金	水
方位	東	南	中	西	北
八卦干支	☰乾（甲、十五日）	☶艮（丙、廿三日）	☵坎（戊）	☳震（庚、初三日）	☰乾（壬）
及日期	☷坤（乙、廿九日）	☱兌（丁、初八日）	☲離（己）	☴巽（辛、十六日）	☷坤（癸）

其意是說，乾為甲，坤為乙；乾坤或甲乙屬東方，也屬於木。甲乙木，丙丁火，戊己土，庚辛金，壬癸水。如此配合照算。再加上年、月、時的各各所屬，就可以去做算命排八字的交易了。可見，八卦的變化運用，真是能夠「通神」。

至於八卦的位置圖，現依宋朝邵雍畫的「八卦圖」，仿製如下：

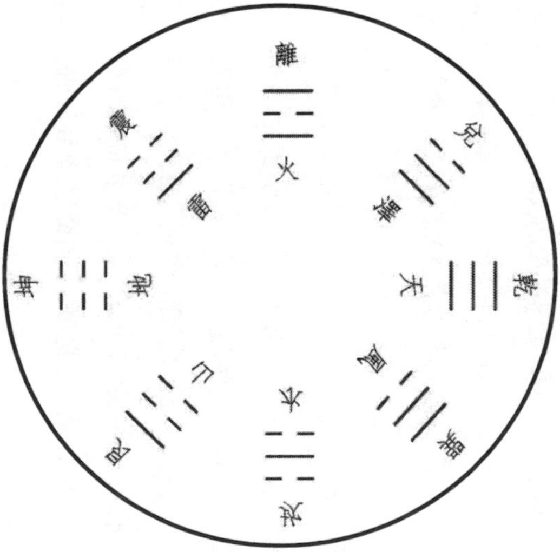

由此八卦重疊演化，即成為六十四卦，以

乾、坤二卦居首，其餘六十二卦皆是乾、坤二卦所化生；六十四卦的每卦上下有六列，每列皆名之為爻，共計三百八十四爻，每一爻均有其意義，即構成為象數的數理玄學，而作為巫術用的卜兆。孔子贊《易經》時，稱此為「以通神明之德」。故到秦始皇焚書坑儒，《易經》便被列為卜筮之書而免於火。因此，《易經》的陰陽，既是中國哲學思想的根本，也是中國巫術的淵源。

第二節　三代至秦漢的宗教信仰

神鬼的崇拜

這裡首要說明，中國的歷史，傳說已有五千年，這是從伏羲氏畫八卦之時開始算起的。如果自盤古開天地的神話算起，尚有天皇、地皇、人皇，合計約四十餘萬年，稱為三皇時代；伏羲氏起，經神農氏、黃帝、堯、舜，稱為五帝時代；往下的夏禹、殷商、姬周，稱為三代時期。至於中國的信史，應該是從商朝甚至更後自周朝開始，史家也把商以前稱為遠古時期。商以前的歷史僅是傳說，傳說未必不實，但卻未免失實。因為傳說多出於神話，神話固有其產生的背景，若全信神話，則又大可不必。但在中國人向來的信念中，三代的思想是一切模範的模範，所以我們介紹中國的宗教，也自三代開始為準。

中國三代以下的宗教，有一個特色，便是自然神及祖宗神的二元崇拜。有人將之稱為二神教，這與古希臘的宗教，似有相近之處。希臘人除了自然神，尚有代表祖神的聖火；中國的社稷崇拜，與聖火類似，中國的祖先崇拜，實由社稷演化而來。社稷本為土神及穀神，但到後來，即以炎帝的十一世孫，「共工氏」之子，「句龍」食於社而為后土，又以「帝嚳」之子，周朝的祖先「棄」，配於稷。由崇奉土穀之神而演為崇奉祖宗之神，乃是非常明顯的事。另一面，因以有德者於死後，配享於社稷，後世的城隍土地，也是從社稷崇拜的分張而來。

自然之神，是天神地祇，祖先之神，便是鬼。在印度宗教及基督教，對於鬼的觀念都不太好。印度宗教以鬼道眾生稱無祀的幽鬼，基督教則稱為魔鬼，這都是崇禍人類的東西。但在古代的中國人，對鬼卻很親切，《說文解字》中說：「人所歸為鬼。」釋言則謂：「鬼之為言歸也。」《禮記．禮運》也說：「魂氣歸於天，形魄歸於地」者為鬼。可見古人深信，人死皆為鬼，視死如歸，做鬼並不可怕，只是從人世轉往另一個鬼的社會而已。並且相信，人鬼之間尚可交往，做了鬼尚有機會對人間的怨家報仇，也有機會對人間的恩人報恩。所以，中國人的祭祖祀鬼之成為根深柢固的傳統風俗，不是偶然的。

天神與地神

在自然神中，分為天神和地示，現在逐一介紹：

（一）天神：天神之中，以昊天上帝為最尊，其次有五行配合五方而成為如下的五帝：

一、東方的蒼帝，主木，名叫靈威仰。

二、南方的赤帝，主火，名叫赤熛怒。
三、中央的黃帝，主土，名叫含樞紐。
四、西方的白帝，主金，名叫白招拒。
五、北方的黑帝，主水，名叫叶光紀。

昊天上帝為天神中的至尊者，五帝皆為他而服役。人間的君王，即是由昊天上帝派遣五帝的化身，分別擔任。例如漢高祖斬蛇起義，嫗哭曰：「吾子白帝子，今為赤帝子所斬。」明明是說劉邦是赤帝的化身了。中國的君王之稱為天子，道理也在於此。

（二）地神：地神被稱為「地示」，社稷、五嶽、山林、川澤、四方百物之神，均屬於地示。因對於祖先的崇拜，故在地示之中，也都是由人死後而成。例如句龍與棄，配於社稷；湘水之神為湘夫人，或為堯之二女，娥皇及女英；《抱朴子》說：馮夷渡河淹死而封為河伯。

祭祀的階級性

中國的古代社會，也與希臘、羅馬類似，是政教合一的——一家一社，乃至一國的主權者，便是祭祀的主持人。君王便是教皇，一國之主的重要職務，便是軍事及祭祀。因為主權者的權力範圍有大小，祭祀的舉行也就有其隸屬性及階級性。現錄《禮記‧祭法》中的兩段話來說明它：

（一）「埋少牢於泰昭，祭時也。相近於坎壇，祭寒暑也。王宮，祭日也。夜明，祭月也。幽宗，祭星也。雩宗，祭水旱也。四坎壇，祭四方也。山林、川谷、丘陵，能出雲、為風雨、見怪物，皆曰神。有天下者（君王）祭百神，諸侯在其地則祭之，亡其地則不祭。」

（二）「王為群姓立七祀：曰司命，曰中霤，曰國門，曰國行，曰泰厲，曰戶，曰灶，王自為立七祀。諸侯為國立五祀：曰司命，曰中霤，曰國門，曰國行，曰公厲，諸侯自為立五祀。大夫立三祀：曰族厲，曰門，曰行。適士立二祀：曰門，曰行。庶士庶人立一祀，或立戶，或立灶。」

也就是說：君王有七類祭祀，老百姓僅有一種祭祀，這是除了祭祖之外對自然神祭祀的階級性規定。天子是天下人的教皇，是祭祀百神的總主持人，庶民只是一家之內有主權，所以僅可祭祀戶神或灶神了。在君王的七祀中除了司命及泰厲二祀，又被稱為五祀。天子最大祭祀是「封禪」。古代凡遇易姓改朝而王天下的時候，必行封禪大典。在泰山上築壇祭天，叫作封，在梁父（泰山下的小山）除地祭地，叫作禪；若把國柄讓給賢能的異姓之人，稱為禪位。封禪即是唯有天子可行的祭天祀地的典禮。

在《禮記》中另有一篇〈明堂位〉：明堂在古代極其重要，它是帝王行政、祭祀、教育的中心，是行政之所，拜天之所，祭祖之所，推行教育之所。明堂的用途很多，名稱也很多，蔡邕曾經說：「取其宗祀之貌則曰清廟，取其正室之貌則曰太廟，取其尊崇則曰太室，取其堂則曰明堂，取其四門則曰太學，取其四面周水圜如璧則曰辟雍；異名而同事，其實一也。」

祖宗的崇拜

祀祖的起源很早，《紀年》及《博物志》中說：「黃帝崩，其臣左徹，取衣冠几杖而廟祀之。」（見《澤史》卷五所引）可見黃帝之世即有祀祖之風了。

不過，祖宗的祭祀，古代不是因了血統的關係，而是「祖有功，宗有德」，以有功於人的先賢為祖，以有德的先賢為後人之宗；祖是祭祀，宗是宗則。例如《禮記．祭法》中說：「有虞氏禘黃帝而郊嚳，祖顓頊而宗堯。」這個祖宗不是血統上的親屬，但到夏朝，就變成血統的了：「夏后氏禘黃帝而郊鯀，祖顓頊而宗禹。」這是由於自公天下而轉為家天下的不同。

由崇拜祖宗，一轉便產生了鬼的崇拜，所以殷商時代的政治，竟以鬼神的意志為依據；又由於奉鬼而極端相信人死必為鬼。故到春秋以後，漸行厚葬之風。宋文公、魯季平子，皆行厚葬。秦始皇的陵墓，莊嚴雄偉。至漢代的帝王及王侯，亦各於墓之建築極其奢侈。不僅建築莊麗的墳墓給死鬼享受，至春秋以後，竟用活人殉葬以期給侍死鬼。秦穆公之薨，殉死者達一百七十人之多。此一惡習，直至明代帝王尚有行之者，最後由明英宗把它廢除。

古代中國的祭祖方式也很特別，凡祭祖皆「立尸」。所謂立尸，是以孫子代表已死的祖父，坐於祭桌的正位，由活的兒子祭奠，敬供、禮拜，孫子受供受禮，享受祭食。立孫子以代已死的祖父，便稱為立尸。存心上是父祭祖，實際上是老子供兒子。立尸的意義在教孝，教育兒子，如何給生者敬養，為死者追遠之理。但此立尸之風，到了秦漢時代即已廢除，代之而興的是立「木主」。

《史記．周本記》所載：「周武王為文王木主，戴以伐紂。」此是刻一文王的木雕像，以代表文王，正像今日用的遺像一般；這可能就是木主的起源。不過，後人用木牌寫上死者的稱謂姓名的木主，已和雕像不同了。照木主的本義來說，今人有了遺相（像），就不必另寫木牌位或紙牌位了。

中國人祭祀祖宗，皆不免要點香燭，焚紙錢。據考證祭祀的用燭，在《周禮》中即有了「司烜氏掌共祭祀之明燭」的記載。祭典焚香，在古書未見，乃係由佛教傳入的。紙錢則起源不早，唐朝的太常博士王嶼說：「漢以來，喪葬瘞錢，後世以紙寓錢為鬼事。」所以，有人說此風起於魏晉，有人說是起於唐朝。

香燭紙錢，今之一般人以為是信仰佛教的標誌，其實，在此三事中，佛教只用香之一事。佛教雖主張以燈明供佛，卻未言蠟燭，而稱油燈。至於紙錢，根本是佛教反對的東西。因為佛教不以為人死皆為鬼，為鬼也不能用貨幣。

孔子主張：「生事之以禮，死葬之以禮，祭之以禮。」這是配合了中國古來祀祖之風俗而提倡的孝道精神，但是孔子本人，未嘗真的相信人死為鬼。

宗教思想的變遷

中國古代的宗教，在周代是個轉捩點。西周之世是因襲的，當時所信的天或上帝，幾乎與《舊約》中的耶和華相似，要「敬天之怒」、「畏天之威」，要「小心翼翼」去「昭事上帝」（《詩經》）。「上帝監民，罔有馨香德，刑發聞惟腥。」又說：「天亦哀於四方民。」（《尚書》）這明明是說天是一個人格神，是賞善罰惡的主宰，他雖有怒有威，但仍是個「哀」「民」之苦疾的慈和之神。又如武王伐紂的牧野誓師時即說：「今予發惟恭行天之罰」（《尚書》），眾人也以「上帝臨汝，無貳爾心」（《詩經》）來鼓勵周武王。這明明是希伯來式的超神觀念的敍述。

無怪乎自明朝天主教到了中國之後，教士們花了很大的精力來研究中國古書中的上帝，並證明中國的上帝與天主教的上帝是一樣的了；其實，天主教信的上帝是《新約》中的「愛」及「義」的耶穌，而不是《舊約》中那個「怒」及「威」的耶和華。至於儒家孔孟的上帝，那就和天主教的上帝更加拉不上關係了。因自東周以後，中國的宗教思想，有了大變動，現在分述如下：

（一）道家的思想：古代的天是有意志的，是能賞善罰惡的；道家的老子和莊子，卻把此「天」的理念化為無意志的「道」。道是宇宙的本體，即是「自然」。老子說：「道生一，一生二，二生三，三生萬物」乃是機械的宇宙觀。這個道與向來的昊天上帝的性能是風馬牛不相及的。莊子也說：「天道運而無所積，故萬物成」，意思正與老子同。老子又說：「天下萬物生於有，有生於無」，「天法道，道法自然。」自然是「無」，「無」的性質即是宇宙的本體。莊子說：「道無不在，在螻蟻，在稊稗，在瓦甓，在屎溺。」道存於萬物之中，遍一切萬物無不是道，這實在是泛神論或萬有神教的思想。

（二）儒家的思想：孔孟的思想，雖然不信昊天上帝的實在，雖然也是泛神論者，卻與老莊又有不同。老莊著重於宇宙的本體，孔孟注力於宇宙的現象；老莊從本體的遍在而無意志，來否定超越的人格神，孔孟從現象的觀察而置鬼神於不顧。例如孔子說：「獲罪於天，無所禱也。」

（《論語．八佾》）孔子不以向天禱告是有用的；孔子視天為宇宙的原理，原理是無意志的，向之祈禱何益？故他又說：「天何言哉！四時行焉，百物生焉，天何言哉！」天是無意志、無情感的宇宙原理，天就表現在四時百物之中。但是孔子不願否定神鬼，只是教人從實際生活中去體驗是否真有神鬼？他在本質上是泛神論者，在態度上是存疑的不可知論者。他自己不信有神鬼，但也無從果斷神鬼之不存在。在理念上他不承認神鬼，但他覺得神鬼的信仰也確實有用。《說苑．辯物》中有這樣一段記載：子貢問孔子：「死人有知無知也？」孔子答：「吾欲言死者有知也，恐孝子順孫妨生以送死也；欲言無知，恐不孝子孫棄不葬祀也。」又向子貢說：「欲知死人有知無知，死徐自知之，未為晚也。」因此，孔子才主張：「祭如在，祭神如神在。」（《論語．八佾》）祭祀是必要的，雖不一定有神鬼在，就當它真有神鬼在那裡享祀吧！

(三) 漢儒的思想：老莊及孔孟雖皆不主張信仰神鬼的存在，但在春秋以前陰陽家很盛，專言術數鬼神。因此，到秦漢之際，巫術盛行，方士（巫覡陰陽的苗裔）充斥。秦始皇及漢武帝，都向方士求取長生不老之藥。因此，引用巫術融合儒學，便成了漢儒的特色。王治心的《中國宗教思想史大綱》中說：「漢武崇尚儒學，立五經博士，而京房（人名）《易》（經）的重災異，孟喜（人名）《易》（經）的說卦氣，鄭玄（人名）註經，都取其說。」又說：「那些學者也是猜透了帝王（迷信）的祕密，假託五行陰陽的說素，創造出什麼讖緯之學來。董仲舒實是這種迷信開創的先鋒，他所著的《春秋繁露》，是提倡五行陰陽的迷信，並且用這種迷信來解釋《春秋》。」

又據宋佩韋的《東漢宗教史》說：「讖緯雖有不同，而同是淵源於古代陰陽家，同是儒家與方士混合的產品，是毫無疑義的。它的起源，大概在秦漢之際。到了西漢哀平年間（西元前六—西元五年），因儒教與方士的混合，『不知誰作』的緯書，乃得託諸孔子而風行於世。然而稍為縝密地說，讖緯的極盛，還在東漢。」到了西漢末年，讖緯已深入人心，狡黠者便多藉以為自己的護符；如王莽、光武帝，均如此。

讖緯有別：「讖」是對於凶吉事故的預言；「緯」是經的別支，共有《易》、《書》、《詩》、《禮》、《樂》、《孝經》、《春秋》等七緯，是用巫術思想來註釋這七部經書的東西，故被指為漢代學者的迷信產物。

第三節　道教的出現

道教的起源

中國古代沒有真正的宗教，僅有原始的信仰；中國唯一的宗教，便是後來成立的道教。因此，本章在介紹了如上兩節的內容以後，即來介紹道教。雖然在中國流傳的宗教尚有佛教、伊斯蘭教、基督教、摩尼教等，因這些都是外來的宗教，當另外用篇幅來介紹它們。至於儒教，本不成其為宗教，漢儒及宋儒的思想中，雖有迷信的宗教色彩，他們也只是將孔孟儒學附會了原始的巫覡方術而成，故也不能構成為宗教的要素。

道教的成立雖晚，它的起源卻很早，因為道教的本質即是方士巫術的迷信，最初與老莊的思想也沒有關係。行巫術的人，稱為方士；方士便是道士的先驅。秦始皇及漢武帝崇信方士，方士的蹤跡就繁盛於秦漢時代。方士均以長生之術誘惑人君。長生不老的神仙之說，則在戰國之初已經出現。屈原的《楚辭．遠遊》中即說：「貴真人之休德，羡往世之登仙，與化去而不見兮，名聲著而日延。」在《漢書．藝文志》所載的書目中，「神仙家」即有十家共二百零五卷。戰國時代的齊威宣王、燕昭王，皆信神仙之說。《史記．封禪書》，記有好幾個方士之名，但又說：

「而燕齊海上之方士，傳其術不能通」，「自威宣、燕昭使人入海，求蓬萊、方丈、瀛洲，此三神山者，其傳在勃海中，去人不遠」。可是，雖說有人到過這三個神山，真的派人去求，又找不到了。秦始皇遣方士徐福選童男女五百入海求三山不死之藥，竟是一去不返。海中仙藥難求，方士們又想出燒煉金丹服食而可長生不死的話來。漢武帝曾信方士少君，少君教他學黃帝，行封禪之祀，即可不死。少君又說海上有仙名安期生，武帝即遣人入海去找，以便學習化丹砂為黃金之術。漢成帝（西元前三二—七年）時的大儒劉向，也就學起燒煉之術來了。王莽既是「符命」（讖緯之一類）的利用者，也是方士的信徒，希望成仙。漢光武帝則相信讖緯，他是利用「劉秀當為天子」的讖文而正位。

前漢時代方士盛行，方術風靡。到了後漢時代，更加熱烈，但已漸漸地與道教合併起來。老子之被信為宗教的神，可能始於後漢。因為桓帝於延熹八年（西元一六五年）親祭老子，楚王英也奉佛兼奉黃老。老子被崇為神，也是方士以方術附會了老子《道德經》而來。方士之被改稱道士，也在後漢時代。桓譚的《新論》，尚稱王莽時的道士西門君惠為方士。《後漢書》中雖已說到「道士」之名，但到三國時代，方士仍極活躍。例如東阿王作的《辯道論》中說到，曹操羅致了好多方士的情形：「世有方士，吾王悉所招致。甘陵有甘始，廬江有左慈，陽城有郗儉；始能行氣引導，慈曉房中之術，儉善辟穀，悉號三百歲。」這在魏文帝作的《典論》中，也有說到。

道教本由方士的術數而來，故在《淵鑑類函》的道部之中，崔元山作的〈瀨鄉記〉說：「老子為十三聖師，養性得仙，各自有法，凡三十六。」所謂三十六法，實即是將秦漢各種方術的彙集而成。

太平道

道教的初出，是後漢順帝時的太平道。據《後漢書．襄楷傳》中說：「初順帝時，琅邪宮崇詣闕，上其師于吉於曲陽泉水上所得神書百七十卷，皆縹白素朱介，青首朱目，號《太平清領書》。其言以陰陽五行為宗，而多巫覡雜語。有司奏：『崇所上妖妄不經』，乃收藏之，後張角頗有其書焉。」《太平清領書》可能是于吉所造，在葛洪的《神仙傳》也說琅邪宮嵩（「宮嵩」為「宮崇」之誤），師事仙人于吉，漢元帝（西元前四八—三三年）時宮嵩隨于吉於曲陽泉上，遇天仙，授于吉青縑朱字《太平經》十部。在玄嶷的《甄正論》中則說：「又有《太平經》一百八十卷，是蜀人于吉所造。此人善避形跡，不甚苦錄佛經，多說帝王理國之法，陰陽生化等事。」可知《太平清領書》即是《太平經》的異本。于吉後為東吳的孫策所殺，《太平經》雖不受後代的道教如何著重視，它卻是道教最早的一部經典，比起《道德經》及《南華經》之受道教重用者，尚要早些。道教的尸解說、身中諸神說、功過說、辟穀說等，在《太平經》中都已有了。

張角主張太平道，即是由於《太平經》而起。據《後漢書・皇甫嵩傳》中說：張角自稱為大賢良師，奉事黃老之道，畜養弟子，以符水咒說治病，病者頗多因此而癒，所以信仰的人漸多。十餘年間，徒眾竟達數十萬人，於是野心勃勃地宣稱：「蒼天已死，黃天當立，歲在甲子，天下大吉。」他連結了青、徐、幽、冀、荊、揚、兗、豫等八州之人，置立三十六方（方等於將軍之號），皆以黃巾著頭為「黃天當立」的標幟。一時諸方俱起，殺人祠天，燔燒官府，劫掠聚落城邑，時人稱為黃巾，或稱蛾賊。後來黃巾之亂雖平，太平道仍在江南流行，那便是于吉之功。後世稱道士為黃冠，實亦由於張角的黃巾賊造反而來。

天師道

道教之起初，均為教匪。太平道的張角是如此，張道陵的天師道，亦復如此。

張道陵本叫張陵，道字是後人附加的。他生於後漢桓帝時代，據說是張良的第八世孫。遊於太學，博通五經，晚年學長生之術，入鵠鳴山，著《道書二十四篇》，引誘人民。入門信仰者，皆出五斗米，故稱五斗米道，又被稱為米賊。

張陵死後，其子張衡、其孫張魯，三世修張陵之術。據《三國志・張魯傳》中說：「魯遂據漢中，以鬼道教民，自號師君。其來學道者，初皆名鬼卒，受本道已信，號祭酒，各領部眾，多者為治頭大祭酒。皆教以誠信不欺詐，有病自首其過，大都與黃巾相似。」

此處所說的張魯「以鬼道教民」，應有解釋：鬼道起於殷商，昌於陰陽家，又得墨子的「明鬼」而大張。據章太炎說張陵、張魯之論：「乃古之巫師，近於墨翟，既非老莊，並非神仙之術也。」又說：「墨子之傳，絕於後漢，其兼愛、尚同、天志之說、守城之技、經說之辯，皆亡矣。而明鬼獨率循勿替，漢、晉、後趙道士，皆其流也。」因有墨氏源流的學術思想，以致王羲之父子及殷仲堪之輩，皆為知古通文的學者，仍受天師道的愚惑。（見章氏叢書《檢論》卷三）

天師道與太平道也有其相似之點：一、張角有黃巾之亂，張魯割據漢中，則被曹操收服，至晉孝武帝（西元三七三—三九六年）時，又有米賊信徒孫恩之亂。二、《太平經》禁酒，五斗米的天師道也禁酒。三、《太平經》主張不犯時令，五斗米道也主張不違自然之時代，例如於春夏時節禁止殺戮。四、《太平經》主張於各地設三丈四方之家屋，五斗米道亦於各地設義舍施米肉（這一點對貧民救濟的工作，目的不論，方法非常正確）。

當時因為天下大亂，民不聊生，天師道及太平道能夠禁酒、春夏戒殺、撫養流民，無怪乎一呼百應，信者風從了。張魯以後雖降於曹操，他的天師道卻能行於全國，原因即在於它對當時亂世之民，確有需要。

張道陵是第一代天師，至張魯之子張盛，移於江西的龍虎山，升壇授籙而延續迄今，乃為天師道一貫相承的道統。現在遷來臺灣的天師張恩溥，是張道陵的六十三代孫子，一九六三年由內政部因其年事已高而無子嗣，對他要領養子作嗣一事，做過縝密考慮。並且知道由內政部每年支給張天師的津貼費新臺幣四萬八千元。據悉，孔子、孟子、曾子的後嗣，政府也照樣發給津貼，可見政府是如何地重視他們的道統了。

天師道是居家納室的一派，到南宋時的全真派，才是出家的道教。天師的傳家三寶，則為劍、印、都功籙。天師往往又被稱為真人。因在明太祖接見四十二代天師之時，即以「至尊者天，天豈有師？遂易號稱大真人」（《玉壺遐覽》）。但是，天師及真人之名，最早是見於《莊子》。

老莊與道教的關係

老子《道德經》之被道教利用，始於張道陵。據日本學者小柳司氣太的《道教概說》中說：

「張道陵之五斗米道，是一種教匪，其利用老子的理由，乃以老子書中的虛無主義、社會主義，來籠絡不平之徒；又依兩漢方士所創的怪力亂神之說而更加附會。且老子的文體，奇古簡奧，極難理解，反而能夠增加信仰，又因往往有押韻，便於讀誦。老子書中，亦有道德的要素，所謂『天網恢恢，疏而不漏』，乃為一般人所恐懼。」又說：「漢末至晉朝，黃老之學大行於世，故道教徒就以此等之學，更加誇張，以煽動愚民。」「此等黃老崇拜之徒（指士大夫階級的人），皆以超然高舉為主，標榜獨善主義，所以留意於長生不死羽化登仙之方，是當然的了。」

雖然章太炎說張陵、張魯之輩「既非老莊，並非神仙之術」，老莊與神仙之術，又確是教匪與道家結合後的道教所取以自肥的營養。先說老子，因其思想與《易經》相合，他說的「道生一，一生二，二生三，三生萬物」，一即是《易經》八卦中的「」，二是八卦中的「」，三是「」。也就是說：一是陽，二是陰，三是陰陽和合，所以生萬物。陰陽術數既為道教的源頭，老子既同有這種思想，道教就把那位做過周朝守藏史的老聃，一變之下變成了一位神道。何況老子也說到：「谷神不死，是謂玄牝，玄牝之門，是謂天地根。」又說：「蓋聞善攝生者，陸行不遇兕虎，入軍不被甲兵；兕無所投其角，虎無所措其爪，兵無所容其刃。夫何故？以其無死地。」這種論調在道士看來，又與陰陽家所希望的「長生久視之道」息息相通了。

由於這個原因，神仙之術便油然而生。本來，孟子主張盡性知命，主張順性和安命，不主張用人為的力量勉強改造性命的際運，應當「修身以俟命」，因為這是不可抗拒的。道教可不同，他們以為性與命是可以改造的，若能性命雙修，是可以長生不死的。這就正好投到了當時王者及士大夫階級的所好。在獨善主義的要求下，道士們就以方術的角度來解釋老子，附會莊子。例如《河上公註老子》二卷（此書據唐朝劉子元說，是出於魏晉道士之假託），多涉及吐納導引之術。《莊子》中也有：「吹呴呼吸，吐故納新，熊經鳥申」之語（〈刻意篇〉）。老子的本意是否即如道教的附會，實在大有問題。《莊子》中的描述，乃屬於寓言性或象徵性的，不是寫實性的，則可斷言。

魏伯陽與《參同契》

日人小柳司氣太說：「魏伯陽與葛洪，為製仙藥集大成之人。此兩人對於神仙術之研究，演成方法及根據，且斷言其可能，遂成道教之學理的基礎。」（《道教概說》第二篇第一章）

在魏伯陽與葛洪之前，乃至在道教未產生之前，可能是秦始皇時代，即已有了煉養服食之說，對於賦予學理的說明，則以魏、葛二人為首功。

魏伯陽在正史中無傳，大概是後魏與西晉之間的人。據葛洪《神仙傳》說：「魏伯陽，上虞人。貫通詩律，文辭贍博，修真養志。約《周易》作《參同契》。桓帝時以授同郡淳于叔通。」說他活動於漢桓帝時代，則未必可信。他的《參同契》，亦不見於《隋書·經籍志》。至《舊唐書·經籍志》，始入於五行家中。在道藏目錄舉有十種，最著於世的則為五代彭曉的《周易參同契真義》三卷，宋代朱熹的《周易參同契考異》一卷。

《參同契》的內容，是假借爻象以論作丹之意。易有「納甲」之法，相傳始於京房，是以月的晦朔弦望象卦體，而以月的出沒方位納之。《參同契》多借納甲之法，以說明坎離水火龍虎鉛汞之要，又以陰陽五行昏旦時刻為進退持行之候。此書的最終目的是在延命長壽，所以順乎天（自然）的原則而煉丹。

丹分內、外兩類，書中對外丹之術有這樣的記載：「巨勝尚延年，還丹可入口，金性不敗朽，故為萬物寶，術士服食之，壽命得長久。」對內丹之方，又有如此的說法：「二氣玄且遠，感化尚相通，何況近存身，切在於心胸；陰陽配日月，水火為效徵，耳目口三寶，固塞勿發揚。」此所謂外丹，是燒丹砂鉛汞為黃金。內丹則是將陰陽的原理用之於人身，如果調和得法，即可與天地同壽。稱此調和返元之氣為真仙丹，或金丹。致有房中派以腎水稱鉛汞，御女術為陰陽調和，以女人為鼎爐，並且解釋黃帝以九鼎升天，是交了九個女人的結果。

葛洪與《抱朴子》

葛洪是丹陽句容人，其父曾做過晉朝邵陵地方的太守。葛洪則於十三歲時即成孤兒，唯其仍知苦讀，卒以儒學知名。因愛神仙之學，曾入鄭隱之門，又登鮑玄之室，並且做了鮑玄的女婿。鄭、鮑兩人，乃是當代有數的方士。可是葛洪也在晉朝做過好幾任官。當他晚年，聽說交阯出丹砂，故向朝廷請求要去句漏地方做縣令，但他到了廣州以後，竟被刺史鄧嶽留住，不得已而往羅浮山煉丹，可惜金丹尚未煉成，他已死了，享年六十一歲，時在晉成帝咸和年間（西元三二六—三三四年）。

葛洪所著的《抱朴子》，計有內、外兩篇，係以自號名書。此外尚著有《喪服變除》一卷，《神仙傳》十卷，《肘後方》六卷，《神仙藥方》一卷。他的主要成就是在《抱朴子》，外篇是評論時政之得失及人事之臧否，不過一介文士的姿態，沒有獨特的思想，只是當時的清談風氣熾盛，他則站在反對的立場。至於內篇，據他自己說：「其內篇，言神仙、方藥、鬼怪、變化、養生、延年、禳邪、卻禍之事。」（見外篇）他的理論是以「道」為宇宙的本體，修道可以與天地同壽。引證古今事例，主張神仙的存在。修道的要訣在於內保精氣、外服金丹，所以詳載煉丹的方法；又說明成仙之法除了煉養，尚須積善正行，故而非辛苦勤勉，難得仙術。金丹一派的理論，至此乃集大成，道教在哲學及倫理學上的基礎，到此方告確立。

寇謙之與天師道

道教的最大目的是求長生不死，所謂外丹、內丹、吐納、房中等術，都是為了不死為求成仙。可是，古來道士，又有何人真的不死？倒有好多帝王及士人為了服食金丹而中毒死亡的史實。世間那有不死的人和令人不死的藥物呢？因此，道教內部就起了變化，寇謙之便是在此變化中的大功臣。

據《魏書．釋老志》中說：「（北魏）世祖（太武帝）時，道士寇謙之，少修張魯之術，服食餌藥，歷年無效。」因此入嵩山修道達十年，至北魏明元帝神瑞二年（西元四一五年），造出《雲中首誦新科誡》二十卷，託稱是太上老君賞識他修道熱心，賜了他這部「自天地開闢以來不傳於世」的仙書，並給他授了「天師之位」。又於泰常八年（西元四二三年），假稱「牧土上師」李譜文賜授他「天中三真太文錄」，凡六十餘卷，號曰《錄圖真經》。

至於《雲中首誦新科誡》，明朝的邱瓊山說此書「即後世齋醮科儀所由起」。小柳司氣太則謂：「此說殊誤。因為謙之的教理，是包括其以前的齋醮科儀等，而補綴大成之，更垂之於後世的。」（《道教概說》第二篇第二章）。為了什麼而有齋醮科儀的出現？《魏書．釋老志》記有李譜文對寇謙之如此說明：「地上生民，末劫垂及，其中行教甚難，但令男女，立壇宇，朝夕禮拜，若家有嚴君，功及上世。」

從上舉事實看來，值得注意的有三點：一、向來的丹鼎之術，不能達成長生的目的，所以要改用齋醮科儀的誦經禮拜來爭取信徒。二、天師道的正脈，本來行於南方，以江西龍虎山張盛所傳的為嫡傳；此時處身北方的寇謙之，卻希望奪取這個道統而自稱天師。三、自古以來，中國即有宗教的種種祭儀規則，寇謙之為了適應新的要求，起而發揚，編成齋醮科儀，集其大成，其中也有佛教的成分。

在此之際，尚有好多道士，模仿佛經，大事偽造道教的經典及文書。在南方的道教學者，以陸修靜及陶宏景最有名。陸修靜死於劉宋蒼梧王元徽五年（西元四七七年），陶宏景死於蕭梁武帝大同二年（西元五三六年）。

可謂因果循環，道教竊取了好多佛教的東西，充實他們的道藏內容，佛教也反轉來向道教學習。相傳《梁皇寶懺》、《水陸儀軌》，均創於梁武帝世（西元五〇二—五四九年），距離寇謙之出《雲中首誦新科誡》已近百年，無疑是受了道教的影響；後來僧尼做佛事，也寫表章文疏，宣讀焚化，則亦取乎符籙派道士的作風。雖然佛教的密教也特重儀軌，密教儀軌的輸入，卻已是晚唐時代了。

這是題外話，但與寇謙之有關。此人也是一位佛教的仇視者，他以偽造的道書奏於北魏太武帝，得到宰相崔浩的內應，寇謙之的天師道便成了北魏的國教，並且藉此得寵機會大排佛教，造成了中國佛教史上三武滅佛的第一次空前的法難。摧毀佛寺及佛經像，坑殺僧人。但在兩年之後，寇謙之死了（西元四四八年，太平真君九年）。再兩年，崔浩也因事伏誅。至西元四五二年三月，太武帝駕崩，長生的願望皆成了泡影！

茅山與武當山

道教有好多派，天師道之內，分有張道陵派及寇謙之派，又分有丹鼎派及符籙派；天師道之外，尚有葛洪及陶宏景。茅山派的道教，就是天師道之外的另一派系，它與陶宏景有關。宏景曾立館茅山，自號華陽隱居。但是茅山之得名，是由三茅君而來。《梁書．陶宏景傳》中說：「昔漢有咸陽三茅君得道，來掌此山，故謂之茅山。」據《史記秦始皇本紀集解》所引「太原真人茅盈內紀」來考察，三茅君是秦末漢初時人，遠在張道陵之前。茅山在葛洪的家鄉，江蘇省丹陽的句容，他們崇奉三茅君，茅山的道士不結婚，故與天師道士不同。

出家道士的另有一派是武當道。武當山在湖北省，奉真武玄天上帝為主，以煉丹驅邪為其本領。明朝的張三丰，便是此派的丹士。南宋時代北方的王嚞，創立全真派的道教，也奉真武玄天上帝，也不結婚，與武當道不無淵源。

第四節　道教的修煉方法

符籙的使用

講到道教的符籙，引起我對佛教密宗與之對比的興趣。例如密宗有瑜珈法，道教有導引術；密宗有無上瑜珈的大樂法，道教有性命兼修的房中術；密宗有曼荼羅（Mandala），「真靈位業圖」即為道教的曼荼羅；密宗信仰行者可獲即身成佛，道教主張肉身能致白日升仙；密宗盛行咒語咒字咒印，道教使用咒術符籙。

所謂咒字，亦云字種。密宗以觀梵字為修瑜珈法門之一，例如觀「」（唵嚂）二字為「清淨無染，離諸塵垢」的表徵；觀「」（吽）為「出生、擁護、除災、降伏」的表徵。道教使用的符籙很多，現在例舉《抱朴子》內篇所載的五個「老君入山符」，其畫法如下：

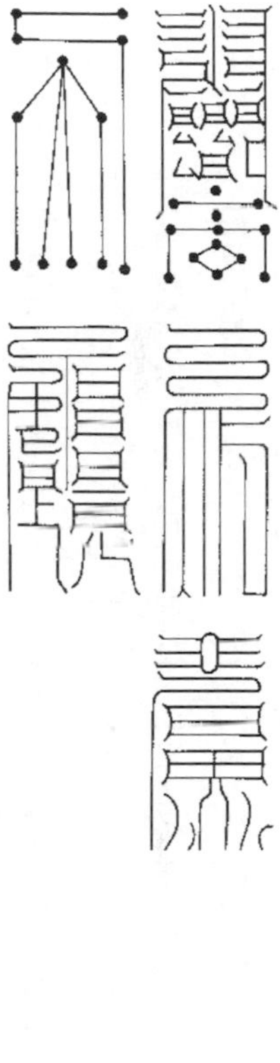

這種符的原理，與密宗的字種及印度牌的咒符相同，至其涵義，只有發明它們的人才能知道解釋。再說籙的性質，與符相當。所以《隋書．經籍志》中說：「其受道之法，初受五千文籙，次受三洞籙，次受洞玄籙，次受上清籙。籙皆素書，紀諸天曹官屬佐吏之名，有多少，又有諸符錯在其間。文章詭怪，世所不識。」符籙所載，乃是神祇的名字及代表各神祇的表徵，當然不是一般人所能識別的了。正同用中國字寫出一大堆外國的地名和人名，要是無人說明，中國人同樣是不知究底。

上節中曾說到佛教僧尼做佛事中，所寫表章文疏，宣讀焚化，是取自道教的符籙派，因為這些名堂是道教的特長。例如《隋書．經籍志》中說：「又有諸消災度厄之法，依陰陽五行數術，推人年命書之，如章表之儀，並且贄幣，燒香陳讀，云奏上天曹，請為除厄，謂之上章。夜中於星辰之下，陳設酒脯餅餌幣物，歷祀天皇太一，祀五星列宿，為書如上章之儀以奏之，名之為醮。」

道教的神

道教是一個很矛盾的宗教，站在「性命雙修」的丹鼎派的理論上，他們主張完全依靠自力的修煉，而使肉身不死，羽化登仙；站在符籙齋醮的感通神鬼的觀點上，他們又主張依靠他力的救濟。老莊的哲學思想是屬於泛神論的；丹鼎派的道士思想是屬於唯物論的（他們主張以肉體成仙，改變肉體的質能，即可超凡升仙，除了肉體，並無另外的精神，所以是唯物論者）；符籙派的道士思想是屬於多神信仰的。若以元始天尊為天地之精氣，萬物之元始而言，又是一神論者了。因此，道教是一個觀念複雜的宗教。道教既然信神，我們就必須加以介紹，因為它對道教的修煉很有關聯。從大致上說：符籙派的神是指身體之外的天神仙鬼，丹鼎派則以人的身體為一宇宙的縮形，故在身體之中，各部門均遍布著天神仙鬼。

身外的神

活動於人身之外的道教之神很多，現在舉其重要者如下：

（一）元始天尊：此又稱為玉皇上帝，是天、地未分時的一元之精氣，天地既分後的萬物之元始。住於大羅天上，化身於三清：一、無形天尊（天寶君）住於清微天的玉清宮；二、無始天尊（靈寶君）住於禹餘天的上清宮；三、梵形天尊（神寶君）住於大赤天的太清宮。此實學自佛經所載大梵天、梵輔天、梵眾天的三神及大自在天的化身。

（二）老君：《神仙傳》所載，此是由玄妙玉女感流星入腹，懷胎八十一年而破左脇降於李樹之下，故姓李，生而白首，故稱老子。乃是元始天尊的化身。

（三）玄天上帝：即是北斗星。是天界之主，住於北極，又名太一。主人壽命，故求壽者皆拜北斗。北極星的最初四星名為魁星，為舉子所崇奉，大同於文昌帝君。

（四）文昌帝君：是文藝之神，為學校所崇祀。

（五）城隍：此由《周禮》的水庸所變化，水為隍，庸為城。吳國大帝赤烏年間（西元二三八—二五〇年）特別崇祀之，而遍於全國，乃以對地方有功的死鬼為其神體。

（六）酆都神：酆都在四川酆都縣的大石巖下，這是道教學了佛教的地獄思想而成立的陰府。共有十殿，陰司居之而審判死人之罪，有一百三十八所地獄。北太帝君或北陰大帝，亦為此神之名。

（七）三官：為天、地、水之三官。始於張道陵布教之時，早於元始天尊的崇奉。至北魏時，以三官配三元：上元天官生於正月十五日，中元地官生於七月十五日，下元水官生於十月十五日。監督人之善惡，今稱之為三官大帝。

（八）東嶽大帝：即是泰山之神，古來傳說執掌人的生死，為天帝之孫，又名泰山府君。

（九）其他的小神：尚有灶君、財神、開路神、門神（初唐名將秦叔寶與尉遲恭）、關聖帝君等等。

（一〇）八仙：八仙是我國家喻戶曉的八位吉神，故也常在繪畫及戲劇故事中出現。但從歷史上看，八仙之間相互的關聯並不多：一、鐵拐李，有說是北宋徽宗（西元一一〇一—一一二五年）時的劉跛子，實則此仙時代難考，據《潛確類書》說他姓李，一日赴老君之約，遺魄遊魂而去，七日後回來時，他的肉身已被徒弟火化，乃借一餓莩之屍還魂，所以形貌奇醜。二、鍾離權，此仙自漢代，經唐代至宋代，均有人見之，不知是三人抑係一人。三、呂洞賓，此仙的事蹟最多，本為唐代進士，乃是禮部侍郎呂渭之後，先學仙術，後入佛門，又是南宋全真教的祖師。四、韓湘子，這是唐朝韓愈的姪兒，本是一位精明的園藝家，他能使牡丹花變出青、紫、黃、赤等各種顏色來。五、藍采和，此仙從漢朝鍾離權得度，本是一個戲班的班主，隨鍾離權學道三十年後再回戲班，他的妻子及同業們都老了，他卻丰姿如昔，面容姣好。六、曹國舅，是宋朝丞相曹彬之子，相傳又是皇太后的弟弟曹佾。七、何仙姑，是宋仁宗（西元一〇二三—一〇六三年）時永州地方的道姑（《宋史》）；有說是零陵人（《集仙傳》）；有說是廣州增城何秦之女，於唐朝中宗景龍年（西元七〇七—七〇九年）中白日飛升（《續通考》）。八、張果老，張果老是唐朝開元（西元七一三—七四一年）中人，隱於中條山，曾被唐玄宗徵為銀青光祿大夫。可見八仙之間除了鍾離權度脫藍采和之外，其他各仙，並無什麼關聯。繪畫及戲劇故事中把他們湊在一塊，只是為了尋熱鬧和求吉利而已。

若據葛洪的《枕中書》，陶宏景的《真靈位業圖》，所說神仙尚多，且多以歷史人物如漢高祖、漢光武、周靈王、張衡、赤松子、孔丘、孫權等為神。

身內的神

把外在的諸神，引入個人的身體各部而做主宰，這是道教的特色。

《太平經》中說：「善自持養之，可得壽老，不善養身，為諸神所咎。神叛人去，自安得善乎？……為善，神自知之；惡，神亦自知之。非為他神，乃身中神也。」身中自有神，故稱修身之道謂「養神」。凡是天地之神，皆存吾人之身中。此一觀念，與佛教所說：「心佛及眾生，是三無差別」的思想，略有關涉。

《老子中經》裡面說：上上太一，正在人頭上；無極太上元君，也在人頭上；東王父，在頭上頂巔；西王母，在人右目之中；太陰玄光玉女，正在脾上；赤子，當胃管中。主宰身中的神，共有萬二千位。最奇怪的，尚有如此的記載：「丹田者，人之根也，精神之所藏也，五氣之元也。男子以藏精，女子以藏月水，主生子，合和陰陽之門戶也。在臍下三寸，附著脊膂兩腎根也。神姓孔名丘字仲尼。」孔老夫子竟然成了道教的腎臟之神。

從道書中看道教的神，也像其他原始民族的神祇一樣，神與神間沒有系統、沒有組織，只是把天地人鬼的神祇，混雜羅列而已。

道教的修仙方法，除了上舉符籙、科教（禮誦）等他力之外，尚有服食、導引、房中等自力之術，現在介紹其大概如下：

金丹與藥餌

《抱朴子．至理篇》說：「服藥雖為長生之本，若能兼行氣者，其益甚速。若不能得藥，但行氣而盡其理者，亦得數百歲。」此所謂行氣，便是呼吸吐納之術。文意是說：若得不到長生之藥可服，單修呼吸吐納之術而成功者，也可活到幾百歲。可知服藥尚不如行氣為佳。

道教的服食，最好是服金丹，其次服藥品，再次服氣。修道之士，不宜服五穀，故凡入道修煉，首應辟穀（不食五穀），據道書中說：「神仙以辟穀為下，然卻粒則無滓濁，無滓濁則不漏，由此亦可入道。」可知辟穀之術，僅是入道之準備工夫。

《抱朴子》內篇中曾說到服食仙方的等次：「仙藥之上者丹砂，次則黃金，次則白銀，次則諸芝，次則五玉，次則雲母，次則明珠，次則雄黃，次則石中黃子，次則石桂，次則石英，次則石腦，次則石硫黃，次則石飴，次則曾青，次則松柏脂、茯苓、地黃、麥門冬、木巨勝、重樓、黃連、石韋、楮實……」。其中多半是礦物，少數是植物，有的可以食，有的根本不可食。所以方士們要神乎其神地主張用爐鼎來燒煉，希望從化學變化中產生奇蹟。《抱朴子》中也詳載了燒丹的方法，在其〈仙藥篇〉中說：「草木（之藥）延年而已，非長生之藥可知也。未得作丹，且可服之以自擠持耳。」植物之藥可以除病延年，非金丹可比，如果未得金丹之時，植物之藥，當然不妨服食。

金丹的效力如何呢？《抱朴子．金丹篇》說：「然小丹之下者，猶自遠勝草木之上者也。凡草木燒之即燼，而丹砂燒之成水銀，積變又還成丹砂，其去凡草木亦遠矣。」又說：「夫五穀猶能活人，人得之則生，絕之則死，又況於上品之神藥，其益人豈不萬倍於五穀耶？夫金丹之為物，燒之愈久，變化愈妙。黃金入火，百鍊不消；埋之，畢天不朽。服此二藥，鍊人身體，故能令人不老不死。」又說：「按《黃帝九鼎神丹經》曰：『黃帝服之，遂以昇仙。』又云：雖呼吸道引及服草木之藥，可得延年，不免於死也。服神丹，令人壽無窮已，與天地相畢，乘雲駕龍，上下太清。」

葛洪是金丹派的方士，所以特別鼓吹金丹的神效，他在〈金丹篇〉中把它分為九種：

（一）丹華：用雄黃水、汞、戎鹽、鹵鹹、礬石、牡礪、赤石脂、滑石、胡粉，各數十斤，火之三十六日成，服之七日仙。

（二）神符：服之百日仙，行度水火，百病皆癒。

（三）神丹：服一刀圭，百日仙；與六畜吞之亦終不死。

（四）還丹：服一刀圭，百日仙；有朱鳥鳳凰翔覆其上，並有玉女至傍。

（五）餌丹：服之三十日仙；有鬼神來侍，玉女至前。

（六）煉丹：服之十日仙；若以汞合而火之即成黃金。

（七）柔丹：服一刀圭，百日仙。

（八）伏丹：服之即日仙。

（九）寒丹：服一刀圭，百日仙；有仙童仙女來侍，飛行輕舉，不用羽翼。「凡此九丹，得一便仙，不在悉作之。」

《抱朴子》引「老子訣言」說：「子不得還丹金液，虛自苦耳。」「丹砂燒之成水銀，積變又還丹砂。」還丹之名，即由於此。九還丹又名九鼎丹，在此之上，尚有「作此太清丹，小為難合於九鼎，然是白日昇天之上法也。」又有「九轉丹」，以丹砂燒成水銀，積變還成丹砂，是為一轉丹，服之三年得仙；如是轉變九次，稱為九轉丹，服之三日得仙。

可謂洋洋大觀，然而，傅緯平的《中國道教史》第九章中說：「魏晉南北朝士大夫，以服石為時尚，死者纍纍，而不知悔。其後則唐帝之服金丹而死者，亦相繼焉。」可舉者有唐朝太宗、高宗、憲宗、敬宗、武宗，皆因服此丹藥而喪命。

行氣與導引

吐納之術，稱為行氣。行氣分有兩類：

（一）服食天地之氣：《莊子．逍遙遊》說：「乘天地之正，而御六氣之辯。」莊子的六氣，不知何指？李頤注《莊子》即解為：「平旦為朝霞，日中為正陽，日入為飛泉，夜半為沆瀣，天玄，地黃，為六氣。」即是天地日月之氣，服食日精月華而成仙的意思。

（二）服食自身之氣：此即胎息之術。《抱朴子．釋滯篇》說：「得胎息者，能不以鼻口噓吸，如在胞胎之中，則道成矣。初學行炁（同氣字），鼻中引炁而閉之，陰以心數至一百二十，乃以口吐之，及引之，皆不欲令己耳聞其炁出入之聲，常令入多出少，以鴻毛著鼻口之上，吐炁而鴻毛不動為候也。」

行氣之術的效力也是奇大的，《抱朴子．至理篇》中說：「知之者，可以入大疫之中，與病人同床而已不染；又以群從行數十人，皆使無所畏；此是炁可以禳天災也。或有邪魅山精，侵犯人家，……以炁禁之，皆即絕。……入山林多溪毒蝮蛇之地，……以炁禁之，能辟方數十里上，伴侶皆使無為害者。……以炁禁金瘡，血即登止，又能續骨連筋。以炁禁白刃，則可蹈之不傷，刺之不入。若人為蛇虺所中，以炁禁之，則立愈。」

行氣的理由，《抱朴子．至理篇》說：「夫人在氣中，氣在人中，自天地至於萬物，無不須氣以生者也。善行氣者，內以養身，外以卻惡。」〈對俗篇〉又說：「知龜鶴之遐壽，故效其道引以增年。」龜及鶴能知導引吐納之法，所以得活長壽。

修煉行氣，與佛教密宗的修持也有相通處。例如西藏喇嘛有一種「吐木」法：「修煉了吐木，你就具有內在熱量。這內熱存在於精神系統中心，猶之乎電流存在於電瓶內。……內熱發自兩股之間生殖器下的會陰處。我在冬天的冰雪裡，光著身子在深山之巔坐著，可替一隊人馬二十多條潮濕了的毛毯烘乾；他們把濕毯子放在我的背上，不到一分鐘，跟火爐上烘乾的一樣。」（陳澄之譯《西藏見聞錄》第十六節「一位大喇嘛的自述」）

行氣與導引相通，但作法不同，導引是一種健身的方法。據宋朝張君房的《雲笈七籤》卷三二《導引經》，詳載導引方法，如說：「清旦未起，啄齒二七，閉目握固（屈大拇指於四小指下把之），漱漏唾三咽氣，尋閉而不息（不呼吸），自極。」「一曰精，二曰唾，三曰淚，四曰涕，五曰汗，六曰溺，皆所以損人也。……人能終日不涕唾，隨有漱滿，咽之，若恆含棗核咽之，令人愛氣生津液，此大要也。」（《內解》）「摩手令熱，以摩面，從上至下，去邪氣，令人面上有光彩。又法，摩手令熱，摩身體，從上至下，名曰乾浴，令人勝風寒、時氣熱、頭痛，百病皆除。夜欲臥時，常以兩手揩摩身體，名曰乾浴，辟風邪。」（《內解》）諸如此類者很多。

可知導引之術，即是調息、咽唾、按摩、柔軟操等的健身法。誠如《抱朴子・別旨》所說：「夫導引療未患之疾，通不和之氣。動之則百開氣暢，閉之則三宮血凝。實養生之大律，祛疾之玄術矣。」

道教注重長生，要達不死之目的，固然絕不可能，研究養身的方法，卻是值得尊重的。

房中術的內容

房中術，又名御女術或御婦人術，即是以男女性交達成養身的目的。此在西漢之末，頗為盛行。《漢書・藝文志》在「方伎略」的項下，載有房中八家的書目，共一百一十六卷，多半以「陰道」命名。例如《容成陰道》、《務成子陰道》、《堯舜陰道》等，此既見錄於《漢書》，起源當也不遲了。只是此房中八家之書，早已失傳了。

《漢書．藝文志》說：「房中者，情性之極，至道之際，是以先王制外樂以禁內情，而為之節文。」可見房中術的本身，並不是以享受淫樂為著眼的。《抱朴子．至理篇》說：「然行氣宜知房中之術，所以爾者，不知陰陽之術，屢為勞損，則行氣難得力也。」同書〈微旨篇〉又說：「凡服藥千種，三牲之養，而不知房中之術，亦無所益也。」

房中術究竟如何修法？這是道教的祕密法，必須師承密授，無從見之於文字的。所以《抱朴子．釋滯篇》說：「房中之法十餘家，或以補救傷損，或以攻治眾病，或以采陰益陽，或以增年延壽，其大要在於還精補腦之一事耳。此法乃真人口口相傳，本不書也。雖服名藥而復不知此要，亦不得長生也。」可見道教重視此術的程度，要比行氣、服藥更高。不知房中術，行氣不得力，服名藥不能長生，但是，葛洪也不主張僅靠房中術成仙，故在同篇又說：「一途之道士，或欲專守交接之術，以規神仙，而不作金丹之大藥，此愚之甚矣。」房中術的功效，有人以為可以致神仙，可以移災解罪，乃至升高官發大財，但是葛洪並不信此，他說：「其理自有極，安能致神仙而卻禍致福乎？人不可以陰陽不交，坐致疾患。若乃縱情恣欲，不能節宣，則伐年命。善其術者，則能卻走馬（不出精）以補腦，還陰丹以朱腸，采玉液於金池，引三五於華梁，令人老有美色，終其所稟之天年。而俗人聞黃帝以千二百女昇天，便謂黃帝單以此事致長生，而不知黃帝於荊山之下，鼎湖之上，飛九丹成，乃乘龍登天也。黃帝自可有千二百女耳，而非單行之所由也。」（《抱朴子．微旨篇》）黃帝以修房中術達一千二百個女子，兼以服九丹之力，所以乘龍升了天。此一傳說，當係方士的假託，並且假黃帝之名偽造了好多道書。所以道教自稱為黃老之教，信奉黃老，則始於漢桓帝（西元一四七—一六七年）時，可見黃帝升天的傳說，出現更在此時之前了。但在《紀年》及《博物志》中，卻說「黃帝崩」，而未說升天。

葛洪是金丹派的方士，他對房中術，則說：「余實復未盡其訣矣！」（《抱朴子．釋滯篇》）。但他又宣稱：「大都其要法，御女多多益善；如不知其道，一兩人足以速死耳。彭祖之法，最其要者，其他經，多煩勞難行，而其為益不必如其書。人少有能為之者，口訣亦有數千言耳，不知者，雖服百藥，猶不能得長生也。」（《抱朴子．微旨篇》）。由此可見，房中術，頗不簡單，它要將數千言的口訣，配合了行氣之法，以及四時百藥的用法，然後才能「御女多多益善」，才能「卻走馬（不出精）以補腦」。至於能不能長生不死？那根本是自欺欺人的謊言。

其實，葛洪說；「人不可以陰陽不交，坐致疾患。」「善其術者……終其所稟之天年。」（《抱朴子．微旨篇》）這也不是真理，因為熟知其術的道士們，並沒有一個從古到今地活下來。東西方各宗教的出家人，自古以來體健而長壽的，卻可數之不盡了。一般人，固須男女婚配，如果不婚不嫁，卻又未必「坐致疾患」，尤其是虔誠聖潔的僧尼們。

修煉的成果

神仙之道是以保存現在的身體以永遠，以肉體及精神的愉快自由為理想，無論是用齋醮符籙與外丹內丹，目的均在於此。但是，自古以來修了道教方術的人，不知凡幾，真的達成其願望者，卻未見一人。不過，他們確有若干的成果可觀，例如「行蹻」、「變化」等術，我們則不必否定其實有。

什麼是「行蹻」？《抱朴子．雜應篇》中說：「若能乘蹻者，可以周流天下，不拘山河。凡乘蹻道，有三法：一曰龍蹻，二曰虎蹻，三曰鹿盧蹻。或服符精思，若欲行千里，則以一時思之，若晝夜十二時思之，則可以一日一夕行萬二千里，亦不能過此。」

什麼是「變化」？是變化形體，使之成為異人異物。《抱朴子．遐覽篇》所引：「其法用藥用符，乃能令人飛行上下，隱綸無方。含笑即為婦人，蹙面即為老翁，踞地即為小兒，執杖即成林木，種物即生瓜果可食，畫地為河，撮壤成山，坐致行廚（飲食自來），興雲起火，無所不作也。」《抱朴子．雜應篇》又說：「鄭君（葛洪之師）云：服大隱符十日，欲隱則左轉，欲見則右回也。……或可為小兒，或可為老翁，或可為鳥，或可為獸，或可為草，或可為木，或可為六畜。或依木成木，依石成石，依水成水，依火成火。此所謂移形易貌，不能都隱者也。」因此而有五遁之法，依於金、木、水、火、土之任何一物，皆可遁形而去。這種魔術，雖也神祕，但是並不稀罕，用藥、用符、用咒、用心力（定心能發神通），均可辦得到的。近世世界享名的大魔術師，和印度的瑜珈術師，均有若干變化的能力。

古來道士，能夠變化隱遁者，固然是有，但也不是尋常的事，能夠隱遁避世的，就美其名曰「白日飛昇」；不能隱遁而老病死去的，道書中又製造出一種美名，稱為「尸解」；或因刀兵而死的道士，另外再造一個美名，叫作「兵解」。雖然《集仙錄》中也有說明：「形如生人者，尸解也，……其死而更生者，未斂而失其尸者，……有髮脫而形飛者，……皆尸解也。白日解者為上，夜半解者為下。」

道教為何如此的重視肉身的永存，因為道教有唯物論者的思想，除了肉體，沒有精神。《酉陽雜俎》中說：「三魂營骨，七魄衛肉。」道教認為人的精神是三魂七魄，實際上三魂七魄僅是骨肉之身的異名，依舊是唯物思想。

第五節　道教的經典和派別

老子的神話

佛教來華之前，中國有哲學系統的道家一派，有陰陽術數的方士一流，但還未將道家與方士混合而成道教。佛教自兩漢之間輸入之後，道教也由教匪混合方士及道家而成立。但是，黃老之學的成為宗教的信仰，至少要比佛教的輸入晚了一個世紀。佛教來華為漢明帝永平十年（西元六七年），已為近世史家所公認。張道陵生於漢桓帝時，桓帝延熹八年（西元一六五年）始有以黃老為崇奉對象的歷史記載（《後漢書》卷七及三二）。在此之前，黃帝是屬於方士傳說中的遠祖，老子是哲學範圍內的先哲，未嘗把二者聯合起來當作宗教的神道。

凡是高級的宗教，必須具備三個要素：一、教主，二、教義，三、教團。這在佛教，當釋迦成道之後不久，便已完成，稱之為佛、法、僧的三寶。道教有鑑於此，首先拉出一位老子做教主，雖然老子有好幾位，例如尚有老成子、老萊子等。《道德經》究係何人所作，至今仍是一個未解的謎。道教徒便以李耳做了教主。到了六朝時代，又偽造出種種老子化身的神話，例如王圻的《續文獻通考》所載：「葛稚川曰：老子無世不出，數易姓名，出於黃帝時，號廣成子；周文王時，號燮邑子，為守藏史；武王時，號育成子，為柱下史；康王時，號郭叔子；漢初為黃石公；漢文時，號何上公。」後來又有《老子八十一化經》；更有老子一炁化三清之說。老子成了元始天尊的應現，是太上老君，是玄元皇帝，唐玄宗（西元七一二—七五五年）時又將之封為玉皇大帝。老子的身分，愈變愈崇高得神乎其神了。其實，這也是學自佛教的，佛教以為釋迦牟尼是化身佛，釋迦的清淨報身，是在色究竟天的盧舍那佛。道教便說老子是住於大羅天的元始天尊的化身了，甚至晉朝的道士王浮等，反而編出一套謊言，寫成《老子化胡經》，說釋迦牟尼佛，也為老子所化，真是可笑！

道經與佛經

有了教主，同時也需要教義，於是，大批的經典出世了。偽造經典是一件苦事，有思想有文才的道士們，究竟不多，多數的道士就拿佛經做藍本，略微更動一些章節和名詞，佛經就成了道經。例如〈真步虛品偈〉的「有見過去尊，自然成真道，色身如金山，端嚴其微妙，如淨琉璃中，內現元始真，聖尊在大眾，敷衍化迷強。」此節完全是抄擬佛教《法華經》的：「又見諸如來，自然成佛道，身色如金山，端嚴甚微妙，如淨琉璃中，內現真金像，世尊在大眾，敷演深法意。」

乃至道經的經目，也擬佛經來命題。例如道藏目錄中的《高上玉皇本行集經》、《太上老君說報父母恩重經》；在法琳法師的《破邪論》中所舉的《道士法輪經》、《中極洞真智慧觀身大戒經》、《老子大權菩薩經》、《太上洞玄靈寶真一勸誡法輪妙經》等皆是。如果以比較語言學的角度來讀道藏，道藏之中來自佛教梵文轉譯的東西，實在多得不勝枚舉。

道藏與釋藏

偽造的道書多了，便效佛教而成立道藏。佛教在北宋以前尚無整套雕版印刷的《大藏經》，但有單行流傳的各類典籍，可是，三藏十二部的內容及名目，佛教是由來已久的。佛教的經錄，早在晉代便已編出。因此道教成立道藏，也就效法佛藏的分類法，佛藏分經、律、論三藏，性質的分類則有十二分教或稱十二部：長行、重頌、授記、孤頌、無問自說、因緣、譬喻、本事、本生、方廣、未曾有、論議。道藏則名之為三寶三洞十二部，據小柳司氣太《道教概說》第三篇第二章的介紹如下：

道教的經典，多為「天啟」。住於三天之三君，各啟示三經：

玉清宮之天寶君，啟示洞真部，教化大乘者。

上清宮之靈寶君，啟示洞元部，教化中乘者。

太清宮之神寶君，啟示洞神部，教化下乘者。

三經即為三藏，每藏各分十二部：本文（說第一原理）、神符（護符）、玉訣（祕訣）、靈圖（鬼神像）、譜錄（教法沿革）、戒律（修道之律規）、威儀（齋醮儀式）、方法（拘制魂魄之術）、眾術（煉丹）、紀傳（老子等的傳記）、讚頌（偈頌）、表奏（奏上鬼神的祈願文）。

依道教自稱，他們的三洞十二部經，都是元始天尊所化三清的三君啟示，往往都是從天而降，及神仙親授的。但據佛教的北魏學者甄鸞法師的《笑道論》第三十一，則證明《靈寶經》是張道陵所作，《上清經》為葛玄所作，《三皇經》為鮑靜所作。又據唐朝玄嶷法師的《甄正論》說：洞真部多為葛玄、陸修靜、顧歡等所作，洞神一部為張道陵所作。道世法師的《法苑珠林》卷六九，列舉漢之王褒作《洞玄經》，張道陵作《靈寶經》，吳之葛洪作《上清經》，晉之王浮作《老子化胡經》，鮑靜作《三皇經》，齊之陳顯明作《六十四真步虛品經》，梁之陶宏景作《太清經》及眾醮儀，隋之輔惠祥作《長安經》。

由此可知道教的道藏，乃集作偽模擬的大成。

道藏的編纂

照道教的說法，道藏起始甚早，例如《漢書．藝文志》所列的目錄中，道家者流三十七家九百九十三篇，房中者流八家百八十六卷，神仙者流十家二百零五卷。此三流之書，除已失佚之外，均為後世道書之所必收。實則此三流不是道教的神學書，而是哲學書及方術書。

但是到了《隋書．經籍志》中，道書就多了，計有經戒三百零一部九百零八卷，餌服四十六部一百六十七卷，房中十三部三十八卷，符籙十七部一百零三卷。共為三百七十七部一千二百一十六卷，道藏也就出現於世了。

宋朝鄭樵的《通志．藝文略》中，將道書詳細分二十五類：老子、莊子、諸子、陰符經、黃庭經、參同契、目錄、傳、記、論、書、經、科儀、符籙、吐納、胎息、內視、道引、辟穀、內丹、外丹、金石藥、服餌、房中、修養。此二十五類共計一千三百二十三部三千七百零六卷。

北宋第一次開版印刷的佛教《大藏經》，稱為《開寶藏》，共為四百八十函一千零七十六部五千零四十八卷。宋世的道藏部數已超過當時的佛藏，卷數也快趕上了，可見道教有意要和佛教一爭長短。哪兒來的這些道書？濫竽充數的實在不少，例如張君房的《雲笈七籤》中說：雖是《明使摩尼經》，也被收入了道藏。

正因為道藏係由道士們的拉雜模擬的偽造，到了元朝憲宗時代（西元一二五一——一二五九年），除了《道德經》之外，全部道藏皆被焚燬。起因是道教受元帝的優遇，並命道教管理「天下應有的出家人」，道士要僧人迎拜，並通管僧尼，同時又「毀夫子廟，毀佛像，占梵剎四百八十二所」。這是由於全真派的丘長春受到元太祖成吉思汗（西元一二〇六－一二二七年）的敬信，所以道徒專橫跋扈，但到憲宗時，丘長春死了，僧道屢辯於帝前，道士每皆詞屈，故有祁真人志誠、李真人德和、杜真人福春等人照實自供：「據道藏經內，除老子《道德經》外，俱係後人捏合不實文字，情願盡行燒毀了，俺也乾淨。」（見《至元辯偽錄》）

現行的道藏，是明朝萬曆年間（西元一五七三－一六二〇年）重修的，刊於北平白雲觀。明代的白雲觀道士白雲霽，為道藏目錄作的詳註，已載清代的《四庫全書》。所列諸書，多係摭拾以增加其卷數。晚近由白雲觀交給上海涵芬樓影印的道藏，已多至五千五百冊五千四百八十五卷，比開寶版的佛教藏經，還多出四百三十七卷。既經元朝焚燬了一次，又從哪裡來的這許多道書？自然是廣事摭拾收羅而來。例如《漢書．藝文志》中除上述三家之外的名家、法家、墨家、兵家、農家，以及占星、陰陽、五行、雜占卜、醫經、醫方等凡百數術方技之書，皆被收盡，乃至佛祖傳真、聖賢貫脈等佛教及儒家的書，也成了道藏的內容。

不過，道教始終遜佛教一籌，日本在大正年間的《新脩大藏經》正、續兩編，包括佛書已達三千零五十三部一萬一千九百七十卷了，而且多數的中國著作尚不在內。

道教的戒律及倫理　道教和佛教的密宗一樣，絕對主張師師相傳，極端不許無師自通，這是最大的戒律。《太上太宵琅書》說：「天地布氣，師教之真，真仙登聖，非師不成。心不可師，師心必敗。」

道教有一百八十戒，說是老君授給《太平經》的偽著者于吉，戒的內容，大要與《太上感應篇》所列的大同小異。《太上感應篇》是承《抱朴子》並吸收了佛教及儒家的思想而編成，故亦為晚近數百年來儒、釋、道三家共同接受。明代袁了凡的「功過格」，即是受了《太上感應篇》的啟示而訂定。

道教的基本思想，主張人力可以勝天，所以藉養煉而改造性命，而長生不死；但也覺得凡夫是受神明監視，所以要行善止惡而求神明的保佑。《抱朴子．對俗篇》說：「行惡事大者，司命奪紀，小者奪算。」又說：「人欲地仙，當立三百善，欲天仙，當立千二百善。」同書〈微旨篇〉說：「大者奪紀，紀者，三百日也；小者奪算，算者，三日也。」這是行惡而為神明奪去壽命之日數的意思。行善是什麼呢？同篇則說：「慈心於物，恕己及人，仁逮昆蟲；樂人之吉，愍人之苦，賙人之急，救人之窮；手不傷生，口不勸禍；見人之得如己之得，見人之失如己之失；不自貴，不自譽，不嫉妒勝己，不佞諂陰賊。如此乃為有德，受福於天。」這是兼採了佛教及儒家的倫理思想而成的。葛洪雖強調以丹鼎求長生，如果煉丹不成，等而下之，則以行善止惡的道德生活，來免除夭損之禍。

到了宋朝的《雲笈七籤》，列出道教的五戒十善，乃係受佛教的五戒十善的思想影響而成。其五戒是：一、不殺生，二、不嗜酒，三、不口是心非，四、不偷盜，五、不淫色（佛教則以殺生、盜竊、邪淫、妄語、飲酒為五戒，乃全同）。其十善是：一、孝順父母；二、忠事君師；三、慈心萬物；四、忍性容非；五、諫諍蠲惡；六、損己救窮；七、放生養物，種諸果林；八、道邊舍井，種樹立橋；九、為人興利除害，教化未悟；十、讀三寶經律，恆奉香花供養。

全眞教

道教是混合陰陽術數及老莊思想而成立，當它吸收了儒家思想，尤其是佛教思想之後，一當時機成熟，便形成分裂，南宋時代成立於河北遼金治下的全真教，即是一例。那是新道教或北宗派，張天師則為南宗派，全真教的實力後來竟在天師派之上。全真教的創始人王嚞（號重陽子），四十八歲遇呂洞賓的化身而得仙術。他以《孝經》、《道德經》、《般若心經》教人。弟子有譚處端等七人，而以丘處機（長春子）最能光大其教。後來以北平的白雲觀為全真派的大本山，名為道教的叢林，制度全仿佛教的大叢林；他們的生活公約也叫作「清規」，內容大致也與叢林清規相似，共為二十三條。例如用有「開靜」、「安單」、「遷單」、「鉗捶」、「出坡」、「叢林」、「常住」、「十方」、「檀信」等名詞，都是佛門的常用語。

因此，元朝的全真教雖曾一度侵凌佛教，到了明朝之後，釋、道已不分家，也不再相互排擠，道士可以到佛寺中去掛單，可以隨同僧人一齊上殿過堂和禮佛誦經。同時也把天師派的在家道徒，貶稱為「火居道士」，自稱出家的道士為「全真」，因而得到全真派的派名。

晚近的道教，只剩下了以齋醮符籙來應付民間的迷信，雖然道教的歷史及其內容多涉作偽與荒誕，但在醫藥衛生方面，道教給予我們的貢獻確實可觀，對民間勸善方面，也有其相當的功績。所以我們在研究道教之餘，仍不得不以尊重的態度來看待它。

第六章　少數人的宗教

本章所稱的少數人，與一般國家所稱少數民族的意義相同。世界性的宗教，稱為大宗教，例如：佛教、基督教、伊斯蘭教。雖非世界性但有很多信徒的宗教，稱為多數人的宗教，例如：印度教、道教。信仰的人數不多但尚沒有滅亡的宗教，便是本章所稱少數人的宗教，此有很多，例如：日本的神道教、韓國的太乙教、越南的高台教、中國新成立的軒轅教，乃至猶太教也屬這一類型。本書除將猶太教另章介紹外，僅選取印度的耆那教與錫克教，波斯的祆教，中國的理教做代表，因為這幾個宗教比較重要。

第一節　耆那教

耆那教的出現

印度的宗教思想，在西元前第六、第七世紀之間，由於恆河流域新興民族的王者階級之保護，自由進步的風氣盛行，這一風氣的出現，乃在對於婆羅門《吠陀》宗教的革命。於是，以祭祀為主的婆羅門教，一時失去了民眾的信心。代之而起的，分為兩大流：一、在思想的原則上，仍舊尊崇《吠陀》聖典的，有六派哲學的漸次發展。二、在宗教的信仰上，完全反對婆羅門教《吠陀》神學的，有六師外道的興起，此又可稱為反《吠陀》的沙門團。站在佛教的立場，耆那教即是六師外道之中的一種；站在整個印度文化的立場，佛教則是反《吠陀》的沙門團之一種。

耆那教的教主，今日已被公認是摩訶毘盧（Mahāvira）。事實上，依照耆那教的經典所傳，摩訶毘盧乃是第二十四祖。初祖是勒裟拔提婆（Rishabhadeva）；但從初祖到二十二祖均為史前人物，年代難明。二十三祖名叫波爾斯伐那多（Pārśva-nātha），約為西元前第八、第九世紀的人物，乃係剎帝利武士階級，曾棄家修道於婆羅奈斯（Vārāṇasī）之林中。入定八十四日，成道後雲遊宣化，為時七十年。凡其弟子，均須遵守：一、不殺生，二、不說謊，三、不偷盜，四、不聚財。教徒可以結婚。

二十四祖摩訶毘盧（義為大雄），本名伐彌摩那（Vardhamāna），其父悉達爾德爾多（Siddharthartha），是武士階級的王者。伐彌摩那生於崗陀羅摩（Kundagrama，今之比哈省）。及長，即與耶素陀（Yashoda）公主結婚。到三十歲時，即出家修道。在外餐風宿露，戴月披星，苦行修禪，經十三年，乃獲覺悟，而成為「耆那」（Jina），成為全知、全能、全福的聖者。**Jina**一字在語源學上，乃為戰勝者或征服者的意思。因為它是一種剛毅勇敢的宗教，亦是自力自助的宗教。他們著重於默念聖哲而自淨其心，篤信道德律之因果，而不信上帝能夠赦罪。稱信徒初名為「解脫者」，後稱為耆那（Jaina）。摩訶毘盧的時代，約與佛教的教主釋迦牟尼（Śākyamuni）同時而略早。宣揚他的教義有三十年之久，七十二歲時，逝於王舍城（Rājagṛha）附近的波婆（Pāvā）。佛經中所稱的尼乾子外道，就是他了。

耆那教的教理

從哲學的本體論上說，耆那教頗與佛教不同。佛教主張「諸行無常」，認為世間的任何事物，毫無真實的常法可言，皆為隨時間而生起的異滅之相。耆那教則將本體分成兩種特性：一為「本質的特性」（Essential Substance），一為「附帶的特性」（Accidental Substance）。附帶的特性發生作用，則去來無定，彼此變更；本質的特性乃是本體的繼續存在，為永恆不滅的常法。佛教不以為有永恆不滅的靈魂，耆那教則堅信靈魂的永恆。故以佛教的見地，耆那教乃是「常見論者」。耆那教把本體的延伸，又分為兩類現象；也就是說：本體是由兩大現象的擴展而顯現，那就是「命」（jīva），及「非命」（ajīva），也就是精神的及物質的兩種。「命」即是生命體，即是靈魂的別名。靈魂又分為解脫的及非解脫的兩類。非解脫的靈魂又分為靜止的及活動的兩類。活動的生命體又分為四類：一、具有觸、味兩種根識的，如介殼、蝸牛等。二、具有觸、味、香三種根識的，如螞蟻、水蛭等。三、具有觸、香、味、色四種根識的，如蚊、蚋、蜂等。四、具有觸、色、聲、香、味五種根識的，如人類及高等動物。至於靜止的生命體的肉體很單純，僅有觸的意識而已。所謂「非命」，它的內容是占有空間的事物，例如：法、非法、虛空，以及物質。物質又分兩類：一、地、水、風、火的混合物，二、地、水、風、火的原子。

耆那教對於靈魂的概念，則以為靈魂居於不同的肉體中，是由於過去所作業的傾向與影響。靈魂沒有一定的形狀，乃依肉體的形狀而定。靈魂雖是無形，卻不是無限，乃隨同所附的肉體而擴展。靈魂雖占有空間，但只是在空間的不同部分有所出現，並非像物質一樣地占有位置。所以，靈魂是瀰漫於空間，一個靈魂並不妨礙另一個靈魂同時出現在同一個空間位置。

耆那教以為，靈魂本屬於完善的，並具有無限的能力，所以仍可能獲得無限的智識、無限的能力、無限的信解、無限的歡愉。得到此等無限的條件，便是使得靈魂的本身要除去一切的障礙。此所謂障礙，即是由前世所造的業，而受到了現世肉體物質的束縛。故其深信：我人的身體，雖由父母所生，然而我人出生的環境、體質、膚色、容貌、體形、夭壽等等，則為前世的業因所感。因此，耆那教將靈魂的束縛，分為兩項：一、靈魂被業力所牽，名為「內在的束縛」；

二、靈魂與事物發生了關係，名為「物質的束縛」。

如何能將束縛和障礙的靈魂得到解脫？有兩個步驟：一、「制御」（Saṃvara），即是不使新的事物繼續注入靈魂中去。二、「寂靜」（nirjara），即是將已與靈魂混合在一起的事物排除出來。其實踐的方法，則為正信、正知、正行，合稱之為三寶（Tri-ratna）。

耆那教的道德律

此所謂的道德律，即是正信、正知、正行的三寶，由此三寶，可成為耆那。

（一）正信（**Samyag-darsana**）：此即我人對於真理所持的尊敬態度。但是，耆那教並不要求其信徒，盲目地信賴其聖者的遺訓。故其聖人牟尼伯陀羅（**Manibhadra**）曾說：「我並不偏信於摩訶毘盧，亦不反對伽毘羅（**Kapila**）及其他學人。不論何人之教理，只要其合乎理性，我皆接受之。」這與佛教主張的「依法不依人」，可謂相同。

（二）正知（**Samyag-jnana**）：對大覺大悟者生起了正確的信仰，再研究大覺大悟者的教理，即是得到正知。但在學者的自內親證的正知，乃在於如實的認知「自我」。這要實踐了正行，才可使「自我」從「非自我」中解放出來。

（三）正行（**Samyag-caritra**）：人們如欲不使新業發生，並使舊業根絕，那就應該依據耆那教理，實踐七條善行：一、遵守五誓。二、慎言行，授施捨，戒殺護生。三、思想言行，要有自制的工夫。四、行十善—寬恕、直爽、真實、謙遜、克己、犧牲、清淨、無欲、苦行、獨身。五、禪修。六、克服由飢渴冷熱而起之苦惱。七、達到平和、真純、無欲及至善的行為。依之而行，即可獲得四種完善：一、無涯的知識，二、無限的信仰，三、無量的力能，四、無盡的歡愉。

五誓的內容

耆那教雖有七條善行，但也不是一致主張人人皆須有七條。有些耆那學者以為如能實踐五誓即可。所謂五誓略介如下：

（一）不殺生：依摩訶毘盧的看法，認為有情眾生固然有靈魂，即使植物、礦物、風火等，也有靈魂。並認為一切眾生，皆具有同樣的力能，眾生的存在也是基於互惠互助的原則，所以嚴禁殺生及不傷害萬物。今日印度的耆那教徒，即有在鼻孔上覆一塊四方白布，以免因呼吸而傷害到空氣中的小蟲。但對初信該教的人，則往往勸其先由勿傷害具有兩種根識以上的生命開始。

（二）不妄語：說話要真實，並要能使人悅耳而生善念；應制伏貪、瞋、癡三毒；應制戲謔的言辭。

（三）不偷盜：他人的財產，猶如他人的生命，劫奪他人賴以活命的財產，無異劫奪他人的生命。

（四）不邪淫：此可解釋為守獨身。耆那教學者更有認為不但對性欲應節制，縱然是淫念也須停止，甚至凡是容許他人生起邪淫的言行者，亦在禁止之列。

（五）不執著：應捨棄對外境任何事物所生的依戀心。此即是束縛之靈魂求得解放的工夫。

無神的宗教觀

無神論的宗教，只有印度出現了佛教及耆那教。宗教而站在無神論的立場，殊為不易。耆那教之無神論，其理由如下：

（一）神或上帝，我人無從認知：人們之說有上帝的存在，乃是由於推論而來。例如每一件事物，即是一種產品。產品乃由生產的人所造作。因此，視世界也是一種產品，所以世界也必有一製造的神或上帝。實際上我們並不能證明世界是一種產品，世界雖具有組合的原理，好像是產品，組合世界的元素卻是永恆的存在，並非是一種產品。同時，任何產品的製成，必由製造者的手足將產品製成，神或上帝既屬無形，無形的神怎麼能使物質造成世界？

（二）宇宙的創造神，根本不存在：一、假若神是萬能的，那麼，一切物體均為神的創造。可是，我人日常所見的事物，均為人造的而非神造的。二、一神教者認為神只許有一個，如果由許多的神，依照各自的計畫創造宇宙，宇宙即不能和諧。此說也非真理，例如蟻塚及蜂巢的建築，即是群體的創造成果。三、一神教者以為神是永恆而完善的，也有矛盾之處。所謂完善，是除去了不完善而來，神若從未有過不完善時，則稱神為完善，乃幾近戲論了。

因此，耆那教否認有世界創造神的存在，他們以大覺大悟的完善人格，代取了神教的上帝而向之祈禱，以求指示迷津而已。實際上，世界的神教者，自原始人類的信仰而至一神信仰，他們所信的神，無一不是推想及擬人化的產物。並且也與社會制度有關。不統一的社會，有不統一的許多神；君權無上的社會，即會產生君臨式的一神信仰。理性的宗教，即對神的存在加以邏輯的考察，故有佛教及耆那教起而否定了專斷性的一神信仰。

耆那教在尼乾陀若提子（Nirgrantha-jñātaputra），即摩訶毘盧的時期，已成立了教團，擁有沙門一萬四千，比丘尼三萬六千。大弟子有十一人，其中二人於摩訶毘盧死後，繼續弘揚並發展此派的教勢。二百年後，在旃陀羅笈多王時，北方摩揭陀的教徒與南方迦爾奈多的教徒，在思想上發生了爭議。南方的屬於保守派，遵行摩訶毘盧的遺教，主張極端的苦行，稱為「裸體派」（Digambaras）。他們認為瑜珈苦行的人，應捨棄一切，即使衣褲，亦須捨棄。此派對於婦女的解脫，認為須轉男身之後始得。北方的比較進步，雖亦接受二十四祖的教理，卻以二十三祖波爾斯伐那多的見地為準，他們比較寬宏而能容納眾見。身穿白衣，稱為「白衣派」（Śvetāmbaras）。此派認為婦女亦可即身解脫。

白衣派的耆那教徒，實是受了佛教的影響。佛教不主張極端的苦行，佛教認為男人、女人出家者，均有即身證得離欲阿羅漢的可能。在家學佛的男女居士，均有即身證得第三果的可能。因此耆那教徒的白衣派在不知不覺中接受了佛教的義理，他們也對佛陀及佛的聖弟子們崇拜，一如崇拜他們的耆那及其聖弟子們。崇拜耆那的聖地，也崇拜佛陀的遺跡。甚至把其教主的一生傳記也盡量地寫得和佛陀的傳記相似。後來印度教有了女神崇拜，耆那教受其影響，也推出了一位叫作夏薩那提（Śāsanadevi）的命令女神，加以崇拜。

耆那教與佛教的相同之處很多，例如：同樣是無神論者，同樣信因果律及業力，同樣追求解脫，同樣以為道德的生活是解脫的階梯，同樣否定《吠陀》的神聖性，同樣不信祭祀。兩教不同之處也多，例如：佛教主張諸行無常，耆那教主張宇宙的本體是永恆的；佛教主張諸法無我，耆那教主張靈魂是永恆的常我；佛教主張眾生之中唯有情有神識，耆那教主張有情無情的一切物均有靈魂；佛教主張有情的神識乃是業熏成為種子的假名，並無不變的本體，耆那教主張靈魂是永恆的本體，業的造作是附屬於靈魂而牽引受報。耆那教散布在今日的印度北部，信仰者尚有數百萬之眾，且多為工商界的人士，極為富有，所立寺廟、學校、醫院，多很莊嚴堂皇。

第二節　錫克教

錫克教的教主

錫克教（Sikhism）是印度晚出的小宗教，但在今日，信徒尚有六百萬以上，比起耆那教的人數，它是略占優勢了。此教散居於西北印度的旁遮普省，以前僑居於上海的印度巡捕（俗稱紅頭阿三），大都就是錫克教徒，他們在上海也有兩座寺院。

錫克教的教主名叫難能（Nānak），西元一四六九年生於印度旁遮普省的拉和縣塔爾華堤村，父親是武士階級，現在已將該村改名為難能村，他死於西元一五三八年。由於他的母親信仰宗教極其虔誠，故在幼年時代，就受到深厚的宗教教育。據說難能七歲信仰宗教，九歲即能讀通波斯文的經典。後來錫克教的經典，大多由波斯經典脫胎，許多的教訓，則為他自己的經驗。傳說他在九歲時，即向婆羅門教徒講道。

他的父親在政治上很有地位，並且使他得到一份很好的職位，在拉河省督的幕府中充當文案。但他對於名利心很淡，他所關切的是宗教，因此離家修道；唯其對於當時的各宗教均不滿意，所以立志改革宗教。他在最初修道期間，頗有耆那教的苦行作風。他出身於印度教家庭，又常接觸到伊斯蘭教中人，印、伊二教常有衝突，他便主張在宗教的領域上，並無印度教與伊斯蘭教的分別。他堅信一神教，主張真純的內在信仰，反對偶像的崇拜。因此他有一偈（依周祥光《印度通史》一八一頁所譯）：

上帝只有一，其名曰真理；
或名創造神，或謂精神晶；
不懼與不害，亦無時空限；
既是無生品，永久長存在。

他雲遊各地，行遍印度各城，到過錫蘭和喜馬拉雅山，更到過伊斯蘭教的聖地麥加。他以堅定不拔的信心，忍受了各種的痛苦，向眾人諄諄勸告，所以有很多的印度教徒及穆斯林，變成了他的信徒。他所最注重的，就是承認上帝為萬能的神，是最大的權威者。

難能死後，他的信徒遂創為錫克教。錫克（Sikha）為弟子的意思，由弟子所成立，並奉難能為其教主，嗣後也分了派；有的以難能為神道之一而加以崇拜；有的雖不以他是神，但也對他極其尊敬。前者近於印度教的信仰，後者近於穆斯林對穆罕默德的看法。

錫克教的演變

難能臨終之時，曾提名其弟子奧伽特（Angad）為他的繼承人，成為錫克教的第二祖。他的信徒在奧伽特的領導下，成立了錫克教的獨立團體，以古魯（Guru）之名尊稱歷代的祖師，由祖師統率教團。

難能的遺作，即為錫克教的教義。到了十六世紀之末，由第五位古魯，阿爾求恩（Arjun）編集，而為根本經典，稱為《格蘭經》（*Granth*）。至第十位古魯，又第二次編集此教的經典，稱為《古爾蒙開》（*Gurmukhi*，意為師之金口）。此教經典為詩歌體，其中的大意，都是形容上帝的默示和對人們的勸戒，其性質類似《舊約》中的詩篇。錫克教徒極其敬重他們的經典，然而，至少有百分之九十的信徒，只知把經典當作偶像崇拜而不研究它的內容，這種精神正與穆斯林之對於《古蘭經》的態度相似，雖不拜偶像，卻把經典取代偶像的地位而加以崇拜。

第三祖是阿摩爾陀斯（Amar Das）。他使錫克教正式成為一個有其自己之思想及習俗的社團

第四祖是羅摩陀斯（Ram Das，西元一五七四—一五八一年）。他在旁遮普的阿姆梨多沙地方，確立了錫克教的本部區。

第五祖是羅摩陀斯的幼子阿爾求恩（Arjun，西元一五八一—一六〇六年）。此人智勇兼備，富於組織天才。因在第四祖時代，即對軍事深有興趣，使錫克教的本區，儼然成為一個軍團組

織，並改古魯為世襲制。到了第五祖時代，錫克教的教區，在政治、軍事、經濟上已形成一個王國的局勢。正因如此，便引起了印度的伊斯蘭教皇帝迦亨基（Jahangir）的猜疑，乃無緣無故地把他處死。

軍事化的結果

可是，錫克教的精神大致是從伊斯蘭教學來的，所以它的信徒們具有狂熱的信仰，也有勇悍的行動，何況他們本已組織嚴密，武力強盛。故當第五祖一死，激起了全體教徒的奮死反抗。因此而使宗教的信仰，變成了軍事的戰鬥。到了第十位古魯各文迪（Govind），為了報復殺父之仇，乃立誓要滅伊斯蘭教的帝國，唯以實力而言，這是不可能的。於是入山修煉，期能得到神通，並祀女神杜爾嘉，求神助力。對於教徒則施以軍訓，將全體教徒名為獅子（singh），皆蓄長髮並佩以劍，與穆斯林做長期的周旋戰鬥。又重編經典，使原先平和色彩的根本經典，化為鼓舞慷慨悲憤的諸種規律，規定教徒的生活起居，養成狂熱勇猛的風氣。本來是信仰上帝萬能的宗教，到此已變成迷信祖師古魯的意志的狂熱之徒。此一形勢，也使伊斯蘭教的王朝頭痛，雖然流了很多信仰者的鮮血，錫克教仍如野火燒不盡的春草。等到伊斯蘭教的王朝在印度覆亡，錫克教的軍隊曾一度大張其勢。後來英國的東印度公司，在印度做了帝國主義者所做的事，錫克教才又放下武器，再度成為一個宗教的團體。因此，有人以為，錫克教的作風實無異是印度土產的伊斯蘭教。它的本質，的確是由「可蘭奉獻，否則刀劍」的伊斯蘭教而來，無怪它會走上軍事狂熱的路上去了。

第三節　祆教

波斯的宗教

本節所講的祆教，即是波斯的宗教。古代的波斯，即是現代的伊朗。在前面講過，波斯的伊朗人，原與印度的雅利安人是同一血統。雅利安人進入印度，發展出《吠陀》的婆羅門教，伊朗人留在波斯的，則出現了祆教。但由於兩個宗教是出於同一民族的分張，所以兩教之中所持的宗教信仰及其所信的神祇，也有好多是出於相同的淵源。

但是，由於波斯的天然環境，促使波斯的宗教形成一種特色，那就是善惡二元論的宗教，即是第二章所說的二神教。因為波斯的民族，具有快活的氣質及勇健的人生觀。然其生活於高原地帶，農地的耕作不易，卻又必須要與大自然的力量戰鬥，克服寒暑的氣候，乃成了他們日常的生活。於是，將此來自大自然的敵人認作可惡的力量，唯其雖有可見及不可見的惡敵和人作對，人們卻不該對此世界失望。因為除了惡敵，必然尚有保護人們的善的力量。終究，邪不敵正，善的力量必定可以征服惡的力量。所以，波斯人在如此的情況之下，一方面毫不氣餒地與可惡的力量戰鬥，一方面又祈禱善的力量保護，把世界視作善與惡的戰場，亦即是光明與黑暗的戰場。由於這種信仰的基礎，開出波斯的文化、政治與宗教，乃是著重於現世生活的，是戰鬥態度的。

因此，在政治方面，西元前五百五十年左右，波斯出了一位雄才大略的國王，叫作居魯士（Cyrus，有譯古列斯）。至西元前五百三十九年，又使巴比侖成為波斯的附庸，也成了巴比侖霸業的繼承者，征服了全部的小亞細亞。在宗教方面，即產生了善惡二元論的祆教。

拜火教與祆教

印度歐羅巴民族對於火的奉祀，幾乎是一致的，不過希臘與羅馬的祀火，是當作祖神崇拜的；印度雅利安人的祀火，是對火神阿耆尼的崇拜。它的職能，是在施恩於眾，拔苦予樂；波斯的火神阿脫爾（Ātur），職能是在滌妄焚垢。

我國稱拜火教者即為祆教。例如《舊唐書．西戎傳》說：「西域諸胡事火祆者。」《酉陽雜俎》也說：「德建國烏滸河中，有火祆祠。」這似乎是說拜火教就是祆教，其實拜火教與祆教是有區別的。

在祆教之前的古波斯人，以火神阿脫爾是主神阿訶羅莫他的兒子，嘗與惡神阿劣曼的部下叫作阿斯赫大訶迦（Azhidahaka，毒蛇之義）的戰爭，火神阿脫爾即用他的火光誅殺毒蛇；此是以毒蛇代表罪垢和黑暗，以火代表潔淨和光明的象徵而起。這個觀念，到了西元前第六世紀時，因為以色列人做了巴比侖人的附庸，又做了波斯的附庸，以色列人嘗被巴比侖人集體放逐到美索不達米亞，接觸到了波斯的宗教，又被好心的波斯大王居魯士釋放，回到巴勒斯坦時，以色列人就接受了波斯宗教二神信仰的要素，把他們原先的耶和華上帝屬性中的暴惡面，分裂出了一個魔神撒旦，波斯惡神阿劣曼的部下是毒蛇，以色列的《舊約》中也就將撒旦寫成是一條蛇。關於此點，待到第七章中再加說明。

至於祆教之被認為即是拜火教，也非無因。祆教產於波斯，故對火的奉祀，仍不放棄；但在祆教的祀火，僅是枝末的祭式，已非主要的教義。

祆教的教主

祆教的教主叫作瑣羅亞斯德（Zarathustra）。所以，此教既被稱為莫他教（Mazdeism），又被稱為瑣羅亞斯德教（Zoroastrianism）。瑣羅亞斯德約生於西元前六百六十年，據傳說：他是由一個十五歲的童貞女所生（此為耶穌由童貞女生子的先例）。他在童年時代即已非常聰慧，並且宅心仁慈，愛護一切動物而不加傷害。三十歲開始傳道，信仰最高的主神阿訶羅莫他；莫他教之名，即由此神之名而來，此為清潔高尚的正義善神。崇信此神的瑣羅亞斯德，他自信也能自身達到聖潔的地步。他自稱是阿訶羅莫他的使者，神派他來向世人傳道，勸世人悔改。他願犧牲其一身的幸福，而為阿訶羅莫他神的使命來努力工作。他勸人勿飲酒、勿邪行、勿欺誑，而以真理清潔為其教旨。

瑣羅亞斯德是個誠實而剛直的人，敢以直言，不畏權勢，以致大家都對他抱著敬而遠之的態度。據說：他努力傳道十年，僅只得到一個信徒。但他並不灰心，終於受到了波斯國王及貴族大臣的信仰。他娶了波斯大臣的女兒為妻，他的女兒也嫁給了波斯的首相。他的宗教，即成了波斯的國教。因他娶了兩個妾，卻造成了與後來的伊斯蘭教一樣的多妻主義。又因他所信的主神贊成以武力鬥倒惡神，所以也激勵了波斯帝國的成長。

祆教的神

祆教的主神阿訶羅莫他，據祆教的經典《阿吠陀》（*Avesta*）之釋義稱，阿訶羅（Ahura）是「主」的意思，莫他（Mazda）是「智慧」或「賢」的意思。在瑣羅亞斯德以前的波斯人，已經把阿訶羅莫他當作善之神來崇祀，但是除了崇祀此一善神，同時還崇拜日月星辰、靈鬼牡牛之類的神，所以尚是多神教的性質。

到了瑣羅亞斯德，即完成了二元論的宗教信仰，他站在善的立場，崇奉主神阿訶羅莫他，又依阿訶羅莫他的啟示而與惡神阿劣曼鬥爭。阿劣曼經常驅使惡魔，誘惑人間，陷人以罪孽，給人以困惱。因而，主神阿訶羅莫他，即命其部屬征討諸魔，爭戰不已。兩陣相戰，各有勝負。所以人間的年景，也有豐凶的差異，但到最後，惡神必將敗北。故凡人當修德積善，誠心禮敬阿訶羅莫他，邀其福佑，以避惡神。

可見，祆教雖被列為二神教，其所事奉禮敬的，仍為一個主神阿訶羅莫他。

分期與分派　根據祆教的看法，將此世界的全部歷史定為一萬二千年，分作四個時期，每一期均為三千年。

(一) 第一期的三千年中，為主神阿訶羅莫他的精神創造期。所造的物雖有感觸的知覺，卻處於不動的狀態。

(二) 第二期的三千年中，為主神阿訶羅莫他的物質創造時代。在此期中，惡神阿劣曼的擾亂作用，也開始生起。

(三) 第三期的三千年中，為善、惡兩神的意志在此世界發生衝突的時代。瑣羅亞斯德即生於此期的末葉，奉善神之命而創立真的宗教——祆教。

（四）第四期的三千年中，為祆教支配世界的時代。最後，善、惡兩神大會戰，惡神及其眷屬皆被消滅。

這種分期法是信仰的，當不是史實的，正如其他各宗教一樣。波斯地處高原，水不易得，凡事多仰於火。也許有如西藏地方，有因缺水，乃至沐浴也用烤火來代替，所以火有潔淨與滌垢的作用。主神阿訶羅莫他常使火神征討惡魔，故成拜火教；主神之下另有一位太陽神密德羅（Mithra），太陽與火，同為光明清潔的象徵物，所以又有了太陽教（Mithraism）；善神是光明的代表，惡神是黑暗的代表，因此又有了明暗教（Manicheism）。主神住於天上，祀神乃對天祀，故被中國人稱為「示天」的祆教。太陽教在波斯的薩薩尼王朝（Sassanid，西元二二六—六五一年）時代稍前，曾傳播於羅馬帝國，一度成為基督教最危險的勁敵。明暗教創於薩薩尼王朝的初期，傳入羅馬，西元十二世紀，明暗教在中古時代的歐洲復活，而成為基督教的一個異端。

祆教傳入中國，據姚寬的《西溪叢語》所載：「唐貞觀五年（西元六三一年），有傳法穆護何祿，將祆教詣闕聞奏。勅令長安崇化坊立祆寺，號大秦寺，又名波斯寺。」宋朝志磐法師的《佛祖統紀》中也說：「太宗時，波斯穆護，進火祆教，勅建大寺。」但到唐武宗會昌五年（西元八四五年）滅除佛法之時，祆教同遭池魚之殃，從此遂在中國絕跡。

最小的宗教

祆教興起於波斯，可是波斯的祆教，幾乎已被後到的伊斯蘭教消滅，如今大概已不出十萬人口的教徒，可算是今日世界有名宗教之中的最小一個了。伊斯蘭教消滅祆教之際，其中的一部分教徒逃亡到了印度，總算倖免於難，保存了它的活標本，現在大半散居於孟買，被稱為帕栖人（Parsees）。不過，他們的人數雖少，對信仰大都極其熱誠，注重禮拜禱告，很能勤儉耐勞，崇尚自由意志，能夠樂觀進取。所以他們在印度諸民族中，可算是富裕、仁慈、有教養，且能善待婦女的人。

祆教產於東方，故也有東方宗教的特性，那就是不用武力或政治力量來做傳教的工具。當居魯士王征服了巴比侖的時候，不但不以他們作為國教的祆教信仰隨著政權向外推展，相反地倒是釋放了被巴比侖政權放逐出來的以色列人，並資助他們重建耶路撒冷的聖城。

第四節　中國的理教

祕密社會的宗教

在未談理教之先，需要談一下祕密社會的宗教，因為這是明末清季的中國宗教的一個大勢。明朝末年，滿清入關，入主中華，明末的遺民無不憤慨，既在政治及武力上無法達成反清復明的願望，便由愛國志士轉入地下，組織祕密社會，保養忠誠之心，以待時機的來臨。

但是，政治色彩的任何活動，均為當時的環境所不許可，於是藉著宗教之名以保存發展他們的實力，發展成為各種的祕密社會。歷史最久的一種，即是「白蓮會」。相傳此會起於元朝的韓山童，後來也稱為「白蓮教」。韓山童圖謀反元復宋，到了清朝高宗乾隆年間（西元一七三六—一七九五年），則有該教首領劉松及其徒眾，一再謀叛清廷。白蓮會之外，尚有各支派，例如「順刀會」、「虎尾鞭」、「義和拳」、「八卦教」等。八卦教中又分「大乘教」、「金丹八卦教」、「義和門」、「如意門」、「離卦教」、「坎卦教」等。餘如「義和團」（又稱大刀會）、「小刀會」、「理教」等，都是白蓮會的分支。

白蓮會係以念佛的名義為掩護，實際是在教忠教孝，以圖推翻異族的統治。白蓮會的各分支，均以儒、道、釋三教同源的見地來作為宗教的信仰。起初均為政治的企圖，到了理教便漸漸變為宗教的一型。理教本出於道教，但據清德宗光緒九年（西元一八八三年），御史李璲的一個奏章中說到：「理門以戒人吸煙及飲酒為名，互相傳引，人數眾多，聞係白蓮教變相，教首在天津，請飭密拿。」以此可見，理教與白蓮教的運動，也有淵源。

除了白蓮會的主分支之外，尚有「天地會」、或名「三合會」、「三點會」、「洪門會」，此會的分支則有「清水會」、「匕首會」、「雙刀會」。另有一種「哥老會」，或稱「哥弟會」，分有青幫、紅幫，又有黑幫、白幫。

這些祕密社會，到了清末民初，有部分併入孫中山先生的興中會；有部分流為上海等地的聞人賢達；有部分成為地痞流氓；有部分則淨化而為宗教的形態，理教即其一例。

理教的教主

理教稱他們的教主為教宗，為祖師。那就是生於明末熹宗天啟元年（西元一六二一年）正月十三日的楊萊如，名宰，字廷賢，簡稱之楊祖。他是山東即墨人，是明莊烈帝崇禎十六年（西元一六四三年）的進士。明崇禎十七年，吳三桂引清兵入關，清帝順治登基，詔告天下，凡為明朝的遺臣逸士，進朝加封。楊祖雖亦被詔，但卻堅不做貳臣，拒不出為仕。以孝母終養為志，以度人救世為願。可見，楊祖乃一明末遺臣，與白蓮會等祕密社會中人的性質相同。

從宗教的立場而言，楊萊如出身於道教的全真派下，是丘長春所傳龍門派中的人物。所以理教的目的，是求「了凡」而生於道教所說的「大羅天」。我們又知道，全真派的創祖王重陽，是以道教的立場而兼採儒、釋教義的。所以理教的楊祖，即託言於清世祖順治三年（西元一六四六年）三月初三日，因在其母的廬墓守孝，感得觀世音菩薩化現一位老人前來度化，並授與《真理法經》，命他普度世人。理教因此即以觀音菩薩作為他們的信仰中心，稱之為「聖宗古佛」。但在三年喪服滿後，楊祖並未立即傳教，而是到河北的岐山濫水洞，隱居潛修。到了清聖祖康熙四十年（西元一七〇一年），八十一歲時，始下山雲遊，廣結善緣。以他所採的藥物，製成「茶膏」，作為普勸戒煙、戒酒用的良劑。清高宗乾隆十八年二月初八日，以一百三十三歲的高齡，逝於河北的岐山。

楊祖的繼承人是尹祖，被稱為尹老先師，名岩生，字重山，號來鳳，乾隆初年生於天津科牛村。乾隆二十八年二月一日，接受了岐山楊祖所遣使者毛來遲送到的「法寶文牒」。乾隆三十年四月八日，首在天津永豐屯創立理教公所，尹祖自撰一聯：「公陳道義參佛理，所納心猿蕩凡塵」，以此說明他的宗教信仰是道、釋雜陳。尤其是在清仁宗嘉慶十一年（西元一八〇六年）

十二月初一日，臨欲命終之時，他對弟子們說：「眾師弟，余本月初八日，大數屆滿，要回大羅天，侍奉佛祖。」這是更加明顯，是用道教的底子，假借佛教的觀音，乃把觀音佛祖，送到道教的大羅天上去了！然而，如果不明理教的底蘊，一進理教的公所（教堂），你會以為是佛教的道場。因為理教公所正殿是供的聖宗古佛（過去正法明如來），又稱金身老佛爺，那就是觀音像；前殿供有彌勒像及韋陀像，很像是佛寺的山門；楊祖及尹祖的偶像則設在公所的樓上。

理教的教義及教儀

理教在義理上面，沒有什麼發揮；因其行法方便，道理單純，故在民間發展頗速，主要是在教忠教孝，教做一個平實的人，崇尚五倫，實踐八德，而且要恪守五戒：一、不邪淫，二、不竊盜，三、不吸煙，四、不欺妄，五、不飲酒。五戒之中，特別注意戒煙及戒酒，並且製成戒煙歌及戒酒歌，說明煙、酒危害人生的道理。故從建立人間安樂的功用上說，理教是值得推行的。所以到民國以後，理教的活動已由祕密社會成為受國法保護的宗教社團之一，而且由國內發展到了東南亞各地。政府來臺之後，理教也在一九五一年開始傳教。臺北的理教公所，原來也就是佛寺。

若想知道理教的教理，那就請看理教的經典，它們是：《無字真經》、《在理真經》、《忠經》、《孝經》、《黃庭經》、《道德經》、《觀音經》、《心經》、《金剛經》。正好是儒、道、佛三教並收的陣容，與全真教初期所用的經典，幾無二致。

我們從楊萊如所造的《在理真經》，可以看出理教的內容，現在抄錄如下：

靜守持念觀自身，耳目隨心聽潮音。
四海澄清光明現，當人居在五行中。
蓮台上面持真語，法輪常轉運乾坤。
普照世境隨心變，貫滿崑崙三界明。
一切萬物俱有性，氣是玄妙命中根。
內裡陰陽誰識破，識破還是養性人。
大道不離方寸地，若向外尋枉勞神。
人能省悟師父理，晝夜辛勤念在心。

因此，理教在修持工夫上，也是儒、釋、道雜行。他們循著儒家的入世規範，守五倫、踐八德，止於至善；同時參學佛法，修煉道術，為出世的行程。此稱之為性命雙修。

從理教的齋期及法會，也可看出是道、釋雜糅的信仰者。他們的齋期，分為兩大類：

（一）六大齋期：一、正月十三日，楊祖誕辰。二、二月十九日，聖宗古佛顯化菩薩身聖誕。三、四月初八日，尹祖創立理教公所紀念日。四、六月十九日，聖宗古佛顯化菩薩身授記紀念日。五、九月十九日，聖宗古佛顯化菩薩身得道紀念日。六、十二月初八日，尹老先師了凡成真忌辰。

（二）三小齋期：一、正月初一日，向佛祖朝聖拜年。二、三月初三日，聖宗古佛首度楊祖受理紀念日。三、八月十五日，幫陪監護師陞座度道紀念日。

理教每年有三次法會，乃是道教的產物：一、正月十五日，上元法會，上燈祈禱。二、七月十五日，中元法會，放河燈，追度無祀亡靈。三、十月十五日，下元法會，祭祀祖先。

理教的教制　據傳說，楊萊如在生之日，即已建立了理教的人事制度。他於歧山瀾水洞，自任總領正為提點大法師，對弟子毛來遲等，點放成為各座法師：一、領正為傳教大法師，二、幫正法師為襄理領正傳教，三、幫陪監護各座為上座法師，四、護法為守壇，五、另有看山、管理教產、總承辦、承辦、攢眾、催眾、辦道等的職位。

這些職稱，直到來臺復教，仍是如此。現任的總領正是趙理明。總領正有權提名點放他的繼承人，以及點放理教的各級職位，所以稱為提點大法師。

因此，理教的教團，即有兩類分子：一種是普通的信徒，一種是受職的教士。他們稱信徒為看、護法、「信士」。受職的教士則有兩種稱呼：總領正、領正、幫正、幫陪，均稱為「法師」；護法、看山等人，稱為「理士」。理士的稱呼，亦得通用於法師。

信士們入教，稱為「在理」，必須經過引見、虔求及保證的手續；經過數月時間的「隨理」：每逢初一、十五及齋期到理公所，熟習教規之後，始許受理。信士受理之後，除了戒煙、戒酒及於朔望齋期，到公所參佛求願外，日常生活，不受教規拘束。理士的日常生活，也可隨緣合俗。

儒、釋、道三教同源之說，最早見於漢末牟子的《理惑論》。至南宋的河北，出現了新的道教全真派，乃是三教同源論的具體化。到了理教，雖自道教的全真派中蛻化出來，卻不再以道教自居。從外貌上看，且有傾向佛教的色彩，此為三教同源論的獨立化。這種趨勢，說明了中國文化精神的涵容性及消融力。正如佛經中說：大海不拒百川，始能成其廣大。最可貴的，中國這個大海，不論你是什麼品種的文化之魚，進入中國的文化之海，雖被容受，卻又無虞被人消滅。例如理教的成分，識者一看便知。

因此，理教這種東湊西湊的宗教形態，雖然未必理想，他們對於化世導俗的努力，還是值得鼓勵。

第七章　猶太教

第一節　摩西及士師時代的猶太教

猶太教的成長

本書的第三章第三節之中，已經大略介紹了猶太教的起源，便是希伯來宗教或以色列宗教。可是，若要介紹猶太教，必須仍要從希伯來宗教說起。因為現在的猶太教是從希伯來宗教的基礎上，經過歷代先知的改進而成長的。

猶太教的最初背景，乃是閃族的多神教，他們的遠祖亞伯拉罕，可能是閃族的一個分支，以遊牧為生。據說亞伯拉罕是一個富有的族長，他有幾千頭羊，並且雇用了三百個以上的大人和孩子，來看管他的羊群。亞伯拉罕要到地中海附近的敵人的領土內去攻占新牧地之時，就將這批雇傭組成了一支小小的私人軍隊，可見他的實力。

亞伯拉罕之成為猶太教徒的遠祖，因為是摩西利用了亞伯拉罕這一家族的保護神耶和華。猶太教乃至基督教及穆斯林，均說耶和華是創造宇宙的獨一無二的神；其實，不但在亞伯拉罕的時代是多神信仰的局面，到了摩西時代，以色列民族的各支，也尚各有各的保護神。

亞伯拉罕，乃是摩西所需要的人，在事實上，僅係傳說的人物，未必真有其人。摩西之需要亞伯拉罕，是因為傳說亞伯拉罕始終只信他自族的保護神耶和華。他雖常常犯錯，常常要做些無賴漢所做的壞事，可是他對耶和華的信仰，信為獨一的上帝，所以便因信心而稱為義，而成為耶和華的選民。其實，應該說成亞伯拉罕選定了耶和華做他自族的神，不是耶和華選中了亞伯拉罕。

然而，一神信仰的宗教，既由摩西利用了亞伯拉罕而成立，亞伯拉罕縱然不是歷史人物，卻也成了一神教徒的遠祖。但摩西雖然鼓吹耶和華成為獨一的至高的神，卻並沒有否認尚有其他神道的存在；只是不許他自己的民族，信仰外邦人的神而已。直到先知時代，阿摩司（Amos）等諸先知出現以後，才絕對否認耶和華以外尚有別的神。所以，猶太教的一神觀念，到了此時才算完成。

初期的猶太教

猶太教的成熟，從時間上劃分，可以分作七個時期：一、摩西時代，二、士師時代，三、王國時代，四、被放逐到美索不達米亞的時代，五、重回故鄉時代，六、希臘統治時代，七、耶穌降生以後的時代。

初期的猶太教，當指摩西時代及士師時代。

摩西的年代，迄今論者尚無定論，一般基督徒相信是在西元前一千五百年。一般史家，有的以為西元前一千三百二十年；有的以為西元前一千二百年。當摩西出生的時代，他的民族已在埃及王法老的治下，做了好幾世紀的奴隸，做著苦力維生。但也有許多經商的猶太人，仍然住在城市中。埃及人在商業上不是猶太人的對手，就懷著妒嫉心向法老控告，希望把全體的猶太人消滅。法老就下令，凡是猶太人生的男孩子，立即殺死。恰巧，摩西就在此時出生。他的母親便編了一隻籃子，用泥土黏成不漏水的小船，把他裝在裡面，放到尼羅河裡，由他漂浮出去。

幸運的小小摩西，竟被蘆葦阻住，適巧埃及王的公主來到那兒游泳，發現了這個可愛的嬰兒，就抱回宮去，把他撫養長大。無疑地，摩西的童年及少年時代，是享受了王家的生活，也接受了宮廷的教育。但是公主為他所雇的奶媽，正好是他的生母。所以他自知是猶太人，並且為著埃及人壓迫他的猶太同胞而忿忿不平。當他有一天見到一個埃及人毆打一個猶太老人的時候，他就上去把那個埃及人摔死，此事被法老知道後，摩西便成了要拿辦絞刑的通緝犯。

於是，摩西走上了亡命之途，他通過紅海周圍的沙漠，在一個遊牧部落中停留下來，就在那裡結了婚。但他畢竟是受過良好教育而且是野心勃勃的青年，當然不甘長久寂寞的。最好的出頭機會，便是領導他自己的民族，掀起獨立運動的狂潮。

摩西的宗教運動

摩西在逃亡期間，有過許多幻想。在他強烈的熱望之中，自信是從荊火中聽到了耶和華上帝的言語，使他要承當自己民族的救主，使他回到埃及去，要把猶太民族經歷西奈（Sinai）沙漠，帶出埃及的範圍。

摩西大膽地回到埃及時，適巧那位要處他絞刑的法老已死，繼位的法老不再追究摩西殺害埃及人的案子。他就向自己的民族進行遊說，並向法老要求讓猶太人和平地遷出埃及，可惜，他的族人對他的願望殊少感到興趣。法老為了自己的利益，也不肯讓奴隸們平白地離去。

摩西在處處碰壁的情形之下，耶和華就助了他一臂之力，他吩咐摩西去警告法老，如果不聽猶太上帝的話，可怕的災禍就要降臨了。當法老再度拒絕摩西先前的要求時，摩西的哥哥亞倫即用他的杖伸到尼羅河，河中的水就變紅了，人民不能飲用了。接著，第二次的災禍是青蛙為患。又一次災禍是蠅子密集飛舞，全國疫癘猖獗。再來一次災禍，埃及人所有的牲畜，完全害了一種奇怪的瘟疫。尚有接二連三的災禍：所有的男女，都長了可怕的瘡；雷電燒燬了儲藏的亞麻及穀倉；蝗蟲吃光了埃及的大小樹木；可怖的飛砂從沙漠中吹來，整整三天，漫天蔽日，全國陷於一片漆黑；住在尼羅河流域的每家的長子，又全都死亡。

最後，法老才來哀求摩西，請他把他的民族盡速地帶走，因為他駭怕還有另外的什麼災禍降臨。

摩西順利地帶著猶太人的十二個支族，到達紅海邊上。他吩咐海水分開，讓他的民族像通過陸上壕溝似地，從海水讓開的夾弄間，從容地走向對岸的荒漠。想不到，耶和華忽又使埃及的法老反悔，率了大軍追到，他也不知死活地從海水的夾弄間趕來，結果是被一陣排山似的海浪捲倒，全軍葬身於海水之中！

以上這段經過，被《舊約》的作者，渲染得有聲有色，將一個摩西描寫成了大魔術師，活像是中國《封神榜》中的人物。把一個耶和華，說成了偏私、小器、心腸狠毒，很像中國古傳說中的兇神惡煞。不過，在此誇張的傳說之中，確有一樁事實，那就是摩西領導著他的民族出了埃及。

出了埃及，問題尚未解決，因為他們是生活在沙漠中了，比做埃及人的奴隸之時，還要艱難困苦得多。

西奈山的神

摩西要做猶太民族出埃及後的領袖，實在不易。因為：第一，猶太人一開始就不很歡迎摩西的計畫；第二，雖然同是亞伯拉罕的子孫，卻有十二個分支。最糟糕的，這十二個分支，並不全是耶和華的信徒，所以時時引起異見紛紛的麻煩。特別是埋怨弄不到吃的喝的，各部族的領袖常去找摩西要吃的要喝的，否則他們就說：「就讓我們回到埃及去！」「就讓我們回到尼羅河邊的老家去！」總算猶太人命不該絕，使他們發現了一種叫作嗎哪的菌類，又發現了一處泉水。當然，摩西不會不利用這個機會宣傳的，說這是耶和華的所賜。對於野蠻而無知的群眾，利用神祕的迷信來做號召，確是最最有效的方法。摩西就是如此這般地把他的民族帶著跑出了沙漠，進行到了西奈山（Mount Sinai，又名何烈山〔Mount Hored〕）周圍的山脈地帶。此時的摩西，深切地感到，除非能使他的部下全部信仰了獨一的神，除非統一了宗教的信仰，否則就不可能達到他一元領導的目的。正好，現在他所見到的西奈山，本由巴比侖的月之女神新（Sin）而來的，如照西奈（Sinai）一字的組合而言，那是月神「新」住的地名。新在巴比侖的神祇中，是與日神及另一神構成三位一體中的主神。於是，摩西的靈感一動，就登上西奈山的頂巔，一去便是四十晝夜。下山的時候，手中多了兩塊石板，後來知道，那上面刻有十條律法，就是摩西十誡（The Ten Commandments）。

摩西滿懷希望大家能夠信仰共同的一個神，大家團結在一神耶和華的名下。但他下山一看，使他失望了。他的部下，竟將婦女們的金銀首飾，鑄成了一個金牛犢，把它當作上帝來崇拜。摩西在盛怒之下，把手中的兩塊石板摔破了，也把那隻金牛犢搗個粉碎！在這事件之際，十二個支族之中，只有利未（Levites）一族的人，站在摩西的一邊。不過，摩西應變神速，他竟以毫不容情的手段，整肅了這次叛變事件中的人們，一下子殺了三千個腦袋。

摩西十誡

摩西上西奈山，雖是祈求月神，但他不能用巴比侖人的神名，必須仍用他祖先亞伯拉罕的保護神耶和華的名。第一次上西奈山，雖已得到了結論，卻未能實行。為了樹立耶和華在人們心中的威信，他便假託奉了耶和華的命，再度登上了西奈山。當他回來的時候，兩眼閃射著威嚴逼人的光芒，重新帶來了兩塊石板，上面刻著的內容和第一次的完全一樣，它就是耶和華賜給摩西作為猶太人必應遵守的誡條：

（一）不可敬奉別的神，除了耶和華。
（二）不可為自己雕刻偶像，也不可做什麼形像。
（三）不可妄稱耶和華上帝的名。
（四）應當工作六日，但第七日應守為禮拜的安息日。
（五）當孝敬父母。
（六）不可殺人。
（七）不可姦淫人妻，她們不可偷戀人夫。
（八）不可偷竊。
（九）不可做假見證，陷害鄰人。
（十）不可貪慕鄰人的房屋、奴隸、牛驢，以及一切屬於鄰人的東西。

這就是有名的摩西十誡。

當時的猶太人尚沒有自己的文字，除了摩西之外，絕對多數的猶太人尚是野蠻的奴隸文盲。摩西大概是用學自埃及宮中的象形文字，把十誡刻在石板上的。對於猶太人民，正因為這是看不懂的「天書」，摩西就更加為之加上一層神祕的氣氛，把兩塊石板用木櫃裝了起來，放在活動的教堂帳幕之中，稱為約櫃（Ark of the Covenant），當作耶和華來崇拜。並且恐嚇大家，說是除了祭司之外，不得接觸它，否則就要被神擊殺。據《舊約》的記載，摩西十誡是由耶和華賜給摩西作為猶太人的行為守則。其實，摩西上西奈山住了四十晝夜，在沉思默想中，或可能真的得到了一些神祕的宗教經驗。但是，考察十誡的內容，卻無什麼新鮮之處。

在西元前一千四百年時，埃及就有一位叫作亞克那頓的國王，創立了一神教，奉亞頓為唯一的神，並叫百姓不要做亞頓的偶像，乃至象徵此神的「太陽盤」，也不被崇拜。安息日（Sabbath）這個字，乃是借自巴比侖的（參看本書第三章第一節之末目及第八章第三節第五目），在古埃及的宗教信仰中，認為犯了殺人、偷盜、姦淫、誹謗之罪的人，死後即被大怪獸吞食。在古巴比侖的宗教信仰中，人對於神，正像臣民對於專制的君王，要抱有絕對服從的態度。巴比侖在西元前二千年時，有一位漢摩拉比王，他創立了一部計有二百八十五條的法典，對商業、婚姻、工資、謀殺、盜竊、債物等的事項，做了法律的規定和保障。又在漢摩拉比的碑文中，首句便說：「當天神亞諾及貝爾，授余以治理蘇美連及阿卡地亞之權。」

同時在其所定的法典卷首，即作圖以日神息摩息授法律與漢摩拉比之狀。此均可與摩西受自耶和華的十誡，對照一下。

因為這些事，都出在摩西之前，以摩西所受的宮廷教育而言，自然是老早知道的了。他僅是把它們簡單地列成十條，以適應對於民智未開的猶太人的統制。前四條是宗教的，後六條是倫理的。如果把前四條擱置一邊，後六條實可作為一切人們的做人基準。猶太教之優良性，與其說是十誡的功能，倒不如說是後六誡的功能。可惜，他們卻被准許偷盜、殺害、姦淫、欺騙他族的人。

士師時代

有了十誡及作為活動教堂的帳幕之後，就產生了管理帳幕的祭司。因為摩西要酬謝利未族人在金牛犢謀叛事件時的對他效忠，所以選他們做了這行優厚而且為世襲的差使。摩西本人則成了猶太人的無冕之王，並向大眾宣布：無論何時，上帝要有命令賜給他們，唯有他摩西才可去晤見耶和華。他成了上帝的代表，以後基督教會主張，若不經由教會便不能得救的思想，此時已經開始了。像這樣重要和崇高的地位，摩西便規定，在他死後，這項權職要傳給他的哥哥亞倫，然後再傳給亞倫的子子孫孫。

接著，摩西帶領著殘存的七千男女和孩子們，在沙漠中前進，向新的故鄉迦南地（Land of

Canaan，後稱為巴勒斯坦〔Palestine〕）出發。在途中，因摩西喪妻而續娶了一個異國婦人為妻，受到亞倫的嫉妒，摩西就剝奪了先前給他的一切權威。臨死之時，改以一個勇敢熱心的青年約書亞（Joshua），做了他的繼承人。當他們接近迦南地的時候，卻被對方的強大的實力和盛怒的士氣嚇退。甚至有人主張寧願再回到埃及去過奴隸生活。終於，又使他們在沙漠中流浪了四十年。摩西也在孤獨中老死，無人知道他是死在何處。摩西死後，繼續領導猶太人攻略迦南地的人物，便是約書亞。約書亞本是摩西的副官，現在陞任到原先摩西的職位，他是勇敢而細心的領袖人物，他對一切事情，均把計畫考慮得非常審慎。

在亞洲西部的平原，後來叫作巴勒斯坦的地方，在此數千年前，就已有了住定的居民。現在猶太人要奪取它，縱然捏造一個口實，說那地方本是方舟神話的主角挪亞的孫子迦南所居的地方，所以稱為迦南地，是猶太祖先的故鄉，所以有理由去「收復」它。但是僅靠這支流亡隊伍，要強行征服那兒先住的民族，就不得不做許多艱苦的戰爭。所幸先住各民族未能團結合作來一致對抗猶太人，於是各個擊破，把他們殺的殺，罰的罰，做了猶太人的奴隸，使約書亞達成了摩西的願望，有了屬於自己的一小片領土。駐進迦南地之後，約書亞在和平中死了。猶太各支族對摩西那種極權專制的統治感到厭惡！所以唯恐再出一個摩西那樣的領袖，於是決定不再任命約書亞的後繼者。他們以為，此後不再進行侵略戰，僅有一位祭司長引用耶和華的律法作為生活的依準指導就夠了。但是猶太人的國家新近成立，四周都是敵人，若沒有一個領袖，它就不能存在。然而，猶太人的各分支，實在不喜歡由某一支派的人來做統治各支的國王，在事實的需要下，他們就默認了一個領袖的權力，他們稱之為「士師」，以士師作為幾個半獨立的猶太支族所結合的聯盟裡的首腦或統帥。但是，後來仍從士師的職位上產生了猶太王國。

第一個士師，叫作俄陀聶（Othniel）。他是因為指揮部下攻取了巨人國安那金（Anakin）的首都基列西弗城（Kirjath-Sepher）而揚名。第二個士師，叫作以笏（Ehud）。因在俄陀聶死後，猶太又被摩押人、亞捫人、亞瑪力人結成的聯盟打敗，做了二十年摩押王伊磯倫（Eglon）的奴隸，以笏暗殺了伊磯倫，成了民族英雄，就被選為士師。

此後，士師們很快地依次遞嬗著。他們個個都是性格強烈的人。他們的時間，全消磨在邊境與異教徒的作戰中。戰爭多很慘酷，殺來殺去，愈殺愈劇烈，甚至婦女也被徵召參戰。和猶太人對陣的，就是和猶太人互相爭奪地中海海岸的菲利士人，這不是閃族人，而是克里特族（Cretans）人，猶太人往往是打了敗仗。

以笏以後的士師尚有：珊迦、底波拉（女）、基甸、陀拉、睚珥、耶弗他、參孫（Samson，這是一個魯莽的大力士，他的故事在《舊約》中寫得很出色，可是這也是採自古巴比侖的傳說）、以利（Eli）、撒母耳（Samuel）。從撒母耳之後，猶太教便進入王國時代了。

第二節　王國時代的猶太教

王國時代

撒母耳順應人民的希望—當然是耶和華的指示，宣布在他之後，猶太民族將步入新境界，不再選出士師，而要產生國王了。在他未死之前，就著手尋找未來的國王，結果在基比亞村（Gibeah），找到了一個叫作掃羅（Saul）的孩子，給他用膏油沐頭（即是彌賽亞），在撒母耳的教導下，掃羅終於成了猶太人的王。

掃羅做王之後，因在一次戰爭中，戰敗了亞瑪力人的亞甲王（Agag），未將擄獲的畜群照規矩交給祭司，特別是未照猶太的律法將全體俘虜處死，赦免了亞甲王的生命，所以觸怒了他的老師撒母耳。撒母耳就開始另找一個掃羅王的候補者，接著，有人告訴他，在伯利恆有一個名叫大衛（David）的牧羊青年，因為他的勇敢，在他的村中很有些聲望：他曾打死了一頭獅子和熊，救了他的羊；他會彈豎琴，又能歌唱（《舊約》中的詩篇，據說不少是出於他的作品）。適巧菲利士人又捲土重來，他們這次的頭兒是一個叫作歌利亞（Goliath）的巨人，身體有屋子那麼大，帶著七尺長的劍，猶太人無人能夠對付他。掃羅王被巨人威脅得一籌莫展，憂愁終日！於是把大衛請來唱歌給掃羅散心。大衛完成了為王散心的任務，同時也完成了打敗巨人的任務，他用投石器，飛出一塊小石子，恰巧打中歌利亞的眼中，歌利亞馬上昏倒在地，大衛就用巨人的長劍割下了巨人的頭。巨人一死，菲利士人便紛紛自逃，大衛就成了國家的救星。

接著，大衛雖然做了掃羅的女婿，卻不為掃羅見容，所以逃到沙漠中，住在山洞裡。大衛在沒有接受王位的時日中，也做了好多土匪頭兒所做的把戲。當年老的掃羅在與菲利士人的作戰中，自殺身死之後，差不多在四十年中，大衛就一直做著猶太人的大部分地方的王。

大衛王

大衛王在猶太教中是一位偉大的名王，他的詩篇被奉為宗教的聖詩。他把國都遷到由非洲至美索不達米亞的交通孔道上—耶路撒冷，在新都建築了他自己的宮殿。接著又籌建一個神殿，把神的約櫃從示羅地方，迎到耶路撒冷，放進新的神殿的法幕裡。並且強制全國拜神的人們，都到耶路撒冷，不許別處另設神殿。

但是，飽暖思淫欲，偉大的聖王，照樣也做最壞的壞人所做的壞事！有一天晚上，他在宮殿屋頂上乘涼，望見遠處有個美婦人在沐浴，他便為之心動！打聽之下，知道是他部將烏利亞

（Uriah）的妻子。他便把烏利亞送上戰場一個危險的陣地中，結果正如大衛所盼望的一樣，烏利亞死於敵人的刀下，大衛就娶了他的妻子拔示巴（Bathsheba）。對這件壞事，大衛王被先知拿單（Nathan）訓了一頓，他才覺得悔憾。大衛是經常後悔的，當然，耶和華上帝也是特別優待他的；當他犯罪而又懊悔之後，一會兒，上帝就寬恕他不再使他受罰了！

因此，威爾斯（H.G.Wells）對他的看法是：「大衛之事蹟，暗殺、屠戮層出不窮，讀之頗似野蠻酋長之記載。」（《世界史綱》*The Outline of History*）

為了一時的高興，大衛王又將繼承權給了他與拔示巴所生的兒子所羅門（Solomon），而將正當的繼位人，押沙龍（Absalom）和亞多尼雅（Adonijah）兩個大的兒子，放在一邊。押沙龍即起謀叛父王而死去，亞多尼雅一度發動革命，終於向所羅門投降。但是，押沙龍的死亡，使大衛王痛悔終身。大衛王可說是在罪惡與光榮偉大之中，過完了他的一生。

所羅門王

再說到輝煌燦爛的所羅門王的時代來臨，這是一個智慧、富裕、好大喜功、驕奢淫逸的猶太國王。他每天桌上的菜單是：細麵三十斤，粗麵六十斤，肥牛十頭，草場的牛二十頭，羊一百隻，還有鹿、羚羊、麅子、肥禽等，真不知道他有一個多大的胃！《舊約》中的偉人，多妻已成慣例，所以，所羅門王娶了許許多多的妻妾，「有妃七百，都是公主，還有嬪三百。」相加正好是一千個！其中不乏是娶自鄰國的外邦，有埃及人、摩押人、赫人、以東人、亞捫人、菲尼西亞人。為了博得寵妃的歡心，所羅門王曾允許諸妃在宮中建她們自己的小廟，照她們祖國的信仰去崇拜她們自己的神。這本是一種值得讚美的宗教寬容，但在狂熱的猶太教的教士看來，他們的王是違背耶和華的意旨了，應該受罰了。可是，受罰的人不是所羅門，竟是他們國家的全民，做了代罪的羔羊，這是耶和華在《舊約》中用了又用的律法。這種律法的尺度，是否合理合情？那當然不是教外人士所能理解的了！

不過，所羅門雖不熱衷於宗教生活的實踐，為了滿足他的虛榮心，他在宗教建築的事業上卻花了很大的心血。他花了二十年的時間，造完自己的宮殿，再用二十年的時間，造起一座神殿。雖然那座神殿僅有二十糾畢脫（Cubit，約三十五呎）寬、六十糾畢脫（約一百零五呎）長，大概像今日的鄉村教堂那般大小，但他卻由菲尼西亞等外國，請來很多的石匠、木匠、鍛冶匠，費了十萬八千「兩」（Taleut，是古代貨幣重量的單位）的金子，和一百零一萬七千「兩」銀子，全部用石建造。並且用香柏木加以裝飾。琢石和鋸木的工作，都在離建築地很遠的地方，當時的盛況不難想見。所需的金子、寶石、貴重的木材等，是用借自菲尼西亞西蘭王（Hiram，即是當時的西頓〔Sidon〕城的王）的船隻，經歷了地中海岸的所有港口，一直遠至西班牙去採購而來。猶太人主要的輸出品是人民用血汗耕種起來的穀物。

所以，英國的大歷史家威爾斯要說：「至於所羅門的智慧及其治國才能，讀者只需一展《聖經》，即知所羅門只不過為商業王西蘭遠大計畫之副助者。至於其國，則只腓尼基與埃及兩強間之抵押品爾。……於其己國之民，則苛斂暴制，使不堪命。」（《世界史綱》第十九章第二節）

最後，所羅門王壽終正寢，他的國土也就隨之分裂。

南北朝時代

所羅門王約死於西元前九四〇至九三〇年之間。當他一死，繼位人是所羅門王和亞捫婦人拿瑪（Naamah）所生的兒子羅波安（Rehoboam），是個愚魯無智而又褊狹的人物。加上南方亞果（Achor）山谷的猶太兩個支族，與北方的十個猶太支族之間，好久以來就有著不愉快的事。所以在羅波安即位不久，那是所羅門王死後的五年，北方就脫離了南方原來的政府而獨立，羅波安僅做了南方兩個支族的王。南方稱為猶大國，北方稱為以色列國。據說：以色列人是雅各（亞伯拉罕之子）的嫡傳後裔，猶大人是經過雅各第四子與亞杜蘭村的土著婦人而傳下來的。統治北方以色列國的人，乃是所羅門的一個臣屬尼八（Nebat）的兒子耶勞波安（Jeroboam），原是在神殿上做工的工頭。

可是南北朝分裂之後，兩個小國就不能保衛自己的國境而去抵抗強有力的鄰國了。南北朝對峙了兩個世紀之後，由於亞述王撒幔以色（Shalmaneser）的努力，竟把北方的以色列滅了，並把總計二萬七千二百八十戶約十萬之眾的以色列人放逐到外國去，這批人的後代終於消失了踪影！無疑是被外國人同化而不見了。

再過半個世紀，南方的猶大國也被巴比侖的迦勒底人滅亡。但是猶大國的兩個支族要比以色列的十個支族幸運得多，他們雖被放逐到了美索不達米亞平原，卻仍保持著自己的血統和宗教。當西元前五三八年，信仰祆教的波斯國王居魯士取代了巴比侖迦勒底人的霸業，第二年就放猶太人回到巴勒斯坦故鄉，並助他們重建聖城耶路撒冷。

第三節　先知時代的猶太教

先知時代

我們以上所講的南北朝時代，實即是先知時代的初期。現在所說的先知時代，是從王國分裂之後一直延續到耶穌降生，在這將近一千年的歷史中，先知輩出，人才很多，愈在亂世，猶太人的先知愈是活躍。本來，自從亞伯拉罕、摩西、大衛、耶穌，一直數到伊斯蘭教的穆罕默德，都是先知。因為其他先知沒有像這些大先知那樣，另有什麼上帝的選民、祭司長、士師、國王、救主、神的使者等等頭銜，所以單稱為先知，另有頭銜的先知就稱頭銜。現在我們要說這時代中的先知，多係巫覡學者，或苦行僧之流的人物，所以獨名為先知時代。

先知，就是預言家，是猶太民族精神的指導者，其中不乏大詩人及思想家（就是沒有一個是歷史家，他們盡說神話而不探究歷史）、雄辯家（他們勇敢地為自己所見的來辯護）。他們的心量褊狹固執，絕對不容忍與他們不同觀點的意見，寧可為了固執的意見而願犧牲一切！這種精神，使得猶太民族保守而頑強，國家可以滅亡，他們的民族觀念及宗教信仰，卻是牢不可破。

先知們往往自稱與耶和華談話，耶和華常藉先知們的嘴來發布命令或透露未來的消息。因為這些人物喜歡沉思默想，勤於禮拜祈禱，熟習猶太民族的宗教傳說、法律、儀則，故對若干事物的觀察和推測，要比常人來得敏感，預料某些未發事件的或然率，也可能要比常人為高。唯其像《舊約》中的先知以西結（Ezekiel），《新約》中的使徒約翰，他們那種漫天神話的描寫就不足重視了。

鬥垮太陽神

在北朝以色列國，由巴沙（Baasha）做王的時候，一共二十九年的過程中，把大部分的時間都用在和先知耶戶（Jehu）的爭論中。那不是因為巴沙是謀殺了國王而自做國王（這種情形在他們已司空見慣了），乃是為了國內不斷地有人禮拜異教偶像的緣故：有些是拜太陽神巴勒（Baal），有些是拜金牛犢。巴沙不能順從狂妄猶太教徒的要求把異教撲滅，先知耶戶便在盛怒之餘，預言了種種可怖的災難，將要降臨巴沙的王朝，以處罰他對耶和華權威的漠視。預言真的靈驗，他的兒子繼位後就被部將謀殺！其實這是因果循環，巴沙弒君篡位，他人就來殺他的兒子而為王。

當亞哈（Ahab）做以色列王的時候，大權落在他妻子耶洗別（Jezebel）的手中。她是菲尼西亞西頓城的公主，是太陽神巴勒的信徒。她就在宮中建了一座太陽神廟，並且強迫全體國民改信太陽神，否則就被處死或放逐。照例，又出了一位先知來救以色列人，那就是以利亞（Elijah）。以利亞生來是個保守者，他毫無推理、毫無論爭、毫無疑問地，狂熱地忠於對耶和華的擁護。他英勇、刻苦、不貪財富名位；尤其難得的，《舊約》中把他描繪成為一個神出鬼沒、呼神引火的大魔術師——他有若干超於常人的宗教經驗，是有可能的。是否真有如此的精彩，我們也不必認真去查究，反正他是藉著耶和華的協助，鬥垮了太陽神巴勒，並且把全國一共四百五十名奉巴勒神的祭司殺得精光！

屠殺與滅亡

以利亞的繼承人是以利沙先知（Elisha），以利沙也學會了以利亞的各項魔術：他能使戲罵他禿頭的頑童們，被兩隻熊吃掉；能用一句話命令河流停止；能使鐵浮於水面；能為人醫病；能在眾人之前潛形隱身。以利沙是狂熱而褊狹的猶太教徒，他在信仰上毫不容情地主張流血。《舊約》中的耶戶就是他的理想的執行者。耶戶發動大革命時，殺光了以色列的王族：猶大王族的四十二個王子，也都丟了腦袋；殘餘的巴勒（太陽）教祭司及信徒，也被殺一個斬草除根。耶戶做了以色列的王，以利沙就感謝耶和華，讚頌耶和華的全面勝利。可惜經此大屠殺之後，軍中的高級軍官被殺了百分之八十（原先的王族），而且又仇視一切不信耶和華的外幫人，於是國家的危急又出現了。

先知阿摩司（**Amos**）與何士亞（**Hosea**）等，也覺得先前的大屠殺是遺憾的事。這時到了西元前第八世紀，先知阿摩司、何士亞、以賽亞（**Isaiah**），修正了先前的觀念。他們能說能寫，因在此時他們已從鄰國巴比侖人那裡學到了文字的書法，開始蒐集以往的傳說故事，記錄先知們的嘉言懿行，以便流傳千古。

但是，以色列被她東面的鄰國亞述滅亡了！

以色列亡後半世紀，猶大國也跟著跨台。但在當時的先知耶利米（**Jeremiah**）還說：只要他肯死守聖城耶路撒冷，耶和華是一定會幫助他們的。事實上，他的國家卻在西元前五八七年亡了。好在他們的征服者巴比侖的迦勒底人尼布甲尼撒二世（**Nebuchadnezzar II, the Chaldean**），那是有高度文化的王，所以饒了耶利米的命，而且待之以極大的敬意，不像猶太人對付異教徒，動不動就是揮刀！耶利米在與他的人民一同逃亡到東方去的途中，於西元前五八六年死在埃及，這似乎說明了他的上帝耶和華是站在他敵人的一邊了！

從流放到還鄉

不論如何，作為一個猶太教徒，絕對不會埋怨耶和華的處置。雖然他們成了亡國之民，並且成了放逐者，他們只顧反省以往一切的過失，認為是他們自己違背了耶和華的意志，所以是咎由自取。故當他們過著放逐生活的期間，益發成為誠摯而熱情的耶和華的崇拜者了。

猶太人被巴比命人放逐在美索不達米亞的鄉村之間，生活過得很好。不像先前的以色列人，被流徙出國，就在巴比命的鄰人中間，完全被同化而消失不見。猶太人雖到了巴比侖，但仍許可他們集住在一塊兒，准許有自己的領袖和宗教的信仰及祭司。他們享有雇用僕役及奴隸的權利，他們除了不能隨意行動之外，完全是自由的，生活上要比住在迦南地時有著更富裕的享受。可惜他們的宗教信仰使他們害著懷鄉病，總覺得迦南地才是他們的樂園，由於犯了罪，所以失去了他們祖先傳下的樂園！

流放生活中，雖然期待有個「突變」的機會來臨，雖仍回憶著先知耶利米對這世界的咒罵，但在耶利米死後，並沒有適當的人來補充，因為他們的局面又有了變動。

此時，他們有了自己的文字；雖然希伯來文的文法條例是很幼稚的，但他們已不用僅靠先知的口來傳布上帝的話了。他們能用文字把往昔的東西加以整理，並制定了法典化的神法和民法。

從此繼起的先知，已由從事實際行動的行令者，變成老死於書城中的哲人了。他們深思冥想，同時，先知們也變成了「拉比」（**Rabbi**，夫子或祭司）。他們的工作是解釋、註疏、說明、訓詁。此期最出色的先知是以西結，他曾見過耶利米。他的作風呆板而有點神經質。他往往從人為的興奮中引入真實的恍惚之境，而且見到奇異的景象，聽到神祕的聲音。他幻想建立一個絕對神權的神政政制的國家，希望恢復摩西時代的祭司權力。

在此之後，又出現了一位能夠詳夢測字的先知但以理（**Daniel**）。他預言了新巴比侖迦勒底人的王朝沒落。果然，西元前五三八年，波斯國王居魯士，攻陷了巴比侖城。第二年，猶太人就獲得了回鄉的機會。因為居魯士對於宗教的態度是寬容的，任何種族均可信其各自的宗教，也可嫌惡波斯的上帝，更可自由建造各自的神殿。對於猶太人，居魯士特別寬大，鼓勵他們重建耶路撒冷及神殿。並勅令國庫，將巴比侖時代的尼布甲尼撒王所奪來的一切金銀器皿，全部發還。

帶領他們還鄉的是所羅巴伯（**Zerubbabel**）。過了好久，在先知哈該（**Haggai**）的責斥下，他才把耶路撒冷從廢墟中重建落成。但是，此時的猶太，仍是波斯帝國的一塊附庸地而已。先知以西結所預言的猶太人的幸福及其神政的理想，並未能夠實現。

第四節　希臘及羅馬時代的猶太教

希臘統治的時代

當猶太人還鄉之後，正在努力建設並追求以西結的理想之際，時局卻又有了變化，因為，希臘人的文明震動了世界。

希臘人不是猶太人的同一種族，但在亞伯拉罕趕著羊群尋找新牧地的時候，希臘軍的前衛也正在奧林帕斯山（Mt. Olympus）探險了。希臘的文明進步很快，但當他們征服了愛琴海上的群島之後，並不打算插足於亞洲。

然而，當波斯帝國的居魯士王死後八年，大流士（Darius）即位，便於西元前四九二年揮軍渡過了赫雷斯蓬特（Hellespont），征服了色雷斯（Thrace）；但在亞索士山（Mt. Athos），波斯遠征軍遭了慘敗。兩年之後，波斯軍自希臘撤退到馬拉松（Marathon）紮住了營。此後又兩度進軍，甚至焚劫了希臘的名城雅典。不過，最後的勝利者，卻是屬於希臘人。

在這次勝利後的希臘，在僅僅一個世紀之間，他們產生了比過去二十個世紀之間世界歷史上所出現的還要更多的科學家、雕刻家、數學家、哲學家、醫師、詩人、劇作家、建築家、雄辯家、政治家和立法家。

於是，到了一個世紀之後，一個馬其頓（Macedonia）叫作亞歷山大（Alexander）的青年，因他受了希臘最好學校的希臘教育，要把希臘文明推展給全人類，所以打敗了波斯軍的殘部，殺了波斯帝國的末代王。於西元前三三六年，開始了他的帝業。雖然希臘人把他當作異國人，他自己卻以作為希臘的擁護者自誓。

亞歷山大的帝業雖僅十三年，卻征服了從埃及的尼羅河直到印度的印度河全境。猶太人雖然藉著耶和華的火劍的保護，仍為亞歷山大的軍隊克服。

亞歷山大死後，他的帝國遂被他的部將割據瓜分。此後的一百年間，那些部將的後裔們不斷地相互爭鬥，猶太也就因此而換了好幾次統治者。到了西元前第二世紀時，猶太國變為敍利亞的賽路西得（Seleucids）王朝的領土之一。這一王朝的第八代王安蒂考斯．愛辟芬史（Antiochus Epiphanes），幼年時曾被送至羅馬做人質達十五年之久。由於希臘文化在羅馬的盛行，也使他成了希臘文化的熱切的崇拜者。當他登位之後，即推行希臘化，並下令廢止猶太教的儀式，革除對於耶和華的獻祭，焚禁關於猶太教律法的書籍，摧毀了耶和華的神殿。又在那兒建起崇拜宙斯神像的殿，並且大量地用猶太人最忌諱的豬肉作為犧供。

猶太人之中當然尚有偉人，一位老祭司馬太提司（Mattathiss）主張寧可不守耶和華的律法條文而求生存。所以，安蒂考斯的部下，第一次在安息日不戰而拿下了耶路撒冷，第二次仍於安息日去打馬太提司的軍隊時，卻吃了敗仗。馬太提司老死之後，他的第三個兒子猶達．瑪喀比（Judas Maccabee），創造了游擊戰術，神出鬼沒，聲東擊西，經過幾年的努力，耶路撒冷又被光復了。猶達死了，安蒂考斯也死了，猶太國總算在被「保護」的狀態了，被承認為一個獨立的王國，建立了神政的政體，由瑪喀比家族作為祭司長兼全國的行政元首「總督」。

三個猶太教派

由於希臘羅馬文明的影響，神政政體終究無法推行。到了耶穌降生前一世紀，猶太人竟然因此而分裂為三派：

（一）法利賽人（Pharisees）：此派是狂熱地遵守猶太教律法條文的一群。他們必須做的事很少，卻有很多不可做的事；他們憎恨一切外國的事物，禁忌一切的改革。故在《新約》中的耶穌提出了法利賽人的「七禍」。

（二）撒都西人（Sadducees）：此派的人，一方面忠實於耶和華的禮拜，同時也承認外國學者（希臘及羅馬人）所說的話的確有其道理。他們熱中於政治，所以當耶穌傳道時，他們害怕耶穌在政治上惹起麻煩，也贊成了定耶穌的死罪。

（三）愛散尼人（Essenes）：這是絕對的厭世及逃世者。他們遁隱於荒野，每天以部分時間去耕作，以取給自己最低限度的食物。他們不進城市，更不與政治生活接觸，有類於印度苦行僧的生活。

以上三派的勢力，法利賽人最大，愛散尼派人數最少。

就在此三派對立的狀態下，瑪喀比這一家族曾竭盡了最大的智能，卻未用上王的稱號，經過約有一百年之久；但到亞里斯多柏拉（Aristobulus）時，為了要用王的稱號問題，而與法利賽人衝突。他死之後，這個國家內的宗教派別之間，又有著一連串的糾紛。

猶太國內正在鬧著同室操戈的時候，羅馬人的將軍就來到了。當龐貝（Pompey）向東征服了阿拉伯人之後，回來經過猶太國，羅馬軍隊就像潮水般地攻向猶太的衛城。攻陷之後，據說一共有一萬二千以上的猶太士兵被屠殺！那是西元前六十三年六月間的事。

事後，龐貝便將向他靠攏的猶太人赫爾嘉納（Hyrcanus），放回耶路撒冷去做祭司長。

西元前四十八年，凱撒（Caesar）擊敗龐貝之後，凱撒又改命向他投靠的晏特派（Antipater）做了猶太國（其實只是羅馬的一個行省）的王。晏特派以猶太人的身分做了羅馬的公民，及羅馬將軍的傀儡，所以他在法利賽人看來，是個外奴、是個叛徒，說他無權來登大衛王的王座。因此，當耶穌降生時，正好是晏特派的兒子希律（Herod）王在位，聽說耶穌是大衛的後裔，所以要下令殺死小小的耶穌，耶穌倖免於難，卻連累了伯利恆及其四境兩歲以內的男孩全遭了殃。

耶穌以後的猶太教及其神學

羅馬的無冕王凱撒將軍遇刺之後，繼起的是屋大維（Octavius），他的徽號是奧古斯都（Augustus），意為尊嚴顯赫，也是一位羅馬的無冕之王。耶穌降生時，就是奧古斯都在位之際。他的繼承人，依次是提比留（Tiberius）、該猶（Caius）、革老丟（Claudius）、尼祿（Nero）。這四個人，都是羅馬史上的暴君。後面三人是繼起於一年之內（西元六八—六九年），也在一年之內滅亡：該猶被謀殺，革老丟被毒死，尼祿是自殺。

接著是從外省來羅馬的惠斯巴西安（Vespasian），此人在位之時，無意繼續炫耀尼祿那種奢靡的生活，對於羅馬屬下的各行省也極為寬大。可是，適在此時，猶太人發動了叛變，於是派遣其子泰塔斯（Titus），率兵攻陷了耶路撒冷。據說，在此役之中，猶太人被處死者約十萬人，被賣作奴隸者九萬七千人。

從此之後，由於環境及時代思潮的影響，尤其因基督教的崛興，猶太國家又幾度被滅，猶太教徒雖仍不放棄獨立運動的努力，卻更重視猶太教在神學方面的發展，於是學人輩出，遂在其宗教哲學即神學上，隱然有兩個潮流出現：

（一）加巴拉（Cabala）派學者：此為傳說的神祕思想者，大抵是以東方神話及希臘思想的結合而成。加巴拉是傳說之意，即是授自亞當的傳說。此派的著書有兩種：一為《創造篇》（*Sepher Jezirah*），一為《光耀篇》（*Sepher Sohar*）。猶太人傳說《創造篇》是亞伯拉罕所作或雅各所作，據學者考察，實為西元第九世紀中葉的作品。《光耀篇》則成於十三世紀之初，是由於反對美蒙（Maimun）哲學而起。大致言之，此派主張：神是無涯、無終、無意欲、無目的、無動作的。由無限之神而流出者謂之「道」（Adam Kadmon）。道的屬性，可次第分成四界：一、超越界（Azila），二、精神界（Beriah），三、靈魂界（Jerirah），四、物質界（Asijjah）。此派同時又主張輪迴說。此派學說乃是雜取畢達哥拉斯說、斐論說、新柏拉圖派之說、諾斯士派之說，以及波斯教的思想糅合而成的。

（二）美蒙（Maimun）派學者：美蒙有兩人，同為猶太人，一個生於西班牙，他的年代是西元一一三五至一二〇四年；一個生於德國，他的年代是西元一七五三至一八〇〇年。現在我們說的是生於西班牙的美蒙，幼年因為教禍而隨父避徙各處，後定居於埃及。他深研希伯來法典，又從伊斯蘭教教師學習數理、天文、醫術，雖奉伊斯蘭教而傾心於猶太教。其主要著作《希伯來法典後篇註解》、《巨靈掌》、《迷途指南》，其頗應用亞里斯多德的思想，而作為猶太教義的組織體系。此派注重學理的研究，廣泛地援用柏拉圖及亞里斯多德的思想，以為猶太教作辯護。此派的先驅為薩德亞（Saadja）及大衛・平・穆爾望（David Ben Merwan）。十一世紀有格畢羅爾（Gebiral）及約瑟夫（Bahja Ben Joseph），十二世紀中葉有大衛・房・吐利道（David von Toledo），集其大成者便是美蒙。美蒙之學全宗亞里斯多德，只是創造之說異於亞氏。他說世界的形及質，均是從無中造出。神是絕言無相的，不可以名也不可以思的。所以吾人於神，無所能知，所能知者僅有一語，即「神的本性不可知」。

到此時，猶太教的神，早已不是摩西乃至耶穌時代的神了，已是哲學的本體論的神了。到了近世的猶太教學者，多欲採用合理主義以中興猶太教，大抵是取「靈魂可以永生」、「人性可以完滿」的二義。此既可以稱為宗教，實也可以稱為哲學了。其情形已超越基督教神學的神的獨斷性，而有類於耆那教的觀點——靈魂永生及人皆可達於完滿的程度了。

第五節　猶太教的神話

猶太教的聖典

要介紹猶太教的神話，先應明白猶太教的聖典，若包括其各種法典及神學書，數量是很可觀的。其神話的根源，則為一部《舊約》，所以我們僅就《舊約》這部聖典來談談。

《舊約聖經》無疑地是經過漫長的歲月，記載了漫長歲月中猶太教的想像、傳說和歷史。可惜那些《舊約》的寫著者，沒有一位是有歷史頭腦的人，以致把神話傳說當作歷史的事實。也設法用神話來解釋他們所不明白的傳說和事物，乃至把真正的歷史事實所發生的年代和人名，也弄得顛三倒四。所以，要用歷史的角度來看《舊約》的記載，是件苦事。因為《舊約》的編輯，也不是照著歷史的過程為順序的。

根據基督教及猶太教徒說：《舊約》頭上的五篇，即是最早成篇的，是摩西手作的，故稱為「摩西五書」，那就是：〈創世記〉、〈出埃及記〉、〈利未記〉、〈民數記〉、〈申命記〉。實際上，除了摩西十誡，摩西並未寫出什麼書來，根據學者的考察，摩西五書均為後人根據傳說而追寫的，其中尤以〈創世記〉的年代最晚。又據威爾斯的《世界史綱》第十九章第三節中說：

「創世及洪水的故事，摩西及參孫故事的大部分，多由巴比侖採入。當他們回至耶路撒冷時，唯（《舊約》的）前五經已有了成書。」可徵摩西並未寫出摩西五書，而此五書中的故事，也多半採自巴比侖人的傳說。

因此，《舊約》中的許多記載，縱然標明是某先知的時代，由某先知所寫，包括大衛王及所羅門王的詩歌在內，都是極不可靠。例如〈以賽亞書〉，共計六十六章，而那後面的二十七章，其所用的語言和不同的文體，極為明白地是在以賽亞之後的幾個世紀才寫成。〈以賽亞書〉中的重要預言，正好就發生在那幾個世紀之中，這是歷史的追記。神祕而謂為預言，不過是出於猶太教徒乃至基督教徒的信仰心而已。

另有〈但以理書〉，記載了好多使猶太教及基督教徒看來極其欣喜的故事，但據學者研究結果，此書成於西元前一六七至一六五年之間，距離但以理的時代，已有四個世紀。但以理的出世稍晚於以賽亞，是巴比侖的尼布甲尼撒王同時的人。據巴比侖方面的資料，此王在西元前五六一年平和地死去，非如〈但以理書〉捏稱他因拜偶像而慘死。

猶太教到了西元前第八世紀時，才從巴比侖人那裡學到了文字的書寫法，才開始蒐集以往的故事、傳說及法律，用極幼稚的文法記錄下來，那就是希伯來文的聖書。據房龍（Van Loon）說：這種文字的文法簡陋，例如動詞的時制，完了形與不完形之間，並無清晰的差別；同一個動詞，既可表示已發生的事件，也可表示將發生的事件。因此，希伯來文的聖典內容，直到現在尚無人敢說絕對完全地解釋得恰到好處。不過，這種文字用來記載事實雖有困難，用來寫詩歌倒是很好的；詩歌可因讀者的心境而隨心意會。所以，《舊約》中的詩篇，是著名的優美的文學作品。

最先的《舊約》，並無成冊的書，到了西元前五三七年，猶太人自流放地返回巴勒斯坦之後，那些猶太人的小村子小神殿中，都藏有他們所喜歡及敬重的記載，謄錄在獸皮或埃及出產的紙草上。它們的內容不盡相同，唯其都是有關他們這個民族的宗教和傳說的東西。像這樣的記錄，差不多經過了千把年的謄錄、增補、傳抄，其數量實在太多了。直到西元後第四世紀，才由基督教的君士坦丁的大主教—約翰·吉利索斯頓（John Chrysotstom），把那些散於各處的小集子蒐來加以審查編輯，總集成為一部《聖經》（*Bible*）。

猶太教的神之演化

猶太教的神，雖然始終稱為耶和華，但耶和華的性質卻是隨著時代環境的不同變了又變，由多神中的一神，變為亞伯拉罕的唯一的神，一直變到耶穌以後迄至近世的哲學觀念的神，其步驟大致經歷如下：

（一）家族的神：亞伯拉罕至摩西時代。

（二）民族的神：摩西至士師時代。

（三）護國的神：士師至王國時代。

（四）世界獨一的神：王國至先知時代。

（五）世界原理的哲學觀念的神：耶穌降生至近代。

耶穌則以神為人類的父，因而開出基督教，此當到下章再說。耶穌的身分及其教說，則始終不為猶太教所接受。故當基督教盛行之後，猶太教曾經屢屢遭受到大屠殺的厄運！

耶和華的性質分析

耶和華（Java, Jehovah, Yahweh）一意，有人以為是由阿拉伯語中的「吹」之意而來，它含有颶風神的意思。又有人說是由希伯來語「降」之意而來，它含有雷神的意思。更有以為是由印度婆羅門教的天父特尤斯而來。特尤斯為牡牛，埃及尼羅河流域盛行牛神的崇拜，摩西的哥哥亞倫也鑄造了金牛犢，當作以色列的神來崇拜。這些乃是耶和華之起源於圖騰崇拜的佐證。

耶和華常從雷火中、大風中顯現，可知其必與颶風神及雷神有關。又有，摩西以及其後的先知，要到西奈山去見耶和華，西奈山本為月神「新」的所在，可知耶和華又與月神有緣。摩西領導他的民族出了埃及，將入迦南地（巴勒斯坦）時，因毒蛇為患，而鑄了一條火蛇像懸掛起來。蛇神崇拜，本極普遍，蛇之為害人類，也是神的意志之一。所以，蛇神也是耶和華的屬性之一。因為一神信仰者，不承認除了耶和華之外，尚有別的神的意志。

當猶太人被放逐之後，接觸了巴比侖的宗教，就學到了神造宇宙的神話及洪水神話；接觸到了波斯的宗教，就學到了二神信仰的觀念。波斯人以火神阿脫爾是主神（善神）阿訶羅莫他的兒子，嘗奉命與惡神阿劣曼的部屬毒蛇阿斯赫大訶迦戰爭，火神即用他的火光誅殺毒蛇。

波斯人以火代表光明、潔淨的善；以毒蛇代表黑暗、罪垢之惡，乃是善惡二元論的宗教信仰。猶太教受了波斯教的啟示，便將耶和華的特性亦分為二：善的一面仍屬於耶和華，惡的一面則從耶和華的名下分給了撒旦（**Satan**）的名下。**Satan**一字，是由埃及沙特（**Sat**）神轉變而來，《舊約》中以蛇為罪惡的代表，則由波斯教而來。於是，蛇或撒旦，就成了原為耶和華的另一面屬性的代表。

神話，乃為各宗教之所不能避免，並且都是先有信仰而後產生神話，為使信仰求得一種解釋，便由擬人的想像而構造出各種的神話。猶太教的許多神話，多是為了說明某些事實，《舊約》中的好多記載於那些先知名下的所謂「預言」，也多是出於後世猶太教徒的附會補充。因為若非如此，就不能證明或使人相信耶和華的權威、公義及慈愛了。當然，那些為之附會補充的人，也不是有意的捏造妄語，他們那種狂熱的宗教信仰，促使他們深信必須如此才符合耶和華的原則。不過，猶太教重要的神話發生得頗晚，而且多是來自外邦人的要素。現舉三則如下：

（一）創造神話：上帝從空虛混沌的黑暗中，行於水面上，要有光，就有了光，光與黑暗分開，就成了晝夜，這是創世的第一日。第二日造了空氣。第三日造了地、地上的青草、菜蔬、樹木。第四日造了太陽和月亮分管晝夜，又造眾星擺列在天空。第五日造了飛鳥和魚類。第六日造了牲畜、昆蟲、野獸，又照上帝自己的形像造人，造男造女，來管理海裡、空中、地上的東西。第七日，造物工作便完成了，上帝安息了。上帝賜福給第七日，所以定為聖日。最初被造的男人，是用地上的塵土造的，名叫亞當（Adam）。又取下男人的一條肋骨，造成一個女人，由亞當給她取名叫作夏娃（Eve）。後因女人夏娃聽了蛇的話，吃了伊甸園中生命樹和分別善惡樹的果子，違背了上帝的約，就犯了罪，被上帝逐出了那個樂園，承受生活的苦難，乃至到永遠的子孫，都要如此。

這個神話，顯然是當猶太教接觸到了巴比侖宗教之後才產生的，而且是在被放逐流亡的時代產生的。巴比侖早就有了創造神話；安息日原是巴比侖的字；巴比侖人的始祖叫作亞當米（Ademi），猶太人即以亞當為初祖。猶太人失去自己的祖國巴勒斯坦之後，認為這是由於祖先犯了罪而受上帝的懲罰，所以推想人類之有苦難的生活，也必是由於最早的祖先犯了罪，上帝才使他們的子子孫孫永遠受苦，這就叫作「原罪」。但是猶太教的這個神話的創造者，就沒有想到：仁慈的上帝，萬能的上帝，為什麼沒有預料到造了人，人就要犯罪？既然已知道人的祖先所犯的罪，要遺傳給他的子孫萬代，為什麼還要繼續不斷地造出更多更多的人來受苦？如說這是為了要顯現出上帝有權威來救拔人類和處罰人類的光榮，那麼這個上帝是何其顯得無聊而殘忍！要從無中造出人來讓上帝表現權威的大能，讓人一出生就加上了「罪」的枷鎖，這個上帝的仁慈又在何處呢？當然，這個神話是猶太人在放逐期間，為了追求安慰他們亡國之恨的方法，借了巴比侖的舊傳說而編造出來的，我們大可不必用邏輯學來給它求證了。

（二）挪亞的方舟神話：上帝造了人來管世界，男人加上女人，又生出了更多的男人和女人。最初的一對男女造出不久，就犯了上帝的禁令而被罰受苦，後來的人類也照樣的犯了更多的罪。上帝照自己的形像造人，並用他的氣一吹就成了活人；可惜上帝卻故意忘了把他自己的靈性中善的成分也放進人的身上。人是愈造愈多了，罪惡也愈來愈不像話了，於是上帝就用洪水來將世界上的一切生物全部淹死。當時只有一個叫作挪亞的人，是個義人。上帝就對挪亞說：「凡有血氣的人，他的盡頭已經來到我的面前，因為地上充滿了強暴，我要把他們和地一齊毀滅，你要用歌斐木（柏樹）造一隻方舟。」此舟之長三百肘，寬五十肘，高三十肘，共分上、下二層。要挪亞造好之後，即和妻子及他三個兒、三個媳婦，共計八人進入方舟，並且帶了有血肉的活物及昆蟲，每樣一公一母（〈創世記〉第六章謂一公一母，第七章一變又謂七公七母）。洪水就來了，那是一連下了四十晝夜的雨，就把全部的生物淹死了！洪水退後，全世界只留下挪亞一家八口子人了，自此以後的人類，都是挪亞的後裔。

耶和華為何要滅掉一切生物？他說：「我要將所造的人和走獸並昆蟲，以及空中的飛鳥，都從地上除滅，因為我造他們後悔了。」上帝也有後悔的事，豈非玩笑！上帝因了人類作惡而要滅去一切所造的生物，義人挪亞是唯一的例外。水中魚類的命運，神話中未曾提到，大概也是因義而沒被滅掉？誰都知道，洪水是淹不死魚類的。其實，人類造惡，滅掉人類就得啦，何必又要拿走獸、昆蟲、飛鳥來跟人類「陪斬」株連呢？其實，這個洪水神話，也是從巴比侖的神話中學來的，乃至是向印度學來的，這太古洪荒時代對於洪水為患的一種神話傳說而已。根據近代的發掘，已發現了巴比侖人的創造史及洪水史，它的年代，乃在猶太人被放逐歸國之前，但這些素材，恰好就是《舊約．創世記》的前十章的內容。這個洪水故事的發生，在古代流傳甚廣，或係

是新石器時代，地中海流域氾濫的回憶。（威爾斯《世界史綱》第十九章第一節）

（三）變亂口音的神話：洪水之後，人口又很快地繁殖起來，那時大家的口音語言都是一樣的。他們往東方遷移到一片平原—係指美索不達米亞，就要在那裡共同協力建造一座城和一座高塔，塔頂通天，作為眾人集合聚會的目標。但是上帝很不高興他們這般做，因為要是這般地放任他們下去，以後他們所要做的事，就沒有不成就的了。上帝就下來，把他們的口音變亂，使他們從那裡分散到全地上。

這個神話，粗看似乎是上帝嫉妒人類的同心協力，上帝不願見到一個和平統一的人類社會出現，上帝不希望人類有屬於自己的創造意志和能力，所以他要從中破壞。其實，此一神話的背景，是當猶太人由關門自大的時代被外族征服而流放到異邦之後，接觸到了許多外邦人和外邦人所用的語言，他們為了對此問題求取答案，只好編出一個如此的神話來了。如果不編造這個神話，那麼，猶太人是亞伯拉罕的子孫，許多外邦人又是從哪裡來的呢？怎會有不同的言語的呢？

在《舊約》中，像類似的神話還有好多，若用邏輯的、科學的、倫理的觀點來解釋它們，一定會使我們感到失望！若根據猶太人的心理背景、歷史背景及社會背景來分析它們，那就可以迎刃而解了。以上所舉三則神話，出於《舊約．創世記》的第一章至第十一章。我要重複一句：〈創世記〉是摩西五書中最晚出的一書，以上三則神話，則為〈創世記〉中最後出現的部分。

第八章　基督教

第一節　基督教的開始

耶穌的時代背景

有關基督教的本質及其教勢的發展，我已寫了一書，叫作《基督教之研究》，讀者不妨參閱。現在本書中寫到基督教時，又不得不再從另一個角度把它的過程介紹出來。如此，則雖將我寫的兩書並讀，也不致有重複的感覺了。

基督教始於耶穌的開創。耶穌生於巴勒斯坦的猶太（Judaea），位於地中海東岸的山岳地帶，本為希伯來人的發祥地。這是猶太教的故鄉，耶穌就在猶太教的宗教生活及宗教教育中長大成人。據傳說：耶穌的父親約瑟雖是個木匠，卻是大衛王的後裔。因此，在血統上說，耶穌是大衛王的後代。奇怪的是聖經《新約》的作者們為了附和《舊約．以賽亞書》第七章第十四節的預言：「必有童女懷孕生子」，來救濟猶太人，所以福音書中又把耶穌的母親瑪利亞，說成是個未出嫁即懷孕的童女。不過耶穌是出生於父母經過伯利恆城（Bethlehem）旅次之中的一個馬房裡，以後則將大部分的時間消磨在拿撒勒（Nazareth）及加利利（Galilee）的兩城之間。

耶穌出身的那個猶太民族，我們在上一章已經說過，乃是一個自尊自大、頑強保守而又值得同情的民族。他們在王國時代之後，先知們雖然自信猶太人的上帝必將拯救他們，他們的實際狀況卻是江河日下。原因是猶太國為一走廊地帶，其西為地中海，東為阿拉伯沙漠，北通敍利亞、亞述、巴比侖，南至埃及。所以當埃及與北方的任何民族發生戰爭，猶太是必經的通道。當北方各族要對付埃及時，也必先取得猶太。因此，猶太這塊地方曾為埃及人、亞述人、巴比侖人、波斯人、馬其頓人、希臘人與羅馬人輪番征服。

耶穌出生的時代，猶太國雖有一個自治的政府，允許有他們自己的國王，也有他們自己的宗教信仰和宗教機構；但其實際的統治權，卻操之於羅馬政府派去的總督之手，猶太乃是羅馬的一個行省而已。於是他們日夜祈禱，祈禱預言中的屬於自己的領袖（彌賽亞〔Messiah〕，救世主），來將他們從外邦人的統治下解放出來。故當西元第二十七年，施洗者約翰（John the Baptist）在約旦河下游之猶太出現傳道之時，就有人以為他是彌賽亞，但為他本人堅決否定。不久，約翰遇難，受他施洗的耶穌，即趁勢而起，原先是約翰的徒眾，多半也成了耶穌的擁護者。

耶穌約生於西元前五年或六年，有關他的事蹟，記載相當缺乏，最好的資料是福音書，也僅記述一些神話傳說。我們僅能知道，當他十二歲那年，曾隨父母往耶路撒冷的神殿，並與拉比（夫子們）問答宗教的問題。他的父親約瑟，即死於耶穌十二歲之後。他的母親瑪利亞，則是一個多產的婦人，在生了耶穌之後，又生了四個弟弟和幾個妹妹。當他的父親死後，有人說他一直是做著他父親的木工行業，直到三十歲時才開始傳道，往來於加利利、猶太及其附近的地區。

猶太人的性格，幾乎是一般地倔強和自信。

上章說到此時的猶太教有三派，而以法利賽派的實力最大也最保守，耶穌看不慣法利賽人的形式主義及偽善的作風，所以毫不容情地攻擊他們。猶太人本來希望耶穌是他們期待中的民族救主，耶穌卻宣說他的國不在地上而在天上。因此惱怒了保守的猶太人，故在傳道三年之後，即以違反猶太教的罪名被捕。當猶太人把他交給羅馬總督彼拉多（**Pilate**）的時候，又被誣控為蔑視羅馬並企圖自立為猶太人的王。終於，在猶太人的殷切要求之下，彼拉多遂於西元二十九或三十年，把耶穌判處死刑。

那是猶太聖曆正月十四日的「逾越節」（**Passover**，此為猶太人紀念其祖先出埃及的節期）是星期五，在一座可以俯瞰耶路撒冷城的小山上（髑髏地），與兩個強盜，同時被釘死於十字架上。

耶穌的復活

根據《新約》的記載，當耶穌被釘十字架上死去之後，他的門徒也因此失了希望，四處星散，甚至有人對耶穌失去了信仰。但是，奇蹟出現了，被釘十字架以後的第三天，那個星期日，耶穌復活了。此後達四十天之久，經常與他的門徒集在一塊，最後帶著他的肉身升向天國。由於耶穌的復活，門徒又再度燃起了對他的狂熱的信心。耶穌是否復活了？這是一個大問題，因為：

（一）耶穌死後，門徒們並未立即展開繼續其遺志而來傳道的工作。門徒傳道是在耶穌死後四、五年（西元三十四年）才開始的。不過，在婦女信徒以及少數門徒，由於對耶穌的人格懷念不已，在神思恍惚之間，幻覺耶穌的重現，這是很可能的。

（二）另有人主張，耶穌被釘十字架，並未真的釘死，這在穆斯林是尤其深信的。例如去（一九六七）年去世的時子周先生說：「請容我先根據《古蘭經》說明，然後再引據《新約》來說明。《古蘭經》第四章一百五十七節說：『他們說：我們已殺馬爾焉（即瑪利亞）之子埋希哈爾撒（即耶穌），安拉（上帝）的使者，他們原未殺死他，亦未使他在十字架上死去，只是他們看著是如此。那些因此爭議的人，不過是懷疑而已，他們對此不知真情，不過是依循揣測，他們實在未曾殺死他』。……現在再由《新約》的四福音裡，看到耶穌未死在十字架上：一、由午正到申初，時間太短，不致氣絕（〈馬太福音〉第二十七章第四十五、四十九節，〈馬可福音〉第十五章第二十五節，〈約翰福音〉第十九章第十四節）；二、左、右兩犯同時被掛均未死，因此可以斷定耶穌亦未死；三、該兩犯腿被打折方死去，唯耶穌未被打（〈約翰福音〉第十九章第三十二、三十三節）；四、耶穌之肋被兵用槍刺之，血即流出，更足以證明耶穌未死，死即不能出血；五、彼拉多係監視行刑的人，亦詫異耶穌死得太快，因時間太短（〈馬可福音〉第十五章第四十四節）；六、其他兩犯死後，以土埋之，不能復活，唯耶穌係由其門徒名約瑟者領去，置於山洞（〈馬可福音〉第十五章第四十九節）；七、第三日墓門之石已移動，屍體已失（〈馬可福音〉第十九章第四節）；八、後來其母見之不相識，竟認為是園丁，其必改裝易服毫無疑義（〈約翰福音〉第二十章第十五節）；九、若是肉體升天，便不需要這樣的改裝；十、門徒驗耶穌的手，探耶穌的肋，確定為耶穌的肉體（〈約翰福音〉第二十章第二十五、二十八節）；十一、耶穌覺餓索食，如係靈魂，當不需要食物（〈路加福音〉第二十四章第三十九、四十三節）；十二、耶穌約其門徒到加利利密會，如係升天，毋庸祕密，且不必須到加利利始能升天，或係潛往他地布道亦未可知（〈馬太福音〉第二十八章第十節）」。以上這段論列，引自時氏的《伊斯蘭教義續五十講》第三十八講。

（三）耶穌很可能在被釘十字架後佯裝死亡，此後即潛往外地布道。並很可能到了印度，最後也就死於印度，因在印度有耶穌的墳墓，在英國人沙姆所著的《耶穌歿於何處》一書中，對此提出好多考證；尼赫魯的《世界歷史一瞬》一書中，也有類似的說法。

總之，耶穌的復活及其肉體升天的傳說確是宗教信仰的產物，而不是歷史上的事實。

耶穌的人格及其教訓

不論如何，耶穌之成為基督教的創始祖，確有他異乎常人的感召力。當他快要被難之前，雖然充滿著狂熱的魔性而與人性脫節，但在傳道的初期，實是一位可敬可愛的宗教師。他歡喜花，歡喜兒童，酷愛人們的友情，看到貧窮痛苦的人，每每激發極深的同情心，他對流浪者關心，對下賤者體恤，對有惡疾者親近，這些無人照拂的人，均能從耶穌之處，獲得安慰、鼓勵和救助。尤其他那強烈的宗教信念和宗教人格，往往能夠使人產生神祕的感應。例如一些神智不清的人以及由於神經系統失常的患者，一見到耶穌，就能完成精神治療的效應。

但到傳道的後期，由於有人認為他是基督（Christ），他也自信真的是上帝的獨生子。這個觀念一產生，耶穌的人性的可愛處，就立即下降，他就變得冷酷而嚴肅，認為他是天上的，人間的一切，都不是他所喜歡的。特別是在受到舊環境的反對和壓迫之後，耶穌的激憤之情，便將他自己先前所建立的人格燒毀。正如《華嚴經》所說：「一念瞋心起，百萬障門開。」所幸的，耶穌的受難竟來得如此的快速，致使門徒們對他初期的人格感到無限的懷念，又對他後期的人格感到不可捉摸的敬畏。這兩種情愫的相加，即匯為一股促使基督教成長和發展的雄大力量。假如耶穌終身不被難，或者再遲三十年被難的話，照他的性格的發展，很可能被人目為狂人而不予重視了。當然，像他那樣的作風，處身於那樣的社會，遭受迫害是不能免的。

初期的耶穌，的確可愛，作為人間和樂的準則來說，耶穌有好多的教訓是值得讚歎的。他因出身寒微，所以特別感到下層社會的疾苦，特別厭惡上層社會的虛情假意和裝腔作勢。故他特別鼓勵人們的公正、仁愛、守本分。他以為人們除了敬愛上帝以外，最大的責任是愛人如己。並在他的金律（**Golden Rule**）中說：「施之於人的事，必須是你歡喜人們施之於你的。」在耶穌看來，上帝是人類的父，人類是天使的墮落，天使是上帝的兒子，所以人類都是上帝的子女，並且也包括他耶穌在內。他曾用「我們的父」來向上帝祈禱。父親愛子女是天性，上帝愛世人，當然也是真理了。像這樣的教訓，實在很好。

可是，當耶穌以彌賽亞與基督自居之後，問題就不同了。他要門徒厭棄人間的一切而去追隨他，並且背起各自的十字架（殉道）。他厭惡富貴的人，認為富人升天要比駱駝穿過針孔還要困難。他的天國的人民，乃是兒童和窮人。他自己是神的獨生子，不，他就是上帝的道成肉身。他之降世，即是表示上帝的恩典，由他代替人類贖罪，人類才有得救的可能。可是人類的得救與否？仍得看你是否相信耶穌即是基督。又由於上帝對人類有絕對的取捨生殺的權威，故在他的信徒之中，究竟誰能被寵得救升天，尚須取決於上帝的權威。如果不被選中，雖做了他的信徒，還是不能得救。

因此，問題愈來愈多，此後的基督的各派各期的神學，便是為了這許多問題的要求解答而產生。

第二節　基督教的聖典及其教會

《舊約》與《新約》

現在談起基督教的聖典，就是指的《舊約》（*Old Testament*）及《新約》（*New Testament*）。《舊約》是猶太教的遺產，卻是由基督教所編成。猶太教雖重視基督教所編集的《舊約》，他們卻並不即以基督教編集的《舊約》作為其聖書的命名。猶太教的聖書叫作《托拉》（*Torah*，卷帙之意）。關於《舊約》，已在上章說過。但是，《舊約》既為猶太教的遺產，何以又成為基督教的《聖經》？因為耶穌本人是出身於猶太教的信仰，耶穌本人並不反對猶太教，這在〈馬太福音〉第五章第十七及十八節中已經說得非常的明白：「莫想我來要廢掉律法和先知，我來不是要廢掉，乃是要成全。」所以，凡是《舊約》中有關宗教來源及宗教信條的部分，耶穌也都隨時加以運用而重現於福音書中。例如一神的信仰、摩西十誡的遵守，以及諸先知們的律法，耶穌幾乎都想接受。所以，如果沒有《舊約》作為立腳的基礎，基督教的信仰便成了空中的樓閣，無所依傍。

可知，耶穌並不反對猶太教，如果不是保羅（Paul）在後來加入了基督教，基督教也僅是猶太教的一個支派而已。耶穌及其當時的多數門徒，並未脫離猶太教的氣質。耶穌反對的是保守頑固而不切實際的猶太教徒。例如舉出法利賽人的七禍，是對教派的作風的指控，而非對猶太教根本教義的責難。

耶穌以上帝視作人類的父，在觀念上，的確把上帝在《舊約》中的性質做了一番改良。《舊約》中的上帝是威嚴性的，耶穌希望的是慈愛性的。不過，稱為父，在《舊約》中早已有了先例；當耶穌本身以上帝的化身自居之後，上帝的性格卻又恢復了《舊約》中的原形。

再說到《新約》的成分，它共計二十七篇，記載耶穌生平言行的有四種福音，記載使徒行誼的有一篇〈使徒行傳〉。此外所收的書翰，大多出於保羅的手筆，以及使徒雅各、彼得、約翰、猶大的書翰。如果以各篇成立的年代來說，乃是保羅寫的各篇出現最早。保羅大約在西元五十年至六十二年之間，完成了這些屬於基督教最早的文獻。四福音可能是西元第二世紀及第三世紀之間的產品，雖然四福音中確實記有耶穌當時的若干資料，但從基督教的重量來看，與其說四福音是根本聖書，倒不如說使徒尤其是保羅的書信才是基督教義的源頭。因為耶穌在世時，並未留下片紙隻字。耶穌本人也不是一個思想家，他的言談完全是出於直覺的所謂「啟示」，毫無思辨的體系可循。故在福音書中，我們可以看到好多耶穌言論的自相矛盾之處。例如他以上帝自居，但到十字架上受刑時，又喊出：「我的上帝，我的上帝，為什麼離棄我。」（〈馬可福音〉第十五章第二十四節）可能是因為他在痛苦非常之際，又遭受到好多人對他辱罵，在激憤之餘，竟忘了他先前的身分，而把上帝與他分了家。

初期的基督徒

基督教（Christian）這個名稱，最早是在西元第四十二年，於敍利亞的安提阿略城（Antioch）首先使用。安提阿略城的人本是用此名稱來譏諷耶穌教徒的，正像後來的清教徒（Puritan）的名稱，乃是英國國教會的人給予另一批新教人士的譏笑一樣。

在耶穌時代，雖然感化了好多婦女、小孩、病患者、貧苦者，以及漁夫小民等等，但是真正被耶穌特別選上的門徒（Disciples），只有十二人：那就是西門彼得（Simon Peter）、安得烈（Andrew）、西庇太的兒子雅各（James, the Son of Zebedee）、約翰（John）、腓力（Philip）、巴多羅買（Bartholomew）、多馬（Thomas）、稅吏馬太（Matthew, the taxgatherer）、亞勒腓的兒子雅各（James, the Son of Alphaeus）、達太（Thaddaeus）、奮銳黨的西門（Simon the Zealot）、以色加略人猶大（Judas Iscariot）。在這十二位門徒之中的猶大，後來竟以三十塊錢，把他們的老師耶穌出賣給了猶太人的祭司長，耶穌因而被捕遇難。後來猶大也自己把自己吊死。門徒們在耶穌死後，便另舉馬泰亞斯（Matthias）補足了十二門徒之數。

耶穌選擇門徒的尺度很緊，現舉他對門徒選拔的幾項要求如下：

（一）耶穌說：「如果有人到我這裡來，而不恨自己的父親、母親、妻子、兒女、兄弟、姊妹，甚至自己的生命，他就不能做我的門徒。」（〈路加福音〉第十四章第二十六節）

（二）耶穌說：「凡是不背著自己的十字架來跟從我的，也不能做我的門徒。」（〈路加福音〉第十四章第二十七節）又說：「如果有人想要來跟從我，他就當否定自己，天天背起自己的十字架，然後跟從我。」（〈路加福音〉第九章第二十三節）

（三）耶穌對一個要求先回去埋葬了父親，再來跟隨他的人說：「讓死人去埋葬他們的死人吧，至於你，你要去宣講神的國。」（〈路加福音〉第九章第六十節）

（四）有人對耶穌說：「主啊，我要跟從你，但是請准許我先向我家裡的人告別。」耶穌卻說：「手扶著犁又看背後之事的人，不配神的國。」（〈路加福音〉第九章第六十一至六十二節）

由此可見，作為一個門徒是多麼的不容易，必須拋下了世俗、家庭、個人的一切，才可作為耶穌的門徒。十二個門徒，在耶穌被難之後，大都負起了宣揚福音的責任，那就改稱為使徒（Apostles）。天主教譯為宗徒，成為初期基督教會的柱石。

使徒保羅的傳教

使徒們雖是耶穌的信徒，但他們開始傳教時，仍不出猶太人的範圍。猶太人雖有少數因此而皈信了基督教，絕對的多數仍是仇視基督教。使徒們既在猶太國內到處碰壁，就向羅馬政權境內的外邦發展。他們最初的對象，還是向僑居在外邦的猶太人宣傳。可是猶太人的性格是倔強到底的，雖在外邦地區做僑民，他們同樣地反對基督教。

使徒們對猶太的同胞無計可施的時候，才想到不妨也把基督的福音施之於外邦人（Gentiles），這項工作的最大功臣，便是使徒保羅。

保羅加入教會是在耶穌死後，大約是西元三十五年。他本是猶太人，屬於以色列的便雅憫支派（The Tribe of Benjamin），生於羅馬基利家省（Cilicia）的首府大素（Tarsus）。他具有羅馬公民的權利，因有羅馬及猶太的雙重國籍，也受到了猶太和羅馬兩國的特別教育。他的居住地又有充分研習希臘學說的機會，所以他一身而兼備猶太的宗教、羅馬的政治、希臘的哲學，他有三方面的學問素養。

我們知道，耶穌在世之時，經其嚴格選擇出來的十二個門徒之中，文化水準實在很低很低！最有學問的馬太，也不過是一名稅吏。如今來了這麼一位人才，對基督教實在太重要了。他以信仰猶太教的虔敬來信基督教，以羅馬政治的長才來從事基督教會的建立與擴展，尤其又以他希臘哲學的思想方法來開創了基督教神學的解釋。所以，《新約》總共二十七篇，署名為保羅所寫的書信（Epistles）竟達十三篇，尚有一篇也在疑似之間。後來基督教的神學，也就一直以保羅的意見為正統的根據。

保羅本名掃羅（Saul），本來是站在猶太教的立場，要借政治的權力來撲滅基督教的。後來卻為基督徒的殉道精神所感動，使他皈信了基督教，轉而成為一個狂熱的基督徒。竭盡智能，受盡折磨，為基督教的信仰而奔走宣揚。以他所具的文化根基作資本，凡是羅馬統轄的各都會，例如大馬士革（Damascus）、賽浦路斯（Cyprus）、帕弗（Paphos）、旁非利亞（Pamphylia）、彼西底（Pisidia）、呂高尼（Lycaonion）、加拉太（Galatia）、弗呂家（Phrygia）、敍利亞（Syria）、基利家（Cilicia）、馬其頓（Macedonia）、雅典（Athens）、亞該亞（Achaea）等省，無不有他的足跡。甚至他在西元五十八年寫信告訴羅馬人說，他盼望至羅馬帝都為羅馬人說教，並計畫向西發展，以西班牙為目的。可見保羅在信仰基督教後的二十餘年之間，如何努力地將基督教向外邦人宣揚。因此他也有了一個賜號，被稱為「外邦人的使徒」（Apostle to the Gentiles）。但到西元六十二年，他到了羅馬，為羅馬皇帝尼祿處死，成了為他的信仰而死的「殉道者」（Martyr）。

初期的教會

耶穌遇難，門徒星散，但當耶穌復活的消息傳出之後，又見政府不再追究耶穌的餘黨之時，除了猶大之外的十一個門徒，就在馬可約翰（Mark John）的家裡聚集起來。加上耶穌的家屬以及虔敬的婦女，總計有一百二十名。並由西門彼得提議，以馬泰亞斯補足十二門徒之數，最初教會的事務，就歸他們十二人主持。

就在那時之後，他們和神團契（Fellowship）有一種來自虔敬心理的神祕經驗，覺得他們都被聖靈充滿。他們和神團契，也連帶到人與人的團契。例如：「所有信了的人都在一起，凡物共有，他們變賣財產和產業，按照各人的需要分給大家。他們同心合意，不但天天恆切地在聖殿聚集，還在各家各戶掰餅。他們懷著喜樂和誠懇的心用飯，讚美神，並且得到全體民眾的喜愛。主就在那裡使得救的人與日俱增。」（〈使徒行傳〉第二章第四十四至四十七節）這是教會生活的起始，也是基督教社會主義實施的起始。這一制度是由猶太教愛散尼派的生活而來，愛散尼派則與印度的宗教生活有淵源。

教徒多了，傳教的區域大了，這種團契生活的組織，除了耶路撒冷的，尚有外邦的。外邦的教會大多由保羅促成，耶路撒冷的教會也常受外邦教會的物質支助。使徒每到一地，有了若干信徒，即成立一個聚會所。當他們離去之時，便把它交給當地的信徒負責而繼續發展。經費概由當地的信徒負擔，使徒只管向前開創，沒有牽累，且能得到各已設教會的後援。所以，這種教會發展迅速。

因為財產共有，故有一些敗類，即來藉過團契生活而坐享其成，寄生於教會。於是，保羅就提出警告說：「如果有人不肯做工，就不應當吃飯。」（〈帖後〉第三章第十節）保羅為了推行他這主張，所以他自己「也沒有白吃過誰的飯，相反，我們辛苦勞碌、日夜做工，免得成為你們任何人的負擔。」唯其如此，始可命令他人「要安靜做工，吃自己的飯。」（〈帖後〉第三章第六至十二節）這倒很像中國禪宗的百丈懷海所主張的農禪生活了。印度佛教的比丘生活是不得販賣耕作的，那是學自婆羅門的僧侶生活，也是佛世各沙門團的通例。但是到了中國禪宗興起之時，若不自食其力，那便無以為生。為了適應環境，須有各自賴以維生的方法。

教會發展的因素

教會發展迅速，共有五個有力的因素：

（一）猶太民族自從受到外邦人的統治以來，散居外地者很多，正像現在的猶太人一樣。不過，猶太人雖散處各地，卻要回到耶路撒冷來守節。耶穌的使徒們在那時代，傳道的精神特別昂揚，充分利用猶太人原有的講道所「會堂」（Synagogue）。他們每逢市鎮，總是先進猶太人的會堂（十多年來臺灣的基督徒，也有跑到佛教的寺院中傳教的，就是學得此時使徒的作風）。猶太人的會堂拒絕被他們利用時，他們就往其他的公共場所對大眾宣講。猶太人之中必有部分因此改變了信仰，這些改宗的人返回僑居地時，就把基督教帶向了外邦的新據點。

（二）基督教出現時，正逢羅馬帝國初成之年，全國和平統一。許多小國的國界被打破，許多民族的舊習俗被解放，各民族的宗教均受寬容保護。故對新起的基督教，政府以為是猶太教的一支而予以自由宣傳。因此，各民族雖有反對基督教的主張，也不能任意攻擊和阻止。基督教即趁勢在羅馬帝國的各地，積極地展開傳教的活動。

（三）自亞歷山大（Alexander the Great，西元前三五六—三二三年）大力推行希臘文化以來，印度北部及黑海沿岸等處，希臘語成了國際通用語言。這使使徒們到各處傳教時減少了語言上的困難。並用希臘文字寫成書信，送給各處不同方域及不同民族的信徒看，以此成為永久的宣傳品，即是後來的《新約》。

（四）羅馬帝國的初期，容受各民族的一切宗教，並立有萬神廟，但羅馬政府頗有統一宗教信仰的企圖，故令各屬邦廟宇皆須供奉皇帝像，期以皇帝神作為宗教統一的中心。基督徒以為羅馬皇帝不是神，不願敬拜，致被控為對皇帝與國家的叛逆，因而遭遇不斷的迫害。但是經過一、二百年後，基督教愈受迫害，愈加旺盛。到西元三一一年，皇帝伽俐略（Galerius），下令停止對基督教的一切迫害，並且給予「寬容」（toleration）。繼起的君士坦丁（Constantine）於西元三一二年爭取帝位，西元三一三年即頒布有名的《米蘭詔書》（*Edict of Milan*），使基督教在歷史上開始受到政府的公認。羅馬帝國最初忽視基督教的力量，繼而壓制基督教的發展，最後卻以基督教作為統一全國信仰的國教，固是基督徒的努力所致，也是羅馬政府的企圖轉了方向所成。有人把君士坦丁之擁護基督教與印度阿育王（Aśoka）之擁護佛教相比擬。其實，阿育王是純由於佛教正法的感召，毫無政治作用的；君士坦丁則是為了博取基督徒的歡心以遂其爭得帝位的企圖。因為當時的基督教勢力已是既成的事實，他是順水推舟而已。所以他在擁護基督教之時，並未成為基督徒。到了西元三三七年，當他臨終的時候，才接受洗禮，加入基督教。

（五）羅馬境內各民族的宗教，均為古老形態的，迷信的色彩極其濃厚，經不起哲理的考察。耶穌之前的希臘哲學，如蘇格拉底（Socrates，西元前四六九—三九九年）、柏拉圖（Plato，西元前四二七—三四七年）的思想，正好已把舊宗教的信仰做了哲學上的攻破。此時的希臘文化正為羅馬各屬邦所學習研究，基督教的使徒及其下的教父們，即繼希臘哲學的餘緒而採擷利用，取其可通於基督教思想的，以壯大助長基督教在學理方面的依傍。尤其在羅馬時代，希臘哲學已失去了先前的創發精神，在保守苟延的狀態下，各末派之間愈是互相爭辯，空談真理，愈是顯得哲學在倫理實踐方面的虛弱無力。此時有基督教出而鼓吹一神的恩典、他力的救濟，反而能夠得到同情。

教會的成長

在使徒時代之初，教會沒有嚴格的組織，結果：「說希臘語的猶太人抱怨那些說希伯來語的猶太人，因為他們的寡婦在每日的服事上被忽略了。」於是十二使徒就從他們的眾門徒中間，「挑選七個有好名聲、充滿聖靈和智慧的人」，辦理其團契生活的供給之事（〈使徒行傳〉第六章第一至三節）。這是教會職司或教會行政制度的開始。

自此之後，教會逐漸擴張，事務日益繁複，教會所需的「執事」（Deacon），也就日漸加多，保羅即為之安上職銜。例如在其達〈哥林多前書〉時，有使徒、先知（Prophet）、教師（Teacher）、行異能者（Worker of Miracle）、醫病者（Healer）、幫助人者（Helper）、理事（Administrator）、方言家等。在〈以弗所書〉，又於先知和教師中間，加了傳福音者（Evangelists）、牧師（Shepherd）。到了〈提摩太前書〉及〈提多書〉時，已反覆說明監督（Bishop）、長老（Presbyter）和各執事等人的資格了：這是西元第一世紀的教會職稱。

到了第二世紀，由於教會的分支日多，又不能不發展成為較大的組織，故產生了管理幾個教區的主教（Bishop）。到了第三世紀，又出現了管理幾個主教區的大主教（Archbishop）。好多大主教之中的權力、位望、德能，則不無差異，而以安提阿喀（Syrian Antioch）、亞歷山卓（Alexandria）、羅馬（Rome）之三城的文化重鎮的大主教為較大。到了西元三八一年的君士坦丁主教會議以君士坦丁城為新都。西元四五一年的喀西但（Chalsedon）主教會議以耶路撒冷為教會的發源地。因此合上前面三城，共有五處的大主教，被公認為與別的大主教不同的教長（Patriarch），統理全羅馬的教政。

西元三九二年，羅馬皇帝替歐豆書一世（Theodosius I）明令以基督教為國教之後，即刺激著教會也要求有個大一統的組織。於是，由於使徒彼得（Peter），是在羅馬城殉道（據說迄今彼得的頭仍葬於羅馬的聖彼得大教堂中）。據說彼得曾在羅馬當過監督，後來羅馬的教長在其餘四位教長中，即自稱是繼使徒彼得的地位而應居於各教長之首。經過一個世紀的爭議，約在西元五百年左右，遂稱羅馬城的教長為教皇（Pope）。

其實，基督教的行政制度，完全是採用羅馬古教的本質，尤其到了以教皇兼任國王，主教有權統治教民的時候，便是政教合一的神政政治。

教會的分裂

由於神學家奧古斯丁（**Augustine**，西元三五四－四三〇年）的鼓吹，除了教會沒有得救之道，教會地位應在國家之上。後來遂有以教會為國上的國，以教皇為王上之王的局面出現。教會置於國家之上，本是一種神聖的表示。但當教會干預世俗政治並利用世俗政治以自肥自大的時候，教會便不能不向世俗的腐化中墮落。凡是政治人物的一切可能犯的罪惡，基督教會的教皇、教士也無一不犯！所以，教會在中世紀造成的種種罪惡，也是罄竹難書。

不過，教會政治化之後，固然壟斷了西方人的文化思想和宗教信仰，造成思想史上的專橫與空白。但對由北方入侵之野蠻民族的感化，也不無功勞。同時，教會為了利用希臘哲學的方法及理念以保護基督教的信仰，故賴教會的蒐集儲存，希臘文化始得以遺留，而為文藝復興保養了元氣。

然而，羅馬教會政治化之後，由於地域及思想上的紛歧，便不得不有派系的分裂。首先，在君士坦丁城方面的教長，與在羅馬城方面的教長發生意見上的不和。因為接近西方的羅馬教會，日與政治結合，混入了政治宗教的塵世腐化；接近東方的君士坦丁教會，仍與希臘哲學為伍，變成了學究宗教的迂闊不經。這是由於教會趨向羅馬化及希臘化的必然結果。

於是，羅馬教長，自以為繼承使徒彼得之後的教會首席領袖而稱為教皇，並要求君士坦丁的教長服從，君士坦丁的教長偏偏不服從以羅馬教長為首的決議。羅馬教長又對君士坦丁教會所立八十五條政治條例，僅認可了其中的五十條。因此，到了西元一〇五四年，東、西兩個教會就分了家。在羅馬的教會，稱為羅馬教會（Roman Catholic Church）或天主教、公教（Catholic，日本譯為加特力教）；在東方的教會，稱為希臘教會（Greek Church）、希臘正教會（Orthodox Greek Church）或東正教。

到了馬丁路德（Martin Luther，西元一四八三—一五四六年）出現，又於西元一五一七年十月，從羅馬教中分裂出了一新教派，稱為新教（Protestants）或稱更正教、耶穌教。在中國則習慣以天主教稱羅馬教，以基督教及耶穌教稱新教。新教之從羅馬教中分裂出，乃是由於羅馬教會的專橫跋扈、恐怖黑暗、腐化頹敗。不過。分裂出的新教，同樣也為西洋史上留下了血腥的污跡。新教與舊教，名稱不同，本質無異，所以有不滿新教的人，又從新教之中，再三再四的分裂，以致迄今新教的教派之多，多達好幾百種。

好在近世以來，各國多已實行政教分隔制度，基督教會雖能影響政府，卻已不能專橫政治了。並在各國的憲法之中，多有明文規定，人民有自由信仰各人所喜歡的宗教的權利，也有不信仰宗教的自由。所以今日的基督教會的各派之間，已不敢有像幾個世紀以前那樣，彼此迫害、互相屠殺的事件了。

第三節　基督教的神學

哲學與神學之間

基督教的神學，從其歷史上的發展而言，可分為四個階段：一、使徒時代，係指第一世紀以保羅為代表的神學。二、教父（Church Fathers）時代，係指第二世紀至六、七世紀之間以奧古斯丁為代表的神學。三、經院（School）時代，係指第九世紀至十五世紀之間以多瑪斯·阿奎那（Thomas Aquinas，西元一二二五或一二二六—一二七四年）為代表的神學。四、近代神學，係指文藝復興之後為了抗拒與迎合近代哲學科學而出現的教會思想。唯以近代的神學，除了有鑑於經院及其以前基督教哲學之不合乎理性，不得已而將神學劃為自然的（Natural）與啟示的（Revealed）兩部分而外，並無新奇可取之處。所以本書僅以介紹前三期的大要為原則。

所謂基督教的神學，就是利用哲學的思辨方法及理念，來為基督教的一神信仰，求得學理上的根據。基督教的信仰，本來極其幼稚，它與原始宗教的本質，僅是五十步與百步之差。從人類學的觀點來看基督教的根本思想，實與各原始民族的宗教相同，並且也即是從原始民族中發展出來。這在本書的前數章中已經分別論列。然而，許多原始宗教，多已沒落消亡，或在苟延殘喘。

唯獨基督教能夠歷久不衰，原因即在於基督教能夠及時吸收外邦的、時代的新思想。它為了適應環境並達到征服異己的目的：若能用破壞的手段完成任務，即行毫不容情的毒辣摧毀；若在無法破壞時，即用懷柔政策來研究之、吸收之，終於融化而吞蝕之。基督教從使徒時代以來，從來未嘗忽略以鬥爭為求存的唯一原則。故對異己者的動向，特別敏感而時時求變，求將異己者變為他們自己而後已。所以，基督教有吞滅其他宗教文化的潛力，卻不易像其他原始宗教那樣地任由時代和環境來將之淘汰。

基督教的警覺心很高，它像百戰沙場的老兵一樣，雖時時準備出槍射擊敵人，卻也不忘時時照顧自己的安全，並能學習敵人的特技來彌補自己的缺點。基督教之有神學，便是因其適時學得了外邦人的哲學的優點而成。事實上，若離了希臘的哲學，根本沒有基督教的神學可言。

神學的源頭

基督教的初期，在使徒們傳道時代，由於羅馬國力的伸張，也鼓勵了他們的野心。羅馬征服了希臘文化的版圖，卻在文化上反做了希臘的俘虜。

如今基督教的使徒們則雄心萬丈，要想用基督教來取代希臘文化的地位而成為羅馬帝國的指導者。因為當時羅馬治下的大都會，例如安提阿喀、別迦摩（Pergamum）、大素、亞歷山卓、羅馬等城市，都是希臘文化的中心區及希臘哲學的學府，使徒們就不得不披上希臘哲學的外衣，來向大眾傳播耶穌的福音。

故在《新約》中，使徒保羅所寫的各篇書信，無名氏的〈希伯來書〉，標名路加及使徒約翰的著作等，無一不帶上了希臘哲學的色彩。在《新約》中也只有〈猶大書〉（*Judas, the Brother of James*）、〈雅各書〉（*James, the Brother of Jesus Christ*）、〈使徒行傳〉、〈馬太福音〉以及〈彼得前書〉等少數幾篇，是純粹猶太化的基督教著作而已。

當然，基督徒不會引火自焚，他們對於希臘哲學的吸取，是有選擇的。影響基督教的希臘哲學，初為斯多噶派（Stoicism）、柏拉圖派（Platonism）、新畢達哥拉派（New Pythagoreanism）、猶大腓羅（Philo Judaeus）。到了中古時代，又採用了亞里斯多德（Aristotle）的哲學。

現將此五派哲學之有被基督教所利用的價值者，分別介紹如下：

（一）柏拉圖派：柏氏之說可足資基督教教父的利用者有二：

一、觀念論—本體論，柏氏以世界分為二：一是觀念的，一是感官的。觀念世界即是宇宙本體；感官世界是神依照觀念世界從「無」創造的現象。所以觀念世界是永恆的存在，是不變的真實；感官世界是暫有的，是不斷變化的。基督教則以上帝為永恆的真理，現象世界是由上帝創造的。

二、人生觀—靈魂論，柏氏以人生也有兩個世界：一面以直覺的理智參加本體世界，一面則以知覺和欲望參加現象世界。使人參加這兩種世界的活動者，就是靈魂。靈魂之屬於本體世界而和觀念結合的，即為直覺的理智。靈魂之在現象世界而和肉體結合的，即為意志和情欲（意志較情欲為高貴）。直覺的理智是理性的，意志和情欲是非理性的。這是柏拉圖的靈魂三分法（Threefold Division of the Soul）如表：

靈魂
- 本體界與觀念結合——直覺的理智——理性的
- 現象界與肉體結合
  - 意志（較高）
  - 情欲（較劣）
  - ——非理性的

基督教也以人分為三部分：靈（Spirit）、魂（Soul）、身體。靈為與神契合的良知；魂為具有活力的生命之源；身體為一切的欲求與嗜好。唯靈可以永存不朽。柏氏以人生受肉體拘限而不自由，唯有靈魂脫離肉體之後，始有無限的真知。這個人生觀已由保羅用於基督教中（見〈哥林多前書〉第十三章第九至十二節），以死為解脫，對死抱樂觀，所以真正的基督徒，不唯不怕

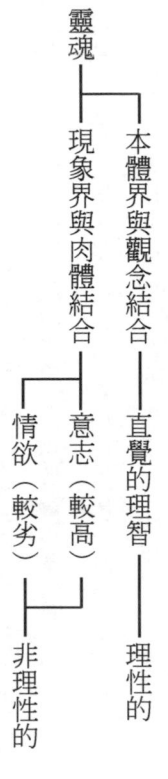

死，而且希望死得早些。

（二）斯多噶派：此派在保羅的家鄉大素，有一著名的學舍。保羅自幼學習了此派學理，然後用於基督教的解釋。保羅以宇宙是普及的世界的存在之「理」。吾人在其中生活、運動、存留；以神為超乎眾人之上、貫乎眾人之中，也住在眾人之內的，萬有都是本於他、倚賴他、歸於他。這顯然是保羅用斯多噶派的泛神論來補充希伯來的超神論的說法。斯多噶派原主張神是存在於物質各分子的中間，萬物皆寓有神，神包羅萬物而並無獨立的格位，乃是普及的存在；希伯來的神則是不在宇宙萬物之中的超宇宙萬物的存在，而創造宇宙萬物。一是泛神論，一是超神論，保羅則引泛神論入基督教，而仍以為神是超人的，有獨立格位的。

斯多噶派又主張，神既是普及的存在，宇宙間一切現象的變化過程，均為神的本質的必然發現，所以主張宇宙之中有定命之說。這又給基督教的預定說（**Predestination**）找到了最好的理由──上帝意志造宇宙，上帝有權威決定一切，人力是無法變更上帝的意志的。人之得救，是神的恩典；若不得救，也無權埋怨神的不公平。神在造物之先已有決定，故也無所謂公平不公平。正像吾人自己賺來的錢，吾人有權自由支配，用掉哪一個錢或留下哪一個錢，無論哪一個錢的本身是無權干涉的。

（三）新畢達哥拉派：畢達哥拉是古希臘的一個宗教改革家。這派哲學是以「數」為基本觀念，以萬有皆由「數」而生成。數有奇、偶，致由數生成的萬有皆有彼此對峙之勢。至於新畢達哥拉派，是以畢達哥拉的「數即神」的觀念，說神只有一位。但在神之下尚有許多依數而分的等級的神，以及在神和人中許多的居間者。這給予基督教教父哲學，尤其是教父中的智慧派（Gnosticism）影響很大，智慧派以為神和人中有好多居間者，他們為要和神親近，故拜那些居間的天使。

（四）猶太腓羅：猶太腓羅（西元前二五—西元五四年）雖是猶太教徒，但其學說卻為希臘哲學（猶太的）到基督教的前導。腓羅的哲學可分作兩方面來說：一、他的宇宙觀是以猶太教思想為根據，並摻雜柏拉圖的超神論，以世界為耶和華所造。耶和華是無形無像的，是自有永恆的靈，他不直接創造世界，是用間接的能力（Potency）。能力的統一就是「道」（Logos）。「道」的原意是話語。世界是藉神的話語而創造。宇宙的管理、運動、存在，也是「道」所支持的作用。二、他的人生觀也以猶太教為本，摻有柏拉圖和畢達哥拉的二元論，以及亞里斯多德和斯多噶派的階級說明。他以為人從神的「道」而有靈魂。由於不順神的理智，墮於體質之內，而和感覺結合，被禁於肉體的牢獄。若要恢復靈魂的自由，就在求得肉體之物欲的解脫。他一面主張人要克苦自制其私情惡意，一面又主張人要信仰神力相助，和神契合。靈魂本出於神力，復返於神則靠自力修行（斯多噶派的精神）和信仰神助（猶太教精神）。

（五）亞里斯多德：在經院哲學的第一期以前的基督教神學，是以柏拉圖的思想為主流。經院哲學的第二期，始於西元十三世紀，則以亞里斯多德為主流了。這是由於自由思想的漸漸抬頭，有人提出了好多使教會難以解答的問題。

例如：神之創世是否預知？假若預知，則預知了而又不得不去創造，神的自由何在？倘若不預知，那麼神之無所不知又做何解？創世之前神在何處？神不能在天上，因為天也是神所創造。倘若人無「原罪」，可以不朽嗎？如果那樣，人如何生殖？於是，讓基督教的學者向亞里斯多德發出了求援的呼號。

起先的教會是歧視亞里斯多德的，到了西元一二五〇年以後，竟又宣布凡是反對亞里斯多德的即是異端了。原來，亞里斯多德主張神存在於宇宙之外；同時，教會對於自然科學的興起也日益窮於應付，而亞里斯多德卻是一位邏輯學家、物理學家、形上學家、道德家。所以，教會利用亞里斯多德，一方面抗拒泛神思想，一方面解答「自然」的問題。

其實，照英國近代哲人羅素的看法，亞里斯多德的神學，未必全合於基督教的觀念。亞氏的上帝是沒有基督教中主宰之屬性的，上帝是不知有我們人世之存在的；上帝是因被愛而產生運動，所以生物皆知有上帝。所以亞氏正和斯賓諾莎一樣，以為人應該愛上帝而上帝無法來愛人。（羅素著《西方哲學史》第一卷第十九章）

教父哲學的異說紛紜

所謂「教父哲學」（Patristic Philosophy），是指基督教組織教理時代的學說。在第一世紀的使徒們，雖已利用希臘哲學來解釋耶穌的教義，但尚是片段的、無系統的。到了第二世紀之後，凡是對教會教義上著有功績的教士，稱為教父。他們的學說已有組織條理，並以此期的組織教理時代而對稱經院哲學為證明教理時代。

教父時代的神學家頗多，正統的問答派，則以克勒門（Clemens of Alexandria，西元一五〇—二一三年）及其弟子婀利振（Arigen，西元一八五—二五四年）開其端，而至奧古斯丁（Augustine，西元三五四—四三〇年）集其大成。實際上，教父時代的神學家分為三大派：

（一）智慧派（Gnosticism）：此派不但注重希臘哲學，並且染有波斯思想，其主要人物有薩士泥路（Saturninus）、卡帕拉第斯（Corporates，西元一三〇年左右）、巴綏利斯（Basilides，西元一三〇年左右）、瑪西安（Marcion，西元一四〇年左右）、法魯第奴斯（Valeutinus，西元一六〇年左右）、巴德桑斯（Bardesanes，西元一五五—二二五年）。他們想把基督教作為一種歷史哲學來敘述，使信仰與知識結合。他們以為世界最初有善靈與惡質的對敵，最高的神為原善，他不時射出屬靈的活物叫作「安」（Aeon），最後射出軟弱而具有陰性的一個，以其無力自存而落到惡的質內而化為一個混沌的局面。由此局面而生的一個大匠，即是耶和華。由耶和華創造世界，靈墮落到質內，即世界有罪惡的起點；人若脫離體質，便可復歸於善靈。基督救人，就是他能賜人智慧，令人知道如何脫離肉體（質）的轄制。人皆軟弱而不能從靈與質戰、善與惡戰、光明與黑暗戰、精神與肉體戰之中獲得勝利，只有耶穌是人類發展的最高點而完善無缺。故他們不以耶和華為最高的神，也不是天父，而是由最高神射出之靈與質混合的一個大匠，叫作迪茂其（**Demiurge**）。因此，他們以為最高神是與凡塵隔絕的，神人交往則藉居間的許多天使之力。所以，天使成了他們敬拜的對象。為了使靈戰勝於質，他們又用各種方法來苦待肉體，例如禁戒食物和婚嫁等。

（二）辯護派（**Apologists**）：此派是絕對的擁護基督教義的學者，一面對教外人士辯證基督教是合理的宗教；一面對教內人士保守基督教的真理而攻擊異端。智慧派的領袖即被此派視為魔鬼的兒子。對教外說教的教父之著名者有阿里梯斯（**Aristides**，西元一、二世紀間人）、遮斯丁（**Justin**，西元一〇〇—一六六年）、阿綏拿哥拉斯（**Athenagoras**，西元一三三—一九〇年）、特仙（Tatian，遮斯丁之徒）；對教內異端攻擊的教父之著名者有哀利紐（**Irenaeus**，西元一三〇—二〇二年）、特特連（**Tetullian**，西元一六〇—二二〇年）、希帕利脫（**Hippolytus**，西元一七〇—二三六年，哀利紐之門人）等。此派尤以遮斯丁為最傑出，他以為基督教是世界唯一的真哲學，它包括人們一切研求而來的真理。凡真理則皆是「道」的啟示，「道」成了肉身，就是耶穌基督「住在我們中間，充充滿滿地有恩典有真理」（借用使徒約翰之說）。然而，「道」在太初就有了的，並已給了歷代聖賢如畢達哥拉、蘇格拉底、柏拉圖等以真理的啟示。故在耶穌以前，世上已表現了真理。不過，除了耶穌，其他聖賢所得的啟示皆不完全，也不永恆，必待「道成肉身」的神的兒子耶穌基督來臨，啟示就完全了。吾人之得救，故也必得倚賴耶穌。此派主張，假若哲學與信仰衝突，則寧捨知識而取信仰。正如特特連所說：「我所以信仰，即因其無條理。」此派因而極力擁護《使徒信經》（*Apostles Creed*）之要道─信神為創造主、全能的父；信耶穌基督是神的獨生子，為人類的救主，由童女生，被釘十字架，已復活，將再來；信聖靈永生。

（三）問答派（**Catechists**）：由於左傾的智慧派及右傾的辯護派之衝突，在盛行折衷主義的亞歷山卓城，即出現了調和兩派意見的問答派，那就是該城一所基督教學院，出了兩位著名的院長克勒門及其弟子婀利振。

克勒門的傳世著作有《忠告希臘人書》及《教育者師說》等。他以希臘哲學比作野橄欖枝，將之與《聖經》真理的根相接，必有美果結出。他以為神雖超絕於凡塵，但是人類仍可與之接近。他是偏愛柏拉圖及斯多噶派哲學的人，故以為人有住在觀念世界的靈魂。靈魂和身體的聯絡是自然的事，說不上墮落的話。不過人類在生活上確有罪惡，故要靠耶穌基督以得救。婀利振的西文名字又有**Origen**或**Origenes**，他是繼克勒門之神學而大成者。

他的思想係受柏拉圖、腓羅、新畢達哥拉派的影響。他的著作相傳大小有六千餘卷，而以經二十七年的時光所改訂的《舊約》最有名，稱為《黑薩鋪拿》（*Hexapla*）。六行刊本：是用希伯來、希臘、亞居拉（**Aguila**）、色抹曲斯（**Symmachus**）、七十士（**Septuagint**）、提阿多仙（**Theodotion**）等六種文字並行書寫的本子。

他另有一部《神道總論》（*The Introduction of Theclogy*），為一系統的神學書。他於三方面來看《聖經》—有三種義理：一、屬文字的，二、屬心理的，三、屬性靈的；文字顯而易見，心理則當用想像，性靈的多賴靈修的工夫方可領悟，此三種當以性靈的解釋最高貴。他以神為獨立的永存、全能的創造者。神用以創造世界的為「道」。神與萬物並無個體的直接關係，神唯與「道」有聯絡。「道」非由於創造，乃由神的意志生出。

因此，神和道為父與子，又由道而生出聖靈（**Holy Spirit**）。於是，聖父（神）、聖子（道）、聖靈（普及於教徒心中者）的三位之間，有其從屬關係而非平等的。世界為神的自由意志所創，世人皆有自由意志，無奈其濫用自由意志而犯罪墮落，耶穌（即是道）便照神的意志來為人類贖罪而做犧牲，所以，信仰耶穌的就可得救。

教義神學的三大論爭

此所謂的教義神學，是教父時代的基督教哲學。他們論爭紛起，息爭的方法是召開主教會議。第一次全國性的主教會議，是由君士坦丁大帝支持在小亞細亞（今之土耳其）的尼西亞城召開，故稱「尼西亞會議」（Council of Nicaea，西元三〇五年）。照例，凡是與保羅以來的正統思想相異的見解，均在各次的主教會議中被斥為異端。對那些異端思想的論爭，約可綜為三大綱領：

（一）神性論（Theological）：基督教的上帝觀，是以「三位一體說」（Trinity）為正論，即是以聖父、聖子、聖靈為同體、同質、同性、同權。到教父時代，解釋者頗眾，例如婀利振、阿他那修（Athanasius，西元三七三年）、以及神格唯一論（Monarchianism）、阿利烏（Arius）等各說互異。到尼西亞會議中，始公決以阿他那修之說為正，並指斥阿利烏之說為異端。阿利烏懷疑基督的神性與上帝的唯一性，他以為子（耶穌）是由父（神）造，聖靈又由子（耶穌）造，三位之間各有等第而非同一；阿他那修卻認此說不合《聖經》所載，而主張子與父為平等一體之說。繼而又於喀西但會議（Council of Chalsedon，西元四五一年）及塔利都會議（Council of Toledo，西元五八九年），決定了聖靈也和聖父、聖子同一，就成了基督教的正統信仰。

（二）基督論（Christological）：智慧派中有人以耶穌是神而幻為人；有人則以為耶穌為一

普通的人，唯於受洗時得神體從天下降以附其身，阿利烏之說與此相同；阿他那修則以耶穌為神而具有人體人性；聶斯托留亞（Nestorius）主張耶穌有兩個身，一是神身，一為人身，故他反對稱瑪利亞為上帝之母，因為她只是耶穌的人身之母，耶穌的神身即是上帝，上帝豈尚有母？又有歐推契（Eutyches）主張耶穌基督的一身神與人之二性合一，人性即融神性之中，故耶穌的體質也異於常人。異說太多了，遂在君士坦丁會議（Council of Constantinople，西元三八一年）否決了幻體說及附體說，以弗所會議（Council of Ephesus，西元四三一年）否決了聶斯托留亞的二性分離說，喀西但會議又推翻了歐推契的一性融合說，而定耶穌基督是真神，也是真人，具合理的形態和心靈；按其神性則與上帝同質，按其人性則與人類同質，凡事皆和人同，只是無罪。

（三）人性論（**Anthropological**）：關於人的性質，也有好多爭執。奧古斯丁以為人自始祖亞當犯罪以來，即有原罪的遺傳至子孫萬代，人在罪中沒有抗拒之力，也無自救之能，幸賴神遣耶穌基督來代人類贖罪並賜予信心，始得脫罪。當時的隱士皮拉古（**Pelagius**），主張人類始祖犯罪當與後人無關，人之犯罪或行善，皆由自己意志決定，得救是在於有堅強行善的意志，照著耶穌的榜樣而行，耶穌也僅以作為行善的榜樣救人，而非為人贖罪。所以，即使沒有耶穌，人靠自己也能自救，雖無聖靈相助，人也能夠行善。但在西元四三一年在以弗所召開的主教會議中，公決皮拉古之說為異端，而以奧古斯丁之說為正說。

以上所舉的許多被斥為異端的教父之中，有兩位極可注意的人物：一是阿利烏，他的思想形成為「阿利烏主義」（**Arianism**），雖被尼西亞會議所排斥，卻仍極為盛行了好幾百年，特別是在羅馬帝國的東部，並且獲得君士坦丁的嗣子君士坦丟斯（**Constantius**）的正式支持，一時間幾乎要將此派成為羅馬的國教。北方蠻族入侵羅馬之初，也多是接受此派的感化而入教，後來始漸漸地因天主教的團結對抗而失勢。

另一位是聶斯托留亞，他的主張雖於西元四三一年在以弗所召開的主教會議中遭受排斥，後來卻盛行於敍利亞和波斯等國。在唐朝太宗貞觀九年（西元六三五年）傳來中國的景教，便是此派的支流。到了西元十六世紀，又由西班牙及葡萄牙的教士，將此派的信仰傳去了印度。

奧古斯丁

教義神學由婀利振（西元一八五—二五四年）開端，至奧古斯丁（西元三五四—四三〇年）集其成。奧古斯丁是非洲人，他一方面是哲學家，一方面是宗教家，他的哲學思想和他的宗教信仰卻經常發生衝突而自相矛盾。他的名著有《懺悔錄》（*Confessions*）和《上帝城》（*City of God*）。他以智慧與上帝同視，有了智慧即有了上帝，真哲學即真宗教。但是信仰卻在理智之先，凡事先信了再去理解它。他主張萬物是由神創造而非由神流出，但他又覺得神仍受「絕對之善」的支配，這就是他的矛盾。他以為上帝是永恆的，在上帝來說，無所謂前，無所謂後，唯有永恆的現在。當他造出世界的同時，也就創了時間，但他覺得此理仍有未通，所以只好祈禱上帝：「主啊！我向你坦白，究竟什麼是時間，我現在還是一無所知。」又說：「我的靈魂，想知道這個最惱人的謎。」他的宗教信仰使他的哲學思想落在惶惑不知所以的陷阱中，真可謂天真極了。

奧古斯丁以為上帝是永恆的、受福的，但是，地獄和撒旦雖亦永恆，卻不受福。他又以為天使有好的、也有不好的；世界的年齡尚不到六千年；上帝創造宇宙之以六日完成，第七日休息，是因六是完數（其實，安息日起源於巴比侖，世界許多民族也均有安息日，而且各各不同，基督教是星期日，猶太教是星期六，希臘是星期一，波斯是星期二，亞述是星期三，埃及是星期四，土耳其是星期五。一週之中日日均有民族過安息日，這可能與太陽系的七大行星的崇拜有關）。

奧氏以為，自亞當、夏娃墮落人間之後，世界乃分為兩個永久的城市：一受上帝統治；一受魔鬼騷擾。人類由於原罪而永受天譴，致於永恆的死，但因上帝的恩惠，乃遣子降臨代為贖罪而救了許多人；教會代表上帝，如不屬於教會的人，必將永受苦難而不得救。世界既分有永久的上帝城及魔王城，所以上帝也將人類分為特選的及不可救的兩類；人之被選，乃出於上帝的恩惠，不是因為做好人而升天堂。受洗加入教會，即有得救的希望；若未受洗而死的人，雖為初生的嬰兒，都要打入地獄。這是很難理解的主張，無怪乎羅素在他的《西方哲學史》第二卷第四章中要說：「試想一下，未受洗禮的嬰兒，也要受到譴罰」，「真正相信初生的嬰兒，就是撒旦的肢體。在中古時代的教會中，有許多最獰惡的事，追本溯源，是應由奧氏這一沉鬱悽慘、人人有罪的觀念，來負其責任的。」

羅素又說：「真正使得奧古斯丁感到頭痛的，只有一個理智上的難關。」「如果原始罪是承繼自亞當，有如聖保羅之所說，則靈魂也和身體一樣，一定是由父母傳遞出來，因為罪是屬於靈魂的，不是屬於身體的。這個難關他也看見了。但他說：《聖經》於此，既無一言，則關於此事，要達到一個公平的見解，實非拯救之所必須。所以他就將之留下來不解決它了。」（同上引）

修道主義者

約在第四世紀之初，基督教的修道運動（Monastic Movement）同時起於埃及和敍利亞。它有兩種形式：一為索居的隱士，一為寺院的僧侶（Monks），這是受了東方宗教生活形態的影響而來。

第一名隱士是聖安東尼（St. Anthony），約在西元二五〇年生於埃及，西元二七〇年開始隱密了十五年，以後則到沙漠中又隱了二十年，約在西元三〇五年才出來宣講並鼓勵隱士生活。他極端地實行節飲、節食、節睡，但他說常有惡魔以淫欲的景色干擾他。當他去世之時，鄰近埃及的沙漠西拜德（Thebaid）便充滿了隱士了。

聖濟朗（St. Jerome）也是一位隱士，西元三四五年生於阿奎里亞（Aquileia）不遠的一個小鎮。先在阿奎里亞修苦行，後到沙漠中隱居。據說：「在沙漠中時，他過的是深自悔恨的生活，熱淚盈眶，喃喃自語，有時又間以精神上的狂歡大樂。而憶起羅馬的日子時，內心又不免有點搖搖欲動。」（見《西方哲學史》第二卷第三章所引）

在濟朗的信徒之中，有兩位出色的女性，那就是寡婦寶拉（Paula）和她的女兒尤斯妥倩（Eustochium）。他曾寫信勸尤斯妥倩守童貞，並指導她如何克制性欲的煩惱。照他說：修女是基督的新娘（此可能與印度教中傳說未嫁的處女均屬乾闥婆神有關），他說：「你可讓你閨房的祕密來防衛你；你可讓新郎在你的內部與你遊戲。你祈禱嗎？你可以對新郎說話。你讀書嗎？新郎對你說話。你入睡的時候，他會來在你後面，將他的手插入門眼中，你的心便會為他所動了；於是，你會醒來起身說道：『我實在厭倦愛情了。』他便答覆你說：『圍著花園，是我的姊妹、我的伴侶；這是關閉的泉水、封住的水源。』」這是一種移情作用的觀想法，觀想成功，確也有用。所以此後有些虔敬的貞女，竟在觀想中，幻覺到耶穌的肉身真的來擁抱她們了。

說到性欲問題，奧古斯丁也有一個不合情理的主張，他以為婚姻中的性交，如果本意是在生產子女，則不為有罪。但是要做到無淫思而只是性器官服從意志來操作，正像用手做工時，是將手運動而無邪念一樣。他以為亞當、夏娃在未犯罪前，若性交，亦可無淫思，性交之中之所以有淫念，正所以懲罰亞當的罪過。這是說，未墮落的天使，為了生子女，可以有淫行，但卻無淫念。這種說法是可能的嗎？

再說基督教的寺院僧侶，實在也是學自東方宗教的。雖然耶穌曾說不結婚「這話不是所有人都能接受的，只有誰被賜予了，誰才能接受。」（〈馬太福音〉第十九章第十一節），保羅則說：「沒有結婚的男人所掛慮的是主的事，是要怎樣討主的喜悅；而結了婚的男人所掛慮的是世界的事，是要怎樣討妻子的喜悅，這樣他就分心了。」（〈哥林多前書〉第七章第三十二至三十四節），但未規定教士獨身，到了西元四百年左右，教會始規定教士不結婚。耶穌固未結過婚，他的十二門徒之中，確知未結過婚的，僅有約翰一人而已，聖彼得就是結過婚的。

至於基督教的第一所寺院，是由另一位埃及人柏柯美亞（**Pachominus**），約在西元三一五年所建立，院中僧侶過共同生活，沒有個人的私產和私食，並且一同舉行宗教的儀式。其院設於尼羅河中一島上，大可容下數千人。又有巴錫爾（Basil）繼之而建於東方者，名聞亦著。院眾定時祈禱，並課以勞作、嚴持戒律；大體以無所有、貞潔、從順之三事為主。

在西方的修道主義者中，最著名的是班尼狄教社的創始人聖班尼狄（St. Benedictine），他約生於西元四八〇年。十二歲時即遁居於一個山洞中住下三年。約在西元五二〇年，創建了著名的加西諾山修道院（Monastery of Monte Cassino），並擬訂了班尼狄規約。

住在修道院中的男者名為摩那丘斯（Monachus），女者名為衲那（Nona），猶如佛教寺院的比丘及比丘尼。他們除行通常的宗教儀式之外，唯以祈禱、冥想、手藝或耕墾等，為其日常生活。修道院圍以墻垣如城廓，使院眾不與塵世通往。後來則將其宗旨一變，謂不宜以自修為滿足，更須以己之所得，感化他人。由此而盡力於傳道及慈善、教育事業，遍設學校、醫院。歐洲中古的經院哲學及其文化之推行，亦即由此修道院的基礎之上開出來的。

第四節　中古以下的基督教

中古時代

中古時代（Middle Ages）這個名詞，在西洋史上有好多不同的說法。大致說：自西元四七六年西羅馬政府覆亡至文藝復興時代的千餘年之間，稱為中古時代。另有從西元六百年至一千年之間，為歐洲中古的「黑暗時代」（The Dark Ages）；從西元九世紀至十五世紀之間，為基督教中古哲學即經院哲學的時代；從黑暗時代之末期到西元十四世紀之間，為歐洲中古文明的「封建時代」（Feudal Times）。總之，此所謂歐洲的中古時代，是一段不景氣的歲月，北方蠻族的入侵，十字軍的東征，教會對異端的討伐。教會在此期間權力高升，獨攬了宗教信仰及文化教育，在在說明基督教在此時代是扮演著極重要的角色。

基督教會在中古時代，雖為西洋文化保存了一線等待再興的生機，但也阻礙了新文明的產生。在此期間，西洋文化的變遷是向下而不是向上，西元一千年，可以作為西歐文明降至最低的一年，所以稱為黑暗時代。因為羅馬時代的公立學校都已關閉了，文學、科學、美術，沒有任何傑作可言。

中古的封建制度，是由貴族武士因保護領下的人民抵禦外來的武力劫掠而自然形成，所以有似古印度的剎帝利階級。封土的領有者名為領主（Lord），有時也稱主君（Liegelord）或藩主（Suzerain），土地的執有者稱為附庸（Vassal）。領主與附庸皆出身貴族，都是戰鬥人員，分有公、侯、伯、男等階級，這些貴族之下各養有一批名為騎士的戰士。土地的耕作者有自由農及農奴，自由農有自由使用某些土地之權及自由去留之權，但為數較農奴為少。農奴的身體不屬於領主，但屬於土地，因他們沒有領主的許可，不得離開土地，領主卻不能出賣他們的身體。

中古教會的權力既高，區域的主教或修院的院主也就封建化了。很多主教的封建權力的性質及其封土的面積之廣，都無異於貴族，而且是大貴族。雖受教會的禁令，他們不得自己攜帶武器，但卻常常派遣附庸作戰。一區的主教，無異是藩主，因此，為了權職的爭取，教會之內的人事制度即受到弄權者的操縱，教士的私生活也腐敗荒淫到極點。西元第十世紀的上半期，羅馬有兩個有名的婦人—狄奧多拉（Theodora）和她的女兒瑪洛西亞（Morazia），操縱教會的聖職達數十年。當時的教皇約翰十世，為狄奧多拉的姘夫，以她之力而為教皇；約翰十一世教皇則為瑪洛西亞與另一教皇所生的私生子；約翰十二世教皇，又是瑪洛西亞之孫。其他各重要行省或主教轄區的教會聖職，亦復如此。竟有以五歲的兒童繼任大主教之位者，二十歲以下的少年被任為大主教或主教者，則比比皆是了。

教會教育

中古時代的教會及修道院，均有龐大的地產及農奴（Serfs or Villeins），所以，為了培植更多為教會工作的人才，並為慈善的出發點，附設學校乃極普遍。不過，教會及修道院只辦高級學校，初級教育則由世俗人士去辦。在沒有學校的農村中，則由教區的神父或鄰近寺院的修士、修女，將宗教教義以及教徒應盡的本分，口授給他們。很多貧窮而有特別天分的男孩，常由當地神父施以單獨教育，然後送入教會或修道院的高級學校就讀。因此，中古時代的許多大學者、大政治家、大作家，乃至教皇，多是由貧寒子弟出身的。

教會教育的結果，便造成了教士（Clerks）人數的激增，因為許身教會而受教會辦的高等教育，是平民青年擠入上流社會中去的唯一途徑。特別有一項法令鼓勵了青年們蜂擁地進入大學之門，那就是中古時代以大學為教會的組織之一。教會不受國法的制限，大學生也不受普通法庭的裁判，即教會法庭亦無權管轄，而由大學自組法庭，審理其民事案件。何況大學出身的人，不論是否真的去做教會的神父（事實上很多人受完大學教育之後並不做神父），但皆被教會列入教職的一類而稱為「教士」，不受國家的任何管束，不納捐稅，除了教會法庭之外，也不受任何法庭的審訊。因此到了亨利三世時代的牛津大學的三萬學生之中，大多數是無業流氓，以學校為護符，專做嫖賭、爭吵、行竊的勾當了。

教會及修道院的教育雖如此的興隆，但在文化思想上卻無何進步，而且是扼殺了文化思想的進步，原因是基督教的目的是，為培養教會的宗教人才，所以他們的教育方法是填鴨式的，不是啟發式的，大多數學生不能自備書本，僅能聽講及記筆記。中古的神學家們雖也研究問題，但其僅用演繹法的推論，而不採分析的法則。他們無論研究什麼問題，在未研究之先，早就有了結論，是根據結論而把問題的資料擺進那個結論的型範內去。當然，他們是為宗教信仰及為維護他們的宗教信仰的不受外力破壞而做學問，所以，他們是先從宗教的信仰上取得了結論，然後再來研究問題的。所以基督教的神學是一堆舊絲廢麻纏成的東西，是為無事而忙的東西。它本身沒有任何新內容，也不會開出任何新鮮的花朵。直到現在，凡是基督教學者的作品，仍多未脫這種先有結論後解問題的型式，乃至未來，也不可能有多大的改觀，否則，他們勢必脫離基督教而另覓枝棲。

煩瑣哲學

煩瑣哲學（Scholasticism）即是經院哲學。天主教人士不喜用煩瑣之名，稱之為士林派哲學。實則，拉丁語的「Schole」一字，是學校的意思。中古時代教會及修道院附設學校，一切學問為教會所壟斷，學者皆須集於修院以研究學問，故以「經院學者」（Schoolmen）呼之。經院學者的神學，皆因轉著大圈子用哲學解釋基督教義，迂曲而繁碎，所以被史家稱為煩瑣哲學。

一言以蔽之，中古的西方哲學，只為「謀天啟與人智的調和而已」。史家通稱教父哲學為組織教理的時代；煩瑣哲學為證明教義的時代。從其過程演化上說，自第九世紀至十五世紀的六百年間，煩瑣哲學可分作四期：

（一）準備期：此為第九至十一世紀間，著名的學者有給爾貝（Gerbert）、貝倫伽（Berengerius）、朗布蘭克（Lanbranc）等。

（二）發展期：此為第十二世紀，有名的學者有安瑟倫（Anselm，西元一〇三三—一一〇九年）、倫巴（Lombard，西元一一〇〇—一一六〇年）、洛色林（Roscellinus，西元一〇五〇—一一二五年）等。安瑟倫倡導實在論（Realism Medieval），謂宇宙本來實在，即離去吾人觀念，萬有依然存在。洛色林倡導唯名論（Nominalism），主張宇宙萬象，生自吾人之心，吾人認識神的創造成果，所以神亦不是抽象的。

（三）鼎盛期：此為第十三世紀，此期之盛，多係受了阿拉伯學者的影響，中古東方的伊斯蘭教國家及西班牙的伊斯蘭教朝廷，累世獎勵學術，他們的學者，多譯亞里斯多德之著作，並加以訓註，應用亞氏思想組成宗教哲學。當這些書籍傳到西歐，被基督教學者得到後，竟是他們正要找求來作為替神學辯護的利器。於是，教會學者相率捨去柏拉圖而宗亞里斯多德了。在此期間，最有名的神學家則有大亞勒伯圖（Albertus Magnus，西元一二〇〇－一二八〇年）及其弟子多瑪．阿奎那（Thomas Aquinas，西元一二二五－一二七四年）與鄧．斯各脫斯（Duns Scotus，西元一二六五－一三〇八年），其門下各成宗派，稱為多瑪派及斯各脫斯派。此二人被稱為「半唯實論的逍遙主義」（Semi-Realistic Peripateticism）。

多瑪於西元一二六一年著有一部《神學大全》（*Summa Theologiae*），天主教至今仍把它作為神學課本。多瑪以為宇宙實體分作二類：一為實在的實體，二是抽象或消極意義的實體。實在的實體又分為二：一是單純的、常德的，此即是神；二是形式與質料相合而成的，此即是萬物。神為形式的形式，故無生滅；神為真理，故神常存。亞里斯多德所謂的潛在之與實在，多瑪即比作自然之與神恩，常人之與教徒，國家之與教會，帝王之與教皇，哲學之與神學的二分法了。這些二分法中，前者只是手段，後者才是目的。多瑪以為上帝雖不被動，但祈禱還是有用，這真令人覺得莫名其妙！上帝既不被動，向他祈禱又有何用？多瑪以為靈魂並不是以人的精液而傳遞，而是在各人各為上帝重造出來的，這也使人難懂難解，譬如一個人不是由正式婚姻關係而生的，似乎要使上帝來做通姦的助手了！如果靈魂不是傳遞的而是重造的，它怎麼又會承襲亞當所犯的罪呢？上帝為何又要不斷地造出新的靈魂來使之受罪呢？

（四）衰頹期：此為第十四、十五世紀，衰頹之因有三：一、威廉．屋肯（William Occam，西元一二八五－一三四七年）的絕對實在論抬頭。屋肯以為物之本身，終不可認識，所認識者僅其名目。故宗教之信仰不能以理性認識之。因而，合理的神學，不可能成立。哲學與神學、信仰與知識、國家與教會，應該分作兩回事來討論。於是學問獨立，研究自由，損壞了神學。二、神祕主義（Mysticism）的興起。這種主義重情感而斥究理，此在教會中由來已久，到十四、十五世紀又分正統派及自由派。正統派雖重視神祕經驗，但尚不敢公然背離教會的宗義；自由派則已不理教會的宗義，全憑自己胸臆的宗教經驗，標新立異，並捨拉丁文而改用各國國語著作。此對煩瑣哲學之衰，影響很大。三、研究自然哲學的風氣漸開。教會神學是經不起用自然哲學來衡量的，可是十三世紀中的羅哲．培根（Roger Bacon）開其端，以為人知有三種：一是從權威（如上帝有權威）出者，二是由推理（演繹）出者，三是實證得者。此乃是一切觀察的最後斷案。由培根而繼起的學者不絕，同時，阿拉伯學者在自然科學、哲學方面的成就，也使歐洲學者促起其研究自然的興趣，雖有教會的迫害壓制，也如弦上之箭，已不得不發了。

經院哲學的末期，正統的神學衰落，自由思想抬頭，神祕主義興起。於是，在世學方面有西歐的文藝復興（Renaissance），而產生與天主教之神國希望相悖的人道主義（Humanism）；在宗教方面有反對羅馬教會的宗教改革，而產生了復元教。復元教被天主教貶稱為裂教或誓反教，它與羅馬教會的本質相同而形式觀念稍異。例如：一、羅馬教以教皇為真理的標準；復元教則以《聖經》為定理。二、羅馬教以教會職員及古代聖徒，是一般信徒與神交通的中間人；復元教則以一般信徒皆可直接敬神。三、羅馬教以人之得救，須遵行教會的許多規例；復元教則以人之得救，唯在信仰耶穌。

由此可見，從宗教的歷程上說，羅馬教尚未脫離原始宗教以祭司為中心的型態；復元教雖稱恢復到耶穌的本意，實則是受了時代思潮的刺激而產生的修正宗教。可惜，當此自然哲學昌明的時代來臨，凡是有神論的宗教，均感有千頭萬緒的問題日益困擾了它們。多神教固落於無可理喻的迷信之譏，一神教同樣也有此路不通的根本危機。基督教會不得已而只好承認，神學應該分為「自然的」及「啟示的」兩部分。實則，自然的神學根本不是基督教的財產，而是哲學家的業績。唯有啟示的神學才是基督教的遺產。前者是理性的學問，後者是（不必用理性來衡量的）情感的信仰。理性的學問和情感的信仰分家，基督教只剩下了情感的信仰而與理性的分析離了婚，這正是基督教的「病灶」。

為了挽救這種危機，近代的基督教學者，已在從多方面來求變通。例如對於中國儒家思想的鑽研融會，對於佛教思想的探究吸收，對於近代各家哲學的學習模仿，對於科學精神的容忍接納，在在都表現出基督教之不願就此滅亡的熱望。不論基督教的本質能否接通時代的新思潮，他們確實是在朝著這一方向努力，至少，由基督教會培養出來的很多人才，能夠使人產生一種基督教並不落伍的感覺。

為了保持基督教會的繼續發展，他們時時注意客觀環境的變化，他們除了自我整頓改革其教律之外，教會中的有識之士，均將大部分的時間用之於一般的學藝上面，以對人群的服務來作為吸收信徒的手段。神職人員在大學及中學裡教書，教的雖不是神學，卻能收到間接傳教的功效。教會盡量地辦一般教育的學校，利用課外活動，來吸收信徒。這都是中古時代的遺風，所不同者，中古時代僅僅教授神學，現在是以教授一般的知識為主。

正因為基督教的教育普及，他們能夠培養出很多人才。雖然基督教的神學，經不起理性的考察，但既接受了教會的培育，豈能不感恩圖報！尤其是先入為主的心理，也能使許多人進入教會之後，便對它深信不疑，至少也不忍反唇相譏，這是他們傳教方法的最大成功。所以，近代世界各國的大政治家、大教育家、大實業家之中，不乏是基督教的信徒。

第九章　伊斯蘭教

第一節　伊斯蘭教的起源

伊斯蘭教的名稱

伊斯蘭教，又稱回回教，這是中國人給它的名稱。伊斯蘭教傳入中國的年代有兩說：一為唐太宗貞觀二年，即西元六二八年，此說見於威爾斯的《世界史綱》第三十章末節；一為唐高宗永徽二年，即西元六五一年，此說見於《舊唐書．高宗本紀》。因為是由回紇傳中國，故稱回教。回紇本為匈奴的苗裔，後魏時稱為高車，或稱袁紇、烏護、烏紇，隋時稱韋紇。本屬突厥人所管，到了中國的唐代，叛離了突厥而始稱回紇，遂散居於今之新疆省東南部。宋、元時代併於蒙古，號為維吾爾。又因為與回紇同一宗教信仰的諸國，被稱為回回國，所以將其宗教稱為回回教。古代伊斯蘭教諸國，在今之小亞細亞土耳其一帶，即是花剌子模之地。

事實上，伊斯蘭教在世界通用的名稱，叫作穆罕默德教（Muhammadanism），這是由於伊斯蘭教係穆罕默德所創。但在穆斯林們，並不喜歡用穆罕默德作為他們宗教的命名，他們自以為是伊斯蘭教（Islam），這在他們以為是所奉的唯一神阿拉（Allah）規定的名稱。伊斯蘭的意思是服從，即是服從上帝阿拉的宗教。因此，穆罕默德教或伊斯蘭教，這兩個名稱均為世界所通用。

除此之外，中國尚有把伊斯蘭教稱為清真教，這倒是穆斯林們非常歡迎的名稱。他們以為：清是清潔，清潔肉體，也清潔靈魂；真是信真主阿拉，求阿拉規定的真理，講阿拉規定的真話，辦阿拉規定的真事。穆斯林無一事物可不奉阿拉之名而得成就。故當他們「順教」時，必須誦念清真言三語：「我證萬物非主，唯有真主，穆罕默德是主的欽差。」所以又自號為清真教，建寺則名清真寺。

伊斯蘭教的發源地

伊斯蘭教的發源地是阿拉伯半島，其中包括廣袤的沙漠，唯有西南濱海一帶，是一條算得上肥沃的土地。所以若就阿拉伯與其鄰近的地域比較，它是荒蕪的不毛之地。因為自然環境的影響及限制，大多數的所謂貝都因（Bedouin）族的阿拉伯人，是以遊牧為生，到處漂流，以搶劫及畜牧為業。他們的生活雖有點像土耳其斯坦（Turkestan）及亞洲其他部分的蒙古遊牧民族，但他們不是蒙古種人，而是與猶太人同一血統的閃族人。所以他們的語文，也是閃族的分支，與希伯來語文同一系統。故在伊斯蘭教出現之後，也以猶太教的祖先亞伯拉罕為阿拉伯人的祖先。所以，這個民族住於阿拉伯半島，到了穆罕默德出生時，仍像猶太人未去埃及之前一樣，他們的社會分有好多等級，且有許多惡習，例如蓄奴、多妻、淫亂、野蠻，色色俱全。貝都因阿拉伯人，為著要增加他們那不固定的畜牧收入，常去搶劫附近的農村，或襲擊商隊，或受雇於貪饞的商人與野心的酋長去作戰。假如接連有幾個五穀不登、牧草枯黃的季節，他們必然從阿拉伯向敍利亞、埃及、美索不達米亞一帶遷移。

阿拉伯人

在基督教時代的最初幾個世紀，另外一些定處而居的阿拉伯人，也沒有較高的文化。他們雖有語文，卻沒有文學；他們雖有詩歌，那些詩歌的作者卻都是目不識丁。詩歌的流傳，均賴以口傳口。據說竟有人能夠琅琅地背誦出二千九百首伊斯蘭教以前的歌行來；通常詩體是單韻腳的歌行，每首長短在二十五行與一百行之間。這種歌行把他們自己描寫成兇猛魯莽、但也慷慨好交遊而輕生死重承諾的綠林豪客。在文藝方面，除了少數的美術技藝，以及純商業性的一點文字之外，沒有文化可言。

阿拉伯人兇猛而缺少團結，雖在基督教初期幾個世紀中，曾好幾次侵入羅馬帝國的好幾個行省，羅馬行省的人民也時常殲滅他們幾個小隊或將他們俘獲；但在伊斯蘭教出現之後，到了西元七世紀時，阿拉伯人即因伊斯蘭教的信仰而團結，不特是精神的團結，也是武力的團結。他們不僅侵略與搶劫，並且占領了羅馬帝國的一大片土地，建立了一個半政治半宗教的國家。

在伊斯蘭教之前，曾經有埃及、波斯、馬其頓、羅馬、敍利亞、君士坦丁堡，以及最後又為波斯之諸國，先後在名義上作為阿拉伯人的上國。阿拉伯人則未嘗建立自己的國家，僅僅是部落分居的社會。各部落均有他們各自的宗教信仰，信仰不同的神。信神的觀念及祭儀，皆同於其他的原始民族。麥加卡巴中的黑石，則為阿拉伯人三百個族的小神的保護者。穆罕默德信奉的上帝阿拉，自稱是宇宙唯一的神，是亞伯拉罕所奉的神，其實僅是阿拉伯人所奉多神之中的一個神。正像耶和華雖被猶太人奉為唯一的保護神，實則是猶太部落所信多神之中的一個神而已。阿拉之信仰，到了穆罕默德，即主張是各部落共同的唯一神。此一唯一神教的觀念，則來自猶太教和基督教。因為穆罕默德少年時代即往返於阿拉伯鄰近的基督教及猶太教盛行的國家，他頗留心於宗教，因為基督教及猶太教的信仰，尚有一套理論可說，不像阿拉伯的原始宗教沒有理論根據。但他又不便把他原來所奉的阿拉放棄，於是，用阿拉之名，接上基督教及猶太教的信仰，便成了伊斯蘭教。

第二節　伊斯蘭教的教主

穆罕默德的出生地

穆罕默德的生年不可確考。史家各有不同的主張，多數人則以為是在西元五百七十年，生於阿拉伯半島的麥加城，屬於阿拉伯的古來氏族。

據伊斯蘭教的傳說，麥加的開發極早，因為麥加人是閃族的一個酋長亞伯拉罕的後裔。亞伯拉罕在埃及的時候，因他的妻子多年無子而另娶了一個姨太太，生下一個兒子叫作以撒，不久，他的元配妻子也生了一子，叫作雅各。

後來，雅各做了猶太人的共祖，稱為以色列；以撒即成了阿拉伯人的共祖，伊斯蘭教稱其為以斯馬依。

以撒曾經差一點被他的父親，拿來殺了當作祭祀耶和華的犧牲。以後又因受其父親元配妻子的嫉妒，便被亞伯拉罕在開發新牧區的時候，帶到了麥加。他們父子倆就在那裡建了一個宗教信仰的皈依處，叫作卡巴（**Kaaba**，意為方）的天房。是一座方形的石屋，後來即成為阿拉伯全境人民的宗教聖地。朝拜的主要對象，便是放在這方形石屋中的一塊黑色小石頭。事實上，這是伊斯蘭教沿襲了猶太教神話的傳說。因在穆罕默德之前，麥加一直是多神教徒的聖地，後來伊斯蘭教興起，就說那個天房原是亞伯拉罕一神信仰的根據，依舊利用它來作為伊斯蘭教的聖地。並將此一聖地的信仰者，變成了穆罕默德的信徒，穆氏也將天房中所供多神之間的主神阿拉，作為伊斯蘭教的唯一神。

麥加在阿拉伯半島有其優越的地位，它是商隊前往也曼、西蘭、敍利亞、奈至德等地的必經孔道，並且鄰近世界貿易樞紐的紅海。麥加位處山區，它之能夠繁榮而成為阿拉伯的古代重鎮，就是因為做了商隊來往的中途站。初非由於天房的神聖而繁榮，後來商隊來往歇腳於此，也在這裡交易買賣，敬神、許願、還願也必於商隊經過的旺季時達於高潮。這種商隊的集會，後來即演為定期的朝聖。定期朝聖的風俗，在伊斯蘭教之先的阿拉伯人已經盛行，這與其他地區原始宗教的廟會並無二致。到了伊斯蘭教開創，不但接受了多神教的天房，接受了天房中的主神阿拉，也接受了原先定期朝聖的風俗，甚至同樣地接受了對於天房中那塊黑色石頭的崇拜。

婚前的穆罕默德

穆罕默德這個名字，據說是他祖父給他取的，意為受讚頌，一生下來就受讚頌，可謂神矣！不過，穆罕默德確係靠祖父的眷愛而成長，因他尚在母腹之中，父親已經去世，僅為他母子留下五隻駱駝、一群小羊和一個婢女的遺產而已。

穆罕默德的幼年和童年，在他乳母的家鄉，住了五個年頭，那是充滿了神祕和迷信的沙漠邊緣地帶，種下了後來他為宗教狂熱的運動之因。穆氏尚在孩提時代，他的生母也死了，他就成了沒有父母的孤兒，在其祖父的遺命下，把他交給他的伯父撫養。到十二歲，即隨同他伯父的商隊通過沙漠，到了敘利亞。敘利亞是基督教的重鎮之一，所以使他正式接觸到了基督教的神父，雖在當時的阿拉伯人之中，有人對基督教的教士存有戒懼之心。但在這次到了敘利亞之後，對於穆氏的前途影響極大。他見到了沙漠中的海市蜃樓，見到了大空星象的變幻，參觀了幾個歷史性的名城，聽到有關沙漠中的好多故事，又遇到了基督教的學者，知道了《聖經》的故事，以及波斯的歷史、祆教的教理。有了這些見聞，促使他運用自己的頭腦，做了一點沉思默想的思惟工夫。這種敍述，當然是穆氏傳記的作家們的筆觸；一個十二歲的孩子，能有如此驚人的感受力，真是天縱之才！這與耶穌十二歲時隨同父母去耶路撒冷的傳說，不妨對比著看，是無獨有偶，抑係抄襲古說，我們且不追究。但是，穆罕默德接受宗教思想之早，乃不容置疑。因為即在當時的麥加城中，穆罕默德也能接觸到好多善於辭令的演說家，其中便有猶太人，也有基督徒和多神教徒，彼此滔滔不絕，互相攻訐，各持一說而各不相讓。在穆氏的看法，猶太教和基督教的道理，要比阿拉伯人的多神信仰高出一籌。這也確是事實，故當他自己創立伊斯蘭教的時候，就選擇了猶太教和基督教作為他信仰的基礎。

穆氏十五歲時，阿拉伯人之間，一連發生了四年的內戰。他參加這一場戰役，使他學到荷槍持刀射箭殺伐的事。此一戰役的經驗，使他後來領導他的信徒與異教作戰時，得到很多的便利。內戰結束時，穆氏已經二十來歲。他在童年期間，曾以牧羊為務，終日與羊群為伍，正像猶太人的先知亞伯拉罕、摩西、大衛王一樣。當過牧童的人，如果他是能夠從幻想中找樂趣的話，空閒的時間實在太多，他可以終日自我陶醉在美妙的幻境之中。所以穆罕默德在做牧童時期，常在耳中充滿了音樂聲，直覺告訴他那種音樂是來自天上。因此，一般人常見他單獨地靜坐在一處，凝神傾聽，通宵達旦。

穆罕默德的婚姻生活

穆罕默德出身孤苦，所以目不識丁，僅有少許的商業經驗及宗教知識。他身體纖弱而富於神經質，但他面目姣好，是個俊美而有潔癖的男子漢，而且性情懇摯，極為忠誠。由於這些因素，使他成為大宗教家。在尚未成為宗教家之前，首先成了富孀克地徹（Kadija）的贅婿，正因為做了克地徹的贅夫，才更促成了他的宗教事業。

穆罕默德的宗教生活

穆罕默德在五十歲以前，曾經連續好幾年，每逢齋月，就獨自帶了簡單的行裝到山洞裡去做沉思的清修。這種工夫，相當於佛教所說的禪定。這使他得到了異常的宗教經驗，在他的心理上，堅定了宗教的信念。

到了四十歲那年，他在山洞及沙漠中，竟然度過了六個月的光陰。在這六個月中，感到有一種使命要他去完成，那就是傳播他的宗教。

穆氏在初期的傳教活動非常辛苦，阻力很大，收效很少，信之者僅為妻子克地徹、義子阿利（Ali）、奴隸才德、至友阿布伯克（Abu Bakr）等一小群人而已。但是，他的宗教經驗使他永不退心，阻力愈大，愈能使他提起傳教的精神。漸漸地，信徒的人數日有增加，自稱他們的宗教信仰為伊斯蘭，自稱他們這些教徒為穆斯林（Muslims，意為歸順真主的人），或穆斯里民（Muslimin）。

穆罕默德的傳教生活

最初的伊斯蘭教，僅是一個祕密的小團體，它的分子不過是穆氏自己的一些親戚和朋友。數年之後因有了外人加入，穆罕默德就把他的宗教事業從祕密而變為公開，採取摩西及耶穌的方式，向麥加城的人宣傳。

雖有好多人成了他的信徒，但在麥加城內的大多數人，依舊要保守他們古老的信仰而與穆氏站在敵對的立場。他們雖用不合作政策來孤立穆斯林，卻未像羅馬政府對初期基督徒那樣地屠殺迫害。所以，穆罕默德仍可利用阿拉伯人的禁月，宣傳伊斯蘭教（回曆九、十、十二、正月的四個月為禁月，當時風俗在禁月中，各族間的仇恨都要暫時停止，不得械鬥，要和平相處）。

穆氏在麥加傳教期間，那是他五十一歲的那一年，一方面受到舊勢力的抵抗，一方面卻更加地使他振奮了宗教的狂熱。他宣布了他在一夜之間，由麥加至耶路撒冷往返了一趟（若以當時的交通狀況，兩地往返，需兩個月的旅程）。並且宣說：他在夜遊到耶路撒冷後，即上升天上，經歷了七層天堂，覲見了真主阿拉，接受了阿拉的訓示。

穆罕默德夜遊耶路撒冷及升天見主的故事傳開之後，他的傳教事業，一度降於低潮，甚至有些穆斯林也認為他在妖言惑眾而叛離了他。但他絕不因此灰心，他始終覺得真主阿拉永遠不會離棄他，並且在任何時地都會幫助他。於是，穆氏的活動宣講，更加地積極。

積極宣傳伊斯蘭教而攻擊偶像崇拜的結果，終於引起了保守派麥加人的仇恨，並且籌謀以斬草除根的方式，來對付穆罕默德。可是，阿拉伯人從來不知團結是什麼，也不知保密是什麼，所以，當他們尚在議論紛紛地計畫之時，穆罕默德早已得到了情報。因為伊斯蘭教的信仰，有其中心的教主及其共守的教條，信徒均向教主團結並以教條為歸依，所以指揮靈活，聯絡迅速。穆氏就暗示他的徒眾們，以化整為零的行動，由麥加城分批遷往另一個阿拉伯的城市麥地那（Medina）。當他自己逃出麥加的時候，風聲已經很緊了。

穆罕默德的成功

這次由麥加到麥地那的遷移過程，被穆氏傳記的作者們渲染得高潮頻起，使讀者讀來有驚奇不已之感。這個行動，被伊斯蘭教稱為黑蚩拉（Hijra），即是出亡或出奔的意思。這個行動實在也是穆氏個人及其宗教事業的轉捩點，因為，麥加城的人多保守古教的信仰，麥地那的人則處於敵對地位而多信猶太教。接著，麥地那人接受了伊斯蘭教的信仰，並以穆罕默德為他們的政治及宗教的領袖。最初建成了伊斯蘭教政權，並以此城作為發展伊斯蘭教的基礎。故此對於伊斯蘭教的歷史而言，極其重要，伊斯蘭教也以穆氏逃亡至麥地那的那年（西元六二二年），定為伊斯蘭教紀元的第一年。

從此，穆罕默德便走上了成功之路。他以他的宗教，在麥地那建立一個強固的政府，他像《舊約》中的摩西一樣，也頒布了一些法律，以統治人民；他建立了一支具有宗教信仰的軍隊，用這支軍隊來維持麥地那的秩序，並用它來對付異教，特別是猶太教的僑民的反叛，和驅逐來自沙漠的野蠻的貝督英人的襲擊。

在麥地那打下了強固的軍事和政治基礎之後，穆氏便於西元六三〇年率領教徒，進攻麥加城。在軍事的刀劍脅迫之下，保守的不團結的阿拉伯人，終於在西元六三二年向武力投降，接受了伊斯蘭教《古蘭經》的信仰。穆氏也就死在他們打進麥加城的那年，僅六十二歲。他的宗教，則在他「以劍傳道」的遺訓之下，迅速地發展開來，終於成為世界性的大宗教之一。

第三節　伊斯蘭教的教理

一神主義

《古蘭經》第十一章第十三節說：「你們在阿拉以外無友，且不復獲得相助。」伊斯蘭教相信，只有他們所信的阿拉，是唯一的真主，是宇宙的創造者，是公道的主持者。阿拉是全知、全能，也有大仁、大慈。阿拉以外，別無善神。所以伊斯蘭教極端仇視多神教，把無神的佛教也視為多神教。猶太教及基督教的神，是伊斯蘭教的基礎，所以不加反對，只是不承認基督教三位一體的信仰。穆斯林不能接受耶穌是神的道成肉身之說，僅承認耶穌是以色列人的先知，正像亞伯拉罕、摩西、大衛王等被伊斯蘭教視為先知一樣。上帝經過舊時的歷代先知而顯示給以色列人，最後選擇了穆罕默德作為他的傳言者，傳警告、報喜訊給全世界的人。

因此，穆氏雖然也僅是先知之一，卻是真主最後、最大的使者；伊斯蘭教雖然接受摩西十誡及耶穌的福音，但是被穆氏吸收的成分卻以另一種姿態出現在《古蘭經》中。所以，在原則上伊斯蘭教不反對猶太教及基督教，在實際上伊斯蘭教只信仰穆罕默德的上帝阿拉，只接受穆罕默德傳出的聖經《古蘭經》。

《古蘭經》第三十九章第六十八節說：「號筒吹起，除去阿拉所意欲的人以外，所有在天與地的人，都昏暈過去。而後另吹一次，看哪！他們站立起來等候。」這裡是說，凡不是穆斯林，均不為阿拉所意欲，均屬於罪人，均將在末日來臨時，聽到號筒聲，即站起來等候真主阿拉的審判。審判的結果，非常簡單：「一部分是在天國，一部分是在烈火。」（《古蘭經》第四十二章第七節）又說：「凡是作惡，且被罪惡包圍的人，均是永居火獄的。」（《古蘭經》第二章第八十一節）

在伊斯蘭教，善與惡的標準，但看你是否接受了《古蘭經》的信仰。因為《古蘭經》所示的，都是教你如何順從真主阿拉，如何守齋，如何修善的；你如不能接受，或僅接受其中的一部分又另外接受其他一種或多種的道德律，伊斯蘭教也要把你視作惡人。例如《古蘭經》第二章第十一及十二節說：「有時候，人對他們說：『你們不要在地面上造惡。』他們就說：『我們只是調解的。』須知他們均是造惡的，但是不自覺悟。」根據穆斯林時子周對這兩節涵義的解釋是：「是與非的中間，善與惡的中間，沒有路線可走，一個人不能又事奉阿拉，又聯繫魔鬼，所以真主說那些自稱調解的人均是造惡的。」（《伊斯蘭教義續五十講》五二頁）伊斯蘭教之仇視異己者，因為那是《古蘭經》所規定的，如說：「的確，一般不信，和死時尚未皈信的人，他們定遭阿拉和眾天使與世人的詛咒。」（第二章第一六一節）又說：「如果他們信如你們所信的，他們就得正道了。若是他們不肯，他們就是反抗中。阿拉將替你對付他們。」（第二章第一三七節）

伊斯蘭教的天堂

伊斯蘭教的天堂，實在就是人間社會的理想化。穆氏自行多妻主義，就在《古蘭經》中規定：「若是你們恐怕對於孤兒不公平，你們就娶於你們合宜的婦女兩個、三個、四個。」（第四章第三節）說出了他要多妻的道理，穆氏本人就是孤兒。因此，凡是信仰伊斯蘭教的人，「他們在天園中有清潔的配偶，永居在那裡。」（第二章第二十五節）又說：「對阿拉敬畏的人，在主處可獲有河流的天園，住在那裡，且有清潔的侶伴，和阿拉的喜愛。阿拉是看得見眾僕的。」（第三章第十五節）從這經文中，可知伊斯蘭教的天堂是有夫妻生活的。在那裡，人神之間是主奴關係，這與猶太教、基督教的觀念並無二致。

基督教的天堂，可從約翰的〈啟示錄〉中見到非常詳細；伊斯蘭教的各種「言行錄」及其他伊斯蘭教的傳說中，則把穆罕默德在夜遊耶路撒冷升天時所見的景象，羅列得也很詳細。

天分七層，第一層天純白如銀，掛著金光燦爛的星宿，許多天使守護森嚴，以防魔鬼撒旦的闖入。在這層天裡，穆罕默德遇見了人類之祖亞當。在其他各層天裡，又遇見了挪亞、亞倫、摩西、亞伯拉罕、大衛王、所羅門王等《舊約》中的先知。又看見「阿至洛依」天使，這是取人之命的天使，人類死期來到，即由他把靈魂取去，他的身大無朋，兩眼的距離即有七千日的路程那樣遠，心頗慈善，每見人類犯罪，即落淚如雨。又見執行刑罰的天使，火質銅面，常坐於火焰之上。又見一天使，半面是火，半面是冰雪，周圍有許多天使環繞，大家不斷地讚頌真主。第七層天裡，是正義者的歸宿處，見一位天使，身大過於地球，有七萬個頭，每頭七萬張口，每口七萬條舌，每舌說七萬國語言，每國有七萬種方言，均在讚念真主。

穆氏升天時，又見到各種刑罰。穆氏說：他在火獄裡看見許多人，有的像駱駝之蹄，手取火塊，吞入復屙出，這是吞滅孤兒財產者的刑罰；有的人肚腹很大，踏火而行，這是重利剝削者的報應；有人置鮮美的肥肉不吃，卻寧取臭爛的腐肉而啖，這是對於不親自己的妻室反去迷戀非法的婦女者的懲治。有的婦人兩乳懸空而掛，這是不守婦道的淫蕩者所受。

穆氏在天上見到了真主阿拉，有億萬天使向主膜拜，屏聲息氣，嚴肅致敬。在此，穆氏接受了真主的訓示，要每日五十次對主禮拜。後來大概覺得每天做五十次禮拜太麻煩了，穆氏就自動地改變為每天五次。天分七層之說，則與印度教《富蘭那》聖典所載相同，此係七大星辰崇拜的演化，與一週七日而有七個安息日的基礎正同。

鼓勵戰鬥的宗教

伊斯蘭教是以劍傳道的宗教，從麥地那建立了基地之後，穆罕默德即主張用武力來解決問題。《古蘭經》第四十九章第九節說：「設有兩夥穆氏（伊斯蘭教徒）起衝突，你們應從中和解；如果一方壓迫一方，你們就對那施行壓迫的人，武力從事，至他們依從主的命令為止。」這是在他們自己之間使用武力。

對於外人，則鼓勵穆斯林把力量使用在勝利之前的戰鬥上面。《古蘭經》第五十七章第十節說：「天地的產業都歸阿拉執掌，你們為什麼不使用在阿拉的道上？在勝利之前，使用而且戰鬥的人，和其他的人便不同等，這般人在階級上比那在此以後使用而且戰鬥的人們更偉大。」這是教他們在戰鬥來臨時，應當爭先獻出所有的一切。

因此，穆斯林與人作戰時，無不奮勇當先，並且不敢退後。《古蘭經》第八章第十五節中說：「眾皈信的人哪！你們遇見不信的人前來作戰的時候，不得轉過背去，是日，除了為戰術或歸隊而外，凡是掉過背去的人，定遭受阿拉的惱恨，他的居處是火獄，這歸所太惡了。」如果敵人後退，《古蘭經》第四章第一〇四節則說：「你們追擊敵人，不要放鬆，若是你們受痛苦，敵人亦如你們一樣受痛苦；可是，你們能向阿拉希望他們所未有的希望，阿拉是深知的、明哲的。」這裡所說的「向阿拉的希望」，就是穆斯林因「戰於阿拉之道」，必得真主的援助，即或因戰而死，亦必有升到永久愉快的天園的希望。

穆斯林相信凡是不信伊斯蘭教的人，阿拉都要懲罰他們，並把他們交給穆斯林的手上。所以，殺死不願接受伊斯蘭教信仰的人，不但無罪，倒是受阿拉喜歡且其必定有所賞賜。因此，《古蘭經》中有好多倫理的格言訓示和規定，穆斯林們未必全部了解，更說不上全部遵行。但有一樁事穆罕默德的信徒們，卻是認真地做到了，那就是以劍傳道的狂熱行動。

殺人可以升天，退後必遭真主惱恨，誰敢臨陣逃脫呢？誰敢不以全力搏殺呢？伊斯蘭教之所以成為強大的宗教，原因即在於武力的征服。

《古蘭經》

《古蘭經》究竟有多少章節，乃是一個問題？有說是三十卷、一百一十四章、六千二百四十七節，有說是六千六百六十六節。本來沒有定型的《古蘭經》，只有流傳於信徒之間的穆罕默德的好多種言行錄，那是被穆氏的門徒用椰葉或鹿胛骨記下來的，漫無次序可言。到了穆氏故後，阿布伯克於伊斯蘭教紀元十三年（西元六三四年），才把這些散亂的言行錄蒐集整理之。到西元六五二年，又由奧馬爾（**Omar**）改纂而大成之。以曾經隨侍穆罕默德的才德董理其役，以散文間有韻文而成其書，文字優美，足為阿拉伯的範文。後人以為穆氏不識字，由穆氏說出的《古蘭經》的文字竟有如此之美，證明是阿拉的創作，而非穆氏的私意。實則，現存的《古蘭經》，意思是穆氏說的，文字是他人代寫的。據近人程光裕的《西南亞史》第八章第十五註說：「阿拉伯語甚簡潔，字句明白有力，……今流傳的最古詩篇，似作於穆罕默德前百年中，當時詩人雖未識字，然出口成章，結構巧妙。」此可與本章第一節第三目所載對照著看。

古蘭有譯為可蘭，英文及法文叫作Coran或Al-Coran，德文寫作Koran，阿拉伯語叫作Qu'ran或Qoron，原係書籍或讀本的泛稱，後來轉變為穆罕默德言行錄的專稱，為誦讀之義，又轉為天啟之義。所以，現存的《古蘭經》合訂本，固然是穆氏死後所集成，但當穆氏初將其中的內容傳出一小部分，而被信徒記錄成為單本的小冊之時，《古蘭經》之名，即已行於麥加及阿拉伯的其他各處的信徒之間。例如在穆氏傳教不久，即有法圖美及她的丈夫沙而德，接受一個穆斯林向其夫婦倆教授誦讀《古蘭經》的冊本（熊振宗著《穆罕默德傳》一一六頁）。

《古蘭經》編成後約二百年間，註釋家輩出，唯其中的泰拔利（Tabari）以敘述事實為主，查摩謝利（Zamahschari）以詮解文法為主，這兩種註解最為著名。如今，阿拉伯的勢力落後，但是伊斯蘭教的實力仍不弱，他們即以擁有《古蘭經》及穆罕默德的傳記作為向世界文化誇耀的資本，他們離了《古蘭經》就不能生活。

《古蘭經》中的言辭，是否出於穆氏所說，學者多所爭論，然而威爾斯說：「此等言辭或不若耶穌所言之高尚神聖，然因此而遺一公平處世之遺訓於世界，中含寬大之精神，合乎人道而又易於實踐。」（《世界史綱》第三十一章第四節）

再說，《古蘭經》的言辭，均有它的時代背景，未嘗顧到千百年後的環境，時代既然不同，適應性自然受到限制。例如天分七層的記載，便使今日的穆斯林困惑不解；天堂有美女和酒的記載，也使今日的穆斯林所不喜。於是就有人提出，在讀《古蘭經》時「必須拋開當年的背景，而要用它衡量判斷現在的各事與個人的行為，使經上的教訓，與世事的表現、個人的行為，聯絡到一起。」（時子周著《伊斯蘭教義續五十講》八二頁）這是明智的想法，能有這種見解的人，確是可佩的穆斯林（時子周是《國語古蘭經》的譯者）。不過，凡為穆斯林，多能明白《古蘭經》的三大要旨：一、信一真神，二、穆罕默德是神所使命的預言者（先知），三、嚴格遵守宿命之說。

第四節　伊斯蘭教的教儀及傳布

穆斯林的生活實踐

穆斯林的宗教生活，主要有五項，現在分述如下：

（一）拜功：每天按時，禮拜五次：一、在黎明及日出之前，舉行「晨禮」。二、上午十二點半至下午三點半之間，舉行「晌禮」。三、下午四點以後至落日前一個半小時之間，舉行「晡禮」。四、日落之後，立刻舉行「昏禮」。五、夜間任何時間，均可舉行一次「宵禮」。

除了每日的五次個人單行的禮拜，尚有規定在清真寺內由「阿訇」（Imām，領導禮拜的人）領導的「集合禮拜」，那是指的：一、每星期五舉行的「主麻」（Jum'ah）拜，二、每天的「天命拜」，三、開齋節和忠孝（犧牲）節的集合禮拜，四、齋月內的集合禮拜，五、殯禮的集合禮拜。每種禮拜均有其固定的儀式和誦詞。

（二）課功（布施）：每年施捨出資財的四十分之一，作為濟貧之用，稱為「澤卡特」（Zakāt）。在每年的齋月完了或開齋節那一天繳納；穆斯林又可為他們自己及他們的孩子，付出每年每人四磅半到五磅小麥或相當價值的錢，稱為「費特爾捐」（Sadaqa-Tul-Fitr）。這些捐款是用在貧困的穆斯林身上，以及用在教務的行政工作和軍事費用上。

（三）齋功：每年伊斯蘭曆的九月，要齋戒一個月。據穆斯林自稱，伊斯蘭教的齋戒是要以此改進人類道德上、精神上的情況；齋戒的目的，在使人學習如何不犯過，所以不僅禁食，而是禁種種罪過（《國語古蘭經》第一八四註）。他們的封齋是自每日的黎明時分至晚間，白天禁食，黑夜可以飲食。在齋月的夜裡，仍可與妻室接近，並說：「她們是你們的衣服，你們是她們的衣服。」（《古蘭經》第二章第一八七節）封齋的目的，不是斷食、斷淫、斷財，而是訓練他們不要貪食、縱欲、貪財（時子周《伊斯蘭教義續五十講》十九頁）。

（四）念真主：公開宣布：「萬物非主，唯有真主，穆罕默德是主的欽差。」

（五）朝覲：如果環境許可，一生之中至少應到麥加的天房朝覲一次，一般稱為朝聖。

以上是作為一個穆斯林的五大責任。此外，尚須遵守四誡：一、不為不名譽的事，二、不吃豬肉、不飲酒，三、不放高利貸，四、不違抗真主阿拉之命。

穆斯林的信德

穆斯林要守七項信德，類似耶教的〈信經〉，用中文念出時，即是：「我信真主，信他的天仙、天經、列聖（先知）、後世，善惡都定自真主，死後復活。」現在分別介紹如下：

（一）信真主：真主阿拉是獨一的、一位一體的。他創造與調養宇宙，他是全能、全知、最慈、最善的，他是無始無終的，憐憫人與萬物的，他不是被產亦不產生。

（二）信天仙：所有的天仙，是在阿拉命令下的妙體，是精神的被造體，是聽命於造物主的僕從。他們不飲食，也不睡眠，他們的數目是多得數不清的。此所謂的天仙，即是天使。但是伊斯蘭教以為天仙與先知同一般的穆斯林一樣是真主的僕人，所以不拜天仙，不拜先知，唯拜真主。

（三）信天經：這是伊斯蘭教的聖經。他們認為《古蘭經》已代替了這些經，所以只信《古蘭經》就好。他們以為，一部《古蘭經》已經包攝了這世界及人類的一切動態，它是宗教的、社會的、政治的、家事的、經濟的、軍事的，它是一切的指南。

（四）信先知：先知即是預言家。伊斯蘭教既以猶太教及基督教的傳說為基準，所以也信《舊約》及《新約》的二十多位先知，例如亞當、亞伯拉罕、亞倫、約伯、摩西、大衛、所羅門、耶穌等人。因為《古蘭經》第四十七章第七十八節曾說：「我（主）曾在你（穆氏）以前派遣過使者，有的我曾告訴你他們的略歷的，有的是未曾有告訴你的。」這一點使得穆斯林的排他性要比基督教為之減少，使他們後來在宗教上不再強迫被征服的人民改信伊斯蘭教。目前的伊斯蘭教國家，反而已能保護異端如猶太教、基督教，乃至佛教。當然他們依舊堅決相信，唯有穆罕默德，才是先知之中最成功、最偉大的一位。

（五）信後世。

（六）信人之禍福遭遇，都是真主創造時所決定，這就是宿命論。

（七）信死後復活，接受最後的審判。

伊斯蘭教的禁戒

《古蘭經》第五章第九十節說：「眾皈信的人哪！酒、賭、立起之石（拜偶像）及籤，只是污穢，是魔鬼的作為，你們要躲避它，你們就可以成功。」在這之中，特別是酒，被伊斯蘭教所嚴禁，乃至飲用少量的甜酒、黑啤酒、葡萄酒、啤酒，也不許可，任何含有酒精的飲料，都以為是不清潔的。

與飲酒並列的禁戒是猜忌、怨恨、說謊、憎惡、荒淫等，認為這些都是促使人類犯罪的根源。

穆斯林吃豬肉，乃是最大的禁忌；其實，若照《古蘭經》的經文是：「他只是對你們禁食自死的、血、豬肉，與宰時不以阿拉之名高呼的。」（第二章第一七三節）以及：「對你們列為禁食的，是自死的、血、豬肉、未經朗誦阿拉的尊名宰死的，以及絞死的、打死的、摔死的、碰死的、野獸食賸餘的，你們宰的不在禁例。」（第五章第三節）根據穆斯林的解釋，這些禁例，是為了衛生的理由，別無神祕可言。

伊斯蘭教的傳布

西元六三二年穆罕默德逝世之後，他的信徒們創立了一個叫作「哈里發」（**Khalifa**，意為穆罕默德的繼承人與代表）的制度，經常選舉繼任者以充任此職。他們以神權政治為政府的型式。哈里發採取了如下的方法，以獲得阿拉伯諸族對他們的效忠：一、凡有侵略阿拉伯本部穆斯林的，必予以懲罰。二、組織遠征軍，專事劫掠敍利亞、美索不達米亞、埃及一帶的非穆斯林。三、阿拉伯人因哈里發而學得了團結與集團的行動。四、他們與較開化的民族如羅馬人及波斯人作戰，因此而滿足了他們獲取財富的欲望。

西元六三五年，穆斯林占領了大馬士革；第二年，羅馬皇帝的一支軍隊又敗於他們之手；西元六三八年，耶路撒冷降於穆斯林；兩年之後，羅馬帝國在敍利亞的最後要塞乍利亞也被攻陷。

於是，北路攻占了亞美尼利，南路攻入了埃及，西元六四六年取得了亞歷山卓。又從埃及向西發展，經過的黎波里（Tripoli）、突尼斯（Tunis）、阿爾及利亞（Algeria）、摩洛哥（Morocco），使羅馬在北非的統治權又告壽終，並使柏柏人（Berber）及摩爾族人（Moors）成了穆斯林。另一支軍隊，於西元六三七年侵入波斯王國，在喀德西亞（Kedessia）獲得一次決定性的勝利，征服了底格里斯及幼發拉底兩河的流域，進而打入波斯本土，結束了波斯的薩薩尼王朝，成了波斯的主人。

西元七一一年，柏柏人與摩爾人在阿拉伯人的率領下，渡過直布羅陀海峽，不久整個西班牙半島，除了西北角的山區，全部落於穆斯林之手，此後西班牙成為伊斯蘭教國家，達八百年之久。

當時，他們又越過庇里牛斯山，進攻法蘭西，但在西元七三二年，與信仰基督教的法蘭克領袖查理大帝（Charles Martel）遭遇戰而失敗，自此便使伊斯蘭教勢力止步於庇里牛斯山以南。

至於在東方，則征服中央亞細亞，直入印度及中國。在不到三百年中，使印度尼西亞人口的百分之九十成了穆民；又使百分之百的馬來亞人信仰了《古蘭經》；在西元一五二七年以前的菲律賓，也有百分之八十的人接受了阿拉的信仰，後來由於西班牙的征服，又使菲律賓成了天主教國家。

第五節　中國的伊斯蘭教

伊斯蘭教初傳中國

伊斯蘭教輸入中國，分有水、陸兩路，水路是由阿拉伯海，越印度洋，繞馬來半島，經南中國海而至廣州，並在廣州建了中國第一座清真寺。近人蔣君章在他〈我對於回教的認識〉一文中說：此在隋文帝開皇七年（西元五八七年）。實則那年的穆罕默德才十八歲，所以很不可信。

陸路是由阿拉伯半島，經波斯及中亞，越蔥嶺，入西域，循天山南路及甘肅河西走廊，於晚唐之世到長安首都。我們知道，穆罕默德逝於西元六三二年，他的年代正值我國初唐盛世，當時的西域諸國，尚有信奉佛教。所以，西域回族之改信伊斯蘭教，為時很晚。據《宋史》所載：宋神宗熙寧元年（西元一〇六八年）：「回鶻入貢，求買金字《大般若經》，以墨本賜之。」足徵此時的回族尚是佛教信徒。

新疆省或西域，它有阿爾泰山聳於北，崑崙山峙於南，中為天山，東西橫貫。最早的西域佛教，多在天山之南，如龜茲、于闐等國。而回族又名回紇，原為西突厥的管屬，位居天山之北，故受佛化較遲，其受回化則更晚。

洪滌塵的《新疆史地大綱》七一頁也說：「唐末，天山南路佛教漸衰，回教遂乘之布滿其地。」實則，唐末之際，回族尚未信奉回教，回教之得名，更在其後數百年。

蔣君章於同上所引一文中說：「至回回教一名詞正式引用，則始於定州禮拜寺至正八年（西元一三四八年）碑。至正為元順帝年號，可知回教名稱之成立，尚在元朝的末年也。」

伊斯蘭教在中國的流傳

伊斯蘭教現為世界三大宗教之一，由於它的教義簡單，易於實行，同時著重於現實生活的追求，所以很能適應一般人的要求。同時不拜偶像，沒有無謂的儀式鋪張，故也適合邊疆民族的樸質之風。

這是伊斯蘭教能在中國久傳不衰的主要原因之一。

雖在清朝屢起回亂，但在中國的穆斯林，畢竟尚未以大規模的武力來作為傳教的手段；倒是為了適應中國固有文化，大大地鼓吹儒、伊思想的溝通，並且幫著儒家來抨擊佛老。這是原因之二。

伊斯蘭教之得名是在元末，元朝對於被稱為「色目人」的回族，也特別眷顧。降及明代，朱元璋所用的開國大將，例如常遇春、胡大海、沐英、藍玉等，也都是穆斯林。因此，起初在邊疆的這個阿拉伯人的宗教，漸漸地遍及中國全境了。這是原因之三。

再有一件趣事，即是邊疆回民之姓馬的很多，考其原因，明朝將穆罕默德之名，譯成「馬木特」，同時，穆氏的信徒又稱為「穆民」，往往要在自己的本名上，加一個「馬木特」某某，結果，好多穆斯林就變成姓馬的了。

事實上，現在的伊斯蘭教，已非狹義的種族，它在起初並非先由回族信仰，來中國後雖以回族的信仰為主，再後又遍及於漢、滿、蒙等各個民族。

據民國三十三年（西元一九四四年）國民政府主計處統計局正式發表回民的數字，是四千八百一十萬四千二百四十人，相當於當時全國人口的十分之一，除未曾包括臺灣省之外，大陸各省無處沒有回民的踪跡。以東北、西北、河南、河北地區的散布最密。

他們的團結力堅強，由於伊斯蘭教的信仰，使他們絕不與外教人通婚，非穆斯林要娶穆斯林女或將女兒嫁給穆斯林男，必須入了伊斯蘭教才可；

回人的兒女，也就生來是穆斯林；他們出外，不宿外教人家，不吃外教人的飲食，所以自成一大社會，回民的數目，也就有增無已。不過晚近以來，回民之脫教改宗者，固不乏其人，對生活的隔離，也沒有那麼嚴正了。

伊斯蘭教的宗派

考察伊斯蘭教的歷史，西元六六一年以後，穆罕默德的正統，即因大食帝國內亂而告中絕。當穆罕默德的女婿阿立（Ali）當選為第四任哈里發，不久即因奧瑪耶族叛變而被刺身死。接著是由奧瑪耶族的俄斯曼（Othman）自任哈里發，建奧瑪耶朝，伊斯蘭教正統便斷於阿立的遇刺。

奧瑪耶朝創立時，由穆氏叔父阿拔斯（Abbas）的子孫，以呼羅珊（Khorasan）為根據地，別創阿拔斯派，色尚黑。在中國史上謂之黑衣大食，或謂黑山宗，俗稱黑帽回。有好幾個種族信奉這一派，例如維吾爾族，即屬於這一系統。

奧瑪耶朝被阿拔斯朝於西元七五〇年毀滅之後，奧瑪耶族的後裔，出奔埃及，再至西班牙，建立西大食帝國，色尚白。在中國史上謂之白衣大食，或謂白山宗，俗稱白帽回。

再說穆氏的女婿阿立遇刺後，他的後裔逃往波斯，為紀念穆氏之女阿立之妻法提瑪（Fatima），另創了法提瑪派，色尚綠。在中國史上謂之綠衣大食。西元第十世紀，至埃及，開創了法提瑪朝。

至於我國新疆的伊斯蘭教，自始即分有黑、白兩系，而且不一其族。所以用回教之名，實在並不正確。西方人稱他們為穆罕默德教，倒較合理，可是穆斯林又不樂意接受。如稱他們為伊斯蘭教，他們才高興。

中國伊斯蘭教的流派

在中國的伊斯蘭教，除了黑、白二派原來局限於新疆一地之外，尚有舊派和新派之分。大致上說，黃河、長江、珠江三個流域的各省，全屬於舊派；西北邊疆的，則屬於新派。

舊派伊斯蘭教大約占有回民全數的百分之六十，他們大多能夠入鄉隨俗，可以接受居住地的若干習尚，也沒有總的全體組織機構及總主教之類的領導人物。各禮拜寺或清真寺的負責人，稱為阿洪，又通稱為教長，也就是教師。作為一方教民在組織及領導上的核心人物。此一職務係由各該禮拜寺的如董事會等核心組織所選聘而產生，以同教派的「品學優良」的穆民為選聘之對象，任期一年或連任數年，並無年限的約束。

新派伊斯蘭教，實由於反對舊派的隨方隨俗而起，他們指責舊派有違真主所降《古蘭經》的訓示，所以提倡尊經護教，並且創立一種「門官」（主教）制度。這以陝西及甘肅為中心，門派很多，最主要的有四派：

（一）哲合勒耶派：意為明揚正道。創於西元十世紀後半期。此派「門官」為終身職，且為世襲子孫制度。

（二）虎飛耶派：意為暗藏機密。創立時期約與前派相同。初由花寺大爺為主教，此人死後即改共管而廢主教。

（三）哈狄勒耶派：意為出家修身。此派的主教以出家為必要條件，凡教民子嗣多者，可送一子出家，或自願出家修行，研究教義。這與穆罕默德多妻主義的遺教是完全相違，它的成立很晚，約在西元十九世紀初期，相當清朝宣宗道光年間（西元一八二一—一八五〇年）。

（四）庫布勒耶派：意為存心養性。也是於道光年間創立。

第十章　佛教

第一節　佛陀的時代背景

佛陀以前的印度

佛陀出生以前的印度社會及其宗教思想，大致已在第四章中做了介紹。印度文化的成長，一般學者以為是從西元前三千年至一千五百年開始，在此以前，屬於印度伊朗民族共住時代，以及印度歐羅巴民族共住時代的文化，而非印度獨立的個別文化。

佛陀生於西元前五百年代，在佛前的一千年中，學者們把它大約分為三期：第一期是製作《梨俱吠陀》的神話時代，第二期是製作《梵書》的宗教時代，第三期是製作《奧義書》的哲學時代。佛陀出世之際，正是《奧義書》的時代，因為摩揭陀國一帶的王者剎帝利階級的權力高升，同時厭倦了婆羅門僧侶階級的祭祀生活，所以自由思想得到王者的保護，因而啟發了更多新興的哲學思想和宗教思想。

六派哲學與六師外道

在佛陀時代的前後，印度有一輩人對於傳統的婆羅門教的神話及宗教，感到不能滿足他們的要求，甚至感到可惡，所以發展成為兩股潮流：一是沿著《吠陀》的本質，向哲學方面開拓，那就有了六派哲學的先後成立；一是站在與《吠陀》思想相對的立場，向宗教方面開拓，那就出現了六師外道。前者是婆羅門教的哲學化，後者是反對婆羅門教的沙門團。

所謂六派哲學，就是彌曼差派（Mīmāṃsā）、吠檀多派（Vedānta）、勝論派（Vaiśeṣika）、正理派（Nyāya）、數論派（Sāṃkhya）、瑜珈派（Yoga）。

所謂六師外道，就是不蘭迦葉（Pūraṇa Kassapa）、末伽梨瞿舍利（Makkhali Gosāla）、阿耆多翅舍欽婆羅（Ajita Keśakambala）、婆浮陀伽旃那（Pakudha Kaccāyana）、散若夷毘羅梨沸（Sañjaya Belaṭṭhiputta）、尼乾陀若提子（Nigaṇṭha Nātaputta）。

他們的思想各異其趣，特別是六師外道，既是站在與《吠陀》思想反對的立場，所以自由地發展成為唯物論、宿命論、實在論、懷疑論、無神論等等。六師之中最最傑出的，要推尼乾陀若提子，他就是耆那教的教主。

這些自由思想的沙門團，與婆羅門教的最大不同處有兩點：從宇宙的本體上說，婆羅門教以為是由於梵天神的變化而來；自由思想的沙門團則以為是由多數的元素而成立。從修行的方法上說，婆羅門教主張以修定為原則；自由思想的沙門團卻以苦行為原則。

當時的思想界極為複雜，從佛經中看到，有所謂外道六十二見的記載，也就是說，綜合當時各派哲學和宗教的思想，可以分為六十二種不同的見解。

恆河流域的文明

印度的文明是由北向南發展的，早期到達印度的達羅維荼人，初也是在印度河流域安居，當雅利安人由北方侵入印度後，就把先到的達羅維荼人征服了，未被征服的達羅維荼人即向恆河流域遷徙。

雅利安人進入印度，也分為好幾個時代的好幾批，當後到的雅利安人到達印度時，先到的便向南移動。到了恆河流域，即與達羅維荼人通婚而成了新興的民族。他們仍以雅利安人自居，卻已不是純種的雅利安人了。當這批混血的新興民族出現時，對於已遷到南印度的達羅維荼人而言，他們是雅利安人；對於尚在西北方的雅利安人而言，又不把他們看作與雅利安人同等的民族，甚至有些歧視。

由這新興民族的發展，最大的特色是王者武士階級的抬頭。武士階級紛紛割據，所以在佛經上見到有十六大國相互對立的局面出現。他們的血統成分，多半仍是雅利安。雅利安的文明也確實高於達羅維茶人，但是兩種文明的相接，必然產生第三種文明。所以，恆河流域的民族，是基於婆羅門教的《吠陀》文化為立場而產生的進步文化，這是借異民族的文明來對婆羅門傳統文明加以再認識而得的結果。因此，留在拘羅平原的傳統的婆羅門教徒，既對恆河流域的新文明感到不以為然，卻又在無形中接受了這股新文明的進步思想的影響。《奧義書》以後的婆羅門教的哲學，即是如此而來的。佛教以後的婆羅門教之復興，就是由於吸收了佛教的優點，變成了它們的養料。佛教的出現，便是恆河流域新文明的最高的代表。

佛陀的出現

佛陀（Buddha）是覺者的意思，是自覺、覺他、究竟圓滿的意思。西元前第五、第六世紀時的印度，思想混亂，各說紛紜，唯物唯神，苦行樂行，傳統的與反傳統的，各各走向極端的偏激。這種現象實在不是人類之福，因此而有佛陀的應現，倡出了苦樂中道的教化。

佛陀就是佛教的教主，他約生於西元前五六〇年至四八〇年，這是根據南方所傳《善見律眾聖點記》的說法；近世日本學者宇井伯壽的《印度哲學研究》中，則推定佛陀的年代是西元前四六六年至三八六年，此說頗受一般學者的重視。

「佛陀」是在他成道以後所用的聖德尊稱。他姓喬答摩或譯為瞿曇（Gautama），這是釋迦族（Śākya）的一支，父名淨飯王（Śuddhodana），母名摩耶夫人（Māyā），生於喜馬拉雅山麓的一個小國，名叫悉達多（Siddhārtha，意為一切義成）。

在當時的釋迦族共分為十個小城邦，再從這十個城邦之中選出一位最有勢力的城主，作為他們對外交涉的領袖，迦毘羅衛城（Kapila-Vastu）的淨飯王就是他們當時的領袖。釋迦族既不是純粹的雅利安人，也不是達羅維荼人，他們乃是新興民族的一支，所以對於釋迦族之外的民族也互不通婚。佛陀的生母及姨母是天臂城（Devadaha）的公主，佛陀的妃子也是天臂城的公主，天臂城則同樣是屬於釋迦族的另一個小城邦。

佛陀的祖國迦毘羅衛城，現屬於尼泊爾境內的畢柏羅婆（Pīprāvā）地方，即在北緯二十八度三十七分、東經八十三度八分之處。在當時來說並不是一個強國，所以常受鄰邦憍薩羅國的侵凌，最後也被憍薩羅國所滅亡；但她卻為全世界的人類貢獻了一位最最偉大的導師，那就是佛教的教主釋迦牟尼。

第二節　佛陀及其教團

出家以前的菩薩

尚未成佛的佛，稱為菩薩。佛是佛陀的簡稱。菩薩是菩提薩埵（Bodhisattva）的簡稱，譯為覺有情，也就是覺悟世間一切眾生之苦而發悲願來度脫一切眾生之苦的人。菩薩的福德和智慧達到圓滿的境地，便是佛陀。

釋迦菩薩初生之時，即能自行七步，並舉右手，而稱：「我於天人之中，最尊最勝。」但在說完此話之後，仍同平常的嬰兒一樣，既不能行走也不會說話了。

菩薩出生七天，他的母親摩耶夫人即因病去世，此後即由同時嫁給淨飯王的摩耶之姊，也就是菩薩的姨母摩訶婆闍波提夫人（Mahāprajāpatī），撫養悉達多王子，以至長大成人。

悉達多王子的幼年、童年、少年乃至青年時代，受有良好完美的貴族教育，享有富麗豪華的宮廷生活；但他畢竟不是為了人間的欲樂與富貴而來，乃是為了教化人間而來。所以當他到十四歲的時候，在一次出城郊遊的路途中，使他見到了人間現象的另一面，那些在王宮裡從來沒有的慘狀，病苦的人、老苦的人、死亡的人，使他驚心動魄，使他油然生起哀憐之心。當他知道人皆不能免於病老與死亡，乃至連他自己也不能免的時候，要求解脫並希望也給一切眾生找到一種解脫方法的心，便啟迪了出家修道的動機。

雖然，當他成年的時候，父王便為他選聘了耶輸陀羅（Yaśodharā）為妃子，並生了一子名叫羅睺羅（Rāhula）。但到二十九歲的那年，釋迦菩薩終於在一天夜裡，離開了他的宮室、妃子和愛子，悄悄地喚醒了馭者車匿（Chanda），牽來了馬，踰城而出。

由苦行至成道

釋迦菩薩與車匿同行竟夜，到天明之時，已經出了國境，就在羅摩村（Rāmagrāma）的沙河之畔，下馬拔劍，削髮卸裝，遂將馬和劍交給車匿歸謝父王。道逢窮人，便將脫下的王子服飾，和窮人換來一身破舊的壞色衣，現了乞士沙門（Śramaṇa）相，達成了離俗出家的願望。

菩薩出家後的行旅方向，是由北而南，先到毘舍離城（Vaiśali），又到摩揭陀國的國都王舍城（Rājagrha）外由頻闍耶山（Vindhya）伸入孟加拉的小山丈中。先後向阿羅邏迦藍（Ārāḍā-Kālāma）及鬱陀迦羅摩子（Udraka-rāma-putrā）仙人處，求學解脫之法。此二人為數論派教祖迦毘羅（Kapila）仙之徒，在理論上倡說「神我自性對立的一元論」，在方法上主張以修定為究竟。這對於釋迦菩薩的智慧來說，實在不能感到以此為滿足，所以告別他去。

在當時的印度宗教界，風行修定主義及苦行主義，以此而得到的神祕經驗，是一般宗教家的目的，最高的定境是非想非非想，釋迦菩薩已經輕易地學成了。但他仍不以為解脫境，所以便與五位由他父王派來照應他的侍者，進入苦行林中，與那些外道的苦行沙門為伍。在那裡一住就是六年，絕食苦行而名聞遐邇。然此苦行結果，使他體瘦骨立如同枯柴，仍未見到成道的消息，始知光用苦行，不是辦法，於是毅然放棄了苦行。這在他的五位侍者看來，就感到非常的驚異了！他們哪裡能知道人須身強腦壯而後才有發明真智的可能呢？所以悵然地離棄了釋迦菩薩，相率前往婆羅奈斯（Vārāṇasī）城的鹿野苑（Mṛgadāva，現名 Sārnāth）去了。

五位侍者離去之後，釋迦菩薩的情形，正如威爾斯所說的：「爾時瞿曇，孑然顧影，為前途光明而戰，歷史上最幽獨孤寂之人也。」（《世界史綱》第二十五章第一節）

事實上，唯有如此，才是菩薩成道的最好機緣。他到一株高大的畢鉢羅樹（Pippala）之下，跏趺而坐，端身正念，發大誓言：「我今若不證無上大菩提，寧可碎此身，終不起此座。」果然，在十二月八日的拂曉時分，初見明星，即大徹大悟了──覺悟了宇宙人生的奧祕，也得到了解救眾生之眾苦的方法。

從此瞿曇悉達多，便由菩薩的階位進入了究竟的佛位而自稱為佛陀。印度每以牟尼（Muni）

尊稱證得了寂默之法的聖者。釋迦族出生的聖者，便被稱為釋迦牟尼。因為他是世間最尊並為世間所尊的聖者，所以又被稱為世尊，加上佛的族名，便是釋迦世尊，簡稱則為釋尊。因為佛在畢缽羅樹下成道證等正覺（即是菩提），為了紀念佛陀，便將此樹改名為菩提樹了。

佛陀的一生

佛陀成道那年，他已三十五歲，成道之後，他本人固然已經證得了解脫之樂，在他的內心，已經清淨明澈得不再有一絲的煩惱苦痛。但他尚有更大的責任，那就是使得一切的眾生（主要是人），都能和他一樣地證得解脫之樂。眾生如何解脫？必須要將解脫的方法，來向世間做廣大和深入的宣揚。為了宣揚這種方法，成道以後的佛陀就要苦口婆心地到處奔波了。直到八十歲入滅之時，還在向弟子們諄諄告誡，說出了最後的遺教。

佛的最初說法，稱為初轉法輪，是在成道之後的第一個雨季，為了酬謝五位侍者陪伴他苦行六年的情義，所以先向西走，到婆羅奈斯城的鹿野苑去度他們，將他在菩提樹下所證得的四聖諦、十二因緣、八正道、三法印宣說出來。那年的雨季終了，即有了六十位弟子，這些人的根器都很深厚，所以在短短三個月的雨季安居期中，就已領悟了佛陀的教法。雨期終了，佛陀就要他們各各分散到各地去傳布佛法。佛陀自己也離開鹿野苑，再回到摩揭陀國，化度了三個拜火的外道，那就是優婁頻羅（Uruvilvā）、那提（Nadī）、伽耶（Gayā）等迦葉（Kāśyapa）三兄弟，他們三人共有弟子千人，也都皈依了佛教。

當佛陀度了五位侍者之時，即已有了教主、教義、教團，此在佛教稱為佛、法、僧三寶。教主是創教的人，教義是由教主宣說的救世方法，教團是修學佛法者所組成的社會。對佛教徒來說，三寶是不能分離的。所以，信仰佛教便稱為皈依三寶。因為佛是開示教義（法）的人，信佛是為了求法，求法必須要向教團（僧）中去求。同時，當你修學佛法之時，你也成了教團的一分子。

到了佛陀成道後第六年時，有名的大弟子例如舍利弗（Śāriputra）、大目犍連（Mahā-maudgalyāyana）、大迦葉（Mahā-kāśyapa）、羅睺羅、難陀、阿難陀等，都已加入了佛陀的出家教團。王舍城的頻婆沙羅王（Bimbisāra）及迦蘭陀居士（Kalanda），舍衛城（Śrāvastī）的須達多居士（Sudatta），迦毘羅衛城的淨飯王等，也均成了佛陀的在家弟子。

成道第六年以後的佛陀，究竟於哪一年在哪一地說了哪些法？度了那些人？已經無法詳考。從現有的資料中，僅能知道他歷年的雨安居處。所謂雨安居，是每年夏天雨季來臨時，因為不便外出遊化，所以安居於一處，集體修學。

佛陀辛勞一生，化度弟子，不知凡幾，就其範圍而言，包括了中印的恆河流域一帶。但到晚年，卻發生了幾樁很不愉快的事：一、他的祖國迦毘羅衛城被舍衛城主所滅。二、他的堂弟也是他的弟子提婆達多反叛了他。三、王舍城的在家弟子頻婆沙羅王被王子幽禁而死。雖其結果，舍衛城又為王舍城所滅，提婆達多亦死於非命，王舍城的新王也皈依了佛陀。但是，這些現象在在說明了眾生業力的因果報應，佛陀看在眼裡，疼在心裡，可憐愚癡的眾生，無非是在自作自受！弟子們雖希望佛陀繼續住世教化，可是佛陀的色身已經衰邁，化緣已盡，佛陀要入滅了。

入滅之前，佛陀由王舍城北的靈鷲山，經毘舍離城向北，雖以老病之身，仍不放棄每一個沿途教化的機會，終於到了一個邊地小國的拘尸那羅城（Kuśinagara），就在那個城外的娑羅樹（Sāla）林之中，度了最後一個弟子，向弟子們做了最後的咐囑叮嚀。

世尊的一生，不論處於任何環境之下，總是慈悲寬大，總是以深邃的智慧化人，總是以偉大的人格感人；他沒有說過一句出之於激情的話語，也從沒有一個訴之於感情的動作。比起其他各宗教的教主，釋迦牟尼確是一位最能表達人類之莊嚴的大師，也是最能發揚人性之光輝的大師了。不像一神教中的人，強調神的權威，埋沒人類的莊嚴，發展神權的迷信，抹煞人性的光輝。

佛陀的教團

佛教的教團，即是教徒的社會，稱為僧伽（Saṃgha）。它的命意含有出家與在家的七類分子，不過這七類分子是有高低等次的。

當五位侍者得度之時，即有了比丘；佛的姨母摩訶婆闍波提夫人出家時，便有了比丘尼；由於佛的親子少年羅睺羅的出家，就有了沙彌；由於未成年的女子出家，即增加了沙彌尼；由於曾經結婚的女子出家，但她們又不知是否已經有孕，出家之後做了比丘尼時，竟有嬰兒臨盆，以致招來俗人的誹謗，為了驗其有孕無孕，故設一個察看的過程，名為式叉摩尼。再加在家的男弟子稱為優婆塞，在家的女弟子稱為優婆夷，合為七眾弟子，總名之為僧伽，僧伽即是和合的大眾之意。依其等次來分，則以比丘為最尊，乃是教團的中心。他們的次第是：一、比丘（Bhikṣu），二、比丘尼（Bhikṣunī），三、式叉摩尼（Śikṣamāṇā），四、沙彌（Śrāmaṇera），五、沙彌尼（Śrāmaṇerikā），六、優婆塞（Upāsaka），七、優婆夷（Upāsikā）。

這七眾佛弟子的分類，都是由於所受戒法的多少和深淺而來，最高是出家的比丘戒，最低是在家的五戒。殺、盜、淫、妄、酒的五戒是一切戒的基礎，比丘戒二百五十條，也是從五戒的開展而來。中國人通稱佛教的出家男眾為和尚；其實，在印度，和尚即是傳授學問的老師，並非佛教的專有名詞，也非僅指出家身分的老師。另有沙門一詞，乃是印度對於出家人的通稱，也非佛教所專有。只有比丘，才是佛教出家男眾的專稱。因此，今日的日本，在家化的職業佛教徒，雖非出家的比丘，同樣也可稱為和尚。

從佛教的戒律精神上看，有其優點，也有其缺點。佛教戒律，本為佛陀根據當時徒眾的生活問題，而制的各種規定，目的是在防止教團的腐化，這是其優點。可是，更進一步，對於教徒的統攝和全面的組織，卻不能從戒律之中開展出來。佛陀主張平等，以佛看眾生，眾生的本性也與佛陀平等，所以他未嘗以教團的領袖自居，故說：「我不攝僧」，又說：「我也在僧中」，正由於這種平等而自由精神的發展，慢慢地就失去了教團的中心，不能產生統一的教會，也不能發揮集中的力量，更不能完成良好而持久的制度。佛教的制度應從戒律之中產出，佛教的戒律卻不曾產生出可久可大的制度，這可說是一大缺點。

但是也有利弊互見之處，正因為佛教沒有嚴正的教會組織，所以它的適應性很強，沒有教會無妨，只要有一個信徒，不論他在什麼環境之下，佛教均能存在。這與西方宗教之靠教會的制度與組織的推動，恰巧相反。

第三節　佛陀的教義

原始佛教

佛的教義，從印度佛教上看，可分四大階段：

一、佛陀時代稱為原始佛教；

二、佛滅後五百年內稱為部派的小乘佛教；

三、佛滅五百年至一千年，是空有對峙的大乘佛教；

四、佛滅千年以下，是以密教為主的大乘佛教。

若從地域的分布上說，又可分為南傳的小乘佛教、北傳的大乘佛教。南傳以錫蘭為中心，北傳又分中國本土為中心的顯教大乘及西藏為中心的密教大乘。但是一切的佛教派別，追根溯源，無非出於佛陀時代的原始佛教。以教理的發展來說，現在錫蘭系的南傳佛教，是屬於小乘部派的一個支流；中國佛教主要是得之於北傳西域的大乘佛教。中國實是佛教的第二祖國，空、有兩流的大乘佛教乃至後期大乘密教，均在中國會合。小乘的教典，中國也譯得不少。所以佛教教義到了中國，受了中國固有文化的影響，也創立了許多宗派，發明了好多學說。因此，中國的佛教與印度的佛教是不盡相同的。再由中國傳到高麗和日本，日本也發展出了與中國佛教不相同的形態。這就是佛教之有高度適應性與持久性的原因了。佛教同出於一個源頭，而有枝末分張的不同。因此，我們研究佛教，應先把握它的源頭的根本，才不致於誤會佛教。

原始佛教的教義，所含固然博大，條理卻很簡樸。因為佛陀反對婆羅門教的形式主義，所以沒有祭儀的鋪張。佛陀教化的對象是人間的大眾，所以不做形而上的哲理的玄談。佛陀僅以他所悟得而實際經驗到了的道理告訴大家，使大家知道現實的生活，無非是苦果的接受和苦因的造作。大家知道了這種苦的現象之後，接著就告訴你如何從現實的生活之中，改善你的前途，如何實踐解脫此一苦的生活的方法。佛陀救世的方法，簡樸明瞭，切實了當，他不賣弄玄虛，尤其不喜迷信神祕。他不用高倡天堂和上帝，只要求大家站在人的本位上，從你實際的生活經驗中，達成解脫的目的。他所宣揚的基本教義，便是基於這一精神而來的四聖諦、十二因緣、三法印、八正道。現在約略地加以介紹。

四聖諦

佛陀成道之後，最初在鹿野苑向五比丘說法，即是說的由他親自證悟的四聖諦法。佛法之不同於印度古宗教及其當時各派思想的特色，即是四聖諦法，通常稱此為「三轉四諦法輪」。諦是真諦，即是究竟真理。輪是一種戰鬥用的兵器，藉以象徵佛法的力量可以摧破一切的邪知邪見。所謂四聖諦，即是苦、集、滅、道。何謂三轉四諦法輪？即是：

（一）示轉：說明苦、集、滅、道的定義。苦諦的內容，即是整個人生的現象，人在一生之中，苦多樂少，縱然有樂，樂的終了，依然是苦。大致上分有八種苦：生、老、病、死、愛別離、怨憎會、求不得、五蘊熾盛（身心的煩惱）。集諦是苦的原因，造作生死之業，成為未來生死的原因，即是集起現在的因，將受未來的苦；現在所受種種的苦，即是由於以前集起（造作）的業因所致。滅諦是滅除苦的根源，即是明白了集諦的道理，斷絕了苦的根本，那就進入了解脫的境界，稱為寂滅，稱為涅槃。道諦即是滅苦的方法，那就是八正道的修行法，行八種正覺之道，進入涅槃的解脫之城。

（二）勸轉：即已明白了四聖諦的定義，佛陀接著勸告五比丘對四聖諦的實踐：苦諦應當了知，集諦應當速斷，滅諦應當證驗，道諦應當修行。

（三）證轉：佛陀現身說法，告知五比丘，他已了知苦諦，他已斷除了集諦，他已親證了滅諦，他已修畢了道諦。在此需要解釋一句，即是滅諦的親證是寂滅或涅槃之意，請勿誤會涅槃即是死亡，涅槃乃是滅除了煩惱之苦，心境超越於煩惱而不受物境所動亂的意思。所以佛陀三十五歲成道時，就已親證了涅槃。嗣後廣度眾生，跋涉教化，直到八十歲時才捨棄他的肉身而入滅度。

十二因緣

因緣法的緣起觀，乃是佛陀獨發的宇宙創造論。除了唯物論者，一切的神教信仰者，無不假託宇宙是來自神的開闢、變現、創造。無神論的佛教，則不承認有什麼宇宙的創造神或主宰神。佛陀觀察宇宙的根源，乃是由於宇宙之中一切眾生共同所造的業力所成，造了相同的業，感受相同的環境；造了不同的業，感受差別的際遇。物質世間是由於眾生世間的業力而出現，所以是眾多眾生所造眾多業力的結果，不是另有一個什麼大力的神創造了這個宇宙；宇宙的創造者，即是一切的眾生。因此，眾生也能改造自己的環境，轉變煩惱生死的穢土成為清淨解脫的淨土。但是，淨土並非離開穢土的宇宙而另有天地；只要心地清淨了，當下的國土就是淨土。所以信佛學佛的工夫，要從自己的內心做起，不是乞憐於渺茫不可接觸的天國上帝。自心的清淨不染，便是解脫境界，便是出離生死而入涅槃。那麼，眾生之成為眾生，又是怎麼來的？

佛教不講究最初的來源問題，也不說明最終的境界狀態。佛陀教化的目的：不是在使人們滿足哲學及科學上的興趣，而在指出了苦惱的現象及苦惱的根源之後，告訴你如何解脫苦惱；當你解脫苦惱之時，佛陀的任務即已完成。因為縱然告訴了你最初是怎麼來的？與你實際的苦惱毫無幫助；當你尚未親證涅槃之時，縱然告訴了你涅槃的境界，你還是莫名其妙。所謂如人飲水，冷暖自知，當你親證解脫之後，一切問題均可迎刃而解。與其如神教的假想亂說，不如乾脆不說，這確是佛陀智慧的過人之處。

眾生之為眾生，是由十二因緣而成。十二因緣即是四聖諦中的苦諦和集諦的分張與連續。由十二種因緣而連續成為眾生生死的三世流轉。現舉它們的名目及次第如下：

(一) 無明：即是貪、瞋、癡等的煩惱心、惑亂心。

(二) 行：即是前生由於無明之惑而造的善惡諸業。

(三) 識：即是所造種種的善惡之業，匯集成為托胎投生的生命主體；但這不是一般人所說的固定性的靈魂，佛教也不承認眾生有固定不變的靈魂之說。

(四) 名色：即是托胎後的身心狀態。

(五) 六入：即是胎兒的眼、耳、鼻、舌、身、意。

(六) 觸：即出胎後自己的眼、耳、鼻、舌、身與外在的色、聲、香、味、觸相互接　觸。

(七) 受：即是由接觸外境所感受到的苦及樂的心境。

（八）愛：即是由厭苦喜樂而貪染五欲諸事的心行。

（九）取：即是因了欲愛而對貪染諸境所起的取著心。

（十）有：即是由於今生造作了善惡之業，便有了未來受生受死的果報之因。

（十一）生：即是由今生的業，感受到來生的五蘊之身。

（十二）老死：來生既有五蘊之身，必將老病而死亡。

以這十二因緣，連貫成三世因果，表明苦諦與集諦，說明了凡夫眾生的生死循環，若不解脫，永遠都是在十二因緣的範圍之內。所以十二因緣或苦集二諦，乃是生死法；三法印和滅道二諦，才是出世的解脫法。

以十二因緣配合苦集二諦與三世過程是這樣的：無明與行，屬於過去世的二種因，是集諦；識、名色、六入、觸、受，是現在世的五種果，是苦諦；愛、取、有，是現在世的三種因，也是集諦；生、老死，是未來世的二種果，也是苦諦。過去種的業因，是現在所感受的苦果的根源；現在世中一邊接受苦果的報應，一邊又在造作新的業因，而將於未來世中接受苦果的報應這就是三世輪迴，因果循環，苦集連綿，生死不已的道理。

三法印

由十二因緣而說明宇宙人生的生滅現象。宇宙人生的生滅現象既由因緣的連續和假合而成，它必然不是真實或究竟的，要勘破這個虛妄不實的生滅現象，最好的方法就是三法印。

印是證明印可的意思。用三句話或三個標準來衡量一切的道理，便稱為三法印。合乎這三個標準的，即是佛陀的思想，否則便不是佛陀的思想。以三法印，印一切法，不論是否出於佛的親口所說，不違三法印的，便是佛法。

三法印，即是：一、諸行無常，二、諸法無我，三、涅槃寂靜。這是從因緣和合的宇宙觀，而得的結論。

所謂諸行，是指一切的現象，一切現象均由眾多眾生的業力所感，眾多的因緣所成。也就是說：一切現象的存在，是存在於許許多多的關係之間，由關係的聚集而出現生存的現象；由關係的解散而又出現消亡的現象。宇宙間永遠是許許多多關係演出及位置變換的舞台。因其關係位置永遠都在變換不已，所以一切現象，都是無常的。

所謂諸法，是指一切的事物和因事物而產生的觀念。前面所說的諸行，主要指的是：色、受、想、行、識的五蘊。色蘊包含一切的物質世界；受、想、行、識四蘊，包含一切的觀念世界。五蘊實則是總括了凡夫世間的一切現象。五蘊的現象既是無常的，那麼，凡夫平時所以為我及我所有的物質和精神、身體和心想之中，實在沒有一個「我」字可求了。物質的元素，剎那剎那都在變動它們的位置和成分；精神的心想，也在念念不停地變更它的所緣的對象和能緣的素質。佛教不以為人有固定不變的靈魂，就由此緣生的道理而來。因為前念的心和後念的心，它所含的素質即已不同。由於念念不同，所以才有上升和下墮的可能。

因為五蘊無常，所以身外之物固然不屬於我，個人的身體也不是真實不變的我，乃至主宰此一生命的心識之中，也不可能找到一個永恆不變的我。既已明白了諸法無我的道理，那就不該再為「自私」去做奴才；一切的煩惱，卻是因了不能打破「自私」的迷惑而惹起。如能不做「自私」之「我」的奴才，那他立即就是解脫。

所謂涅槃寂靜，即是指的解脫境界。一般人誤以佛教的無我觀是消極厭世的，佛教的涅槃說是逃避現實的。其實，佛教的無我，旨在否定「我」的功利觀念，並沒有否定「我」的責任觀念；因此，佛教的涅槃，旨在解脫「我」的煩惱，而非放棄「我」的責任。所以，涅槃的性質分為有餘涅槃、無餘涅槃、無住處涅槃。解脫了煩惱的人，即入於有餘涅槃，餘者尚餘有業報之身；解脫了煩惱的人，捨去業報之身，稱為無餘涅槃；解脫了煩惱的人，雖已捨去業報之身，再以悲願之力，自由地受身捨身，出生入死，廣度眾生，入涅槃而不固定於寂靜的狀態，稱為無住處涅槃。可見，佛教的目的是在積極地化世，是在深入而普遍地面對現實。

八正道

佛世的印度，宗教思想複雜而且混亂，有的主張樂天，有的主張苦行；佛陀應現，則倡不苦不樂的中道主義。此所謂的八正道，即是佛陀所倡中道主義的生活標準。由此八正道的實踐，便可從現實生活之中，達成解脫的目的；解脫之道的實踐，不是教人逃避現實的生活，乃是教人面對現實生活而予以改良和淨化。八正道即是四聖諦中的道諦，即是由凡夫而成為聖人的方法，即是由煩惱生死而走向清淨解脫的道路，所以稱為正道，又叫作聖道。

八正道的名目，也有它一定的次第，現在介紹如下：

（一）正見：即是正確的見解。信佛學佛的人，首先要具備正見。如何稱為正見？應以三法印來鑑定，合以無常、無我、涅槃的見解，便是正見，否則就是邪見。

（二）正思惟：有了正見，再對此正見的內容深思熟慮維繫不懈。這也就是「意」業工夫的實踐。

（三）正語：這是根據意業的正思惟，表達於「口」業的實踐。也就是不得妄言、綺語、兩舌、惡口；而且要做善言愛語，隱惡揚善，隨喜讚歎。

（四）正業：這是根據意業的正思惟，表達於「身」業的實踐。也就是不得造作殺生、偷盜、邪淫、用痲醉物等的惡業。同時要行放生、布施、清淨、智慧等的善業。

（五）正命：這是正當的謀生方法。信佛學佛的人，不得以江湖術數等危害社會福利與眾生性命的伎倆，來謀取不義之財。應當從事士、農、工、商等的正當職業。這條含有身、口二業，若能做到，包括前面的正思惟、正語、正業，即是「身、口、意」的三業清淨了。三業若能絕對清淨，即是解脫的境界。

（六）正精進：凡夫無法一下子就做到三業的絕對清淨，所以要策勵自己：已作之惡立即斷除，未作之惡不令再作；已作之善更進一步，未作之善立即去作。這就叫作正精進。

（七）正念：策勵精進而住於正見，常念正見而精進不已。即是攝心制心的工夫，也是修習正定的前方便。

（八）正定：正定的定，可以譯作三昧。即是循著前面七個階段來修持，可以進入四禪，保持心境的統一，達於空如的實在，便是涅槃的解脫之境。所以，正定的內容，即是正見的完成；正見的實證，即是正定工夫。實際上，佛教修行方法雖稱廣大無邊，約而言之，仍不出乎八正道的演繹。八正道中含有五戒十善，其分配如表：

正　業	不殺生、不偷盜、不邪淫	不戒十善
正　語	不妄語（綺語、兩舌、惡口）	
正思惟	不貪、不瞋、不癡（酒）	

由八正道，又能歸納為戒、定、慧的三無漏學，其對照如表：

三無漏學
- 戒——正語、正業、正命
- 定——正念、正定
- 慧——正見、正思惟、正精進

——八正道

八正道中含有大乘佛教的四攝法，其分配如表：

- 正語——愛語
- 正業——布施
- 正命——利行、同事

——四攝法——四種攝化眾生的方法

八正道合為戒、定、慧，戒、定、慧又可演為大乘的六度法門如下表：

三無漏學
- 戒——布施、持戒、忍辱、精進
- 定——禪定
- 慧——智慧

——六度

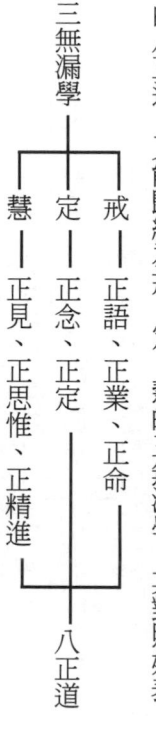

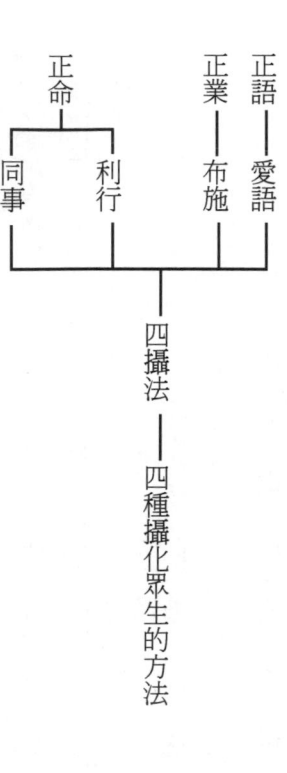

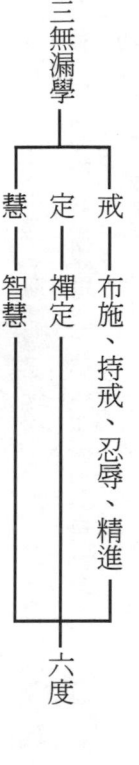

由六度而演為八萬四千法門，實則仍不出於八正道的推展擴大。八正道是四諦中的道諦，由修道諦而入滅諦，即是解脫的涅槃。因此，若從佛法的開展面看，實在是無窮無極；若就佛法的原則上看，不過是四聖諦法。佛以四聖諦法，含攝了一切的世出世法。佛陀在鹿野苑初度五比丘，即是轉的四諦法輪，佛陀的最後遺教，還是不出四諦法輪的範圍。

第四節　從小乘到大乘的印度佛教

佛教的分裂

在佛陀入滅以前，佛法是一味的，四聖諦或戒、定、慧，是平等發展的。到了佛陀入滅以後，由於弟子們的個性及其所處環境與時代背景的不同，而出現了偏重與偏輕的現象。

佛陀入滅之後，共有四次的結集大會。所謂結集，就是對於流傳中的佛法，以會議方式加以審查和編訂，通稱之為三藏結集。

三藏的結集，實際上即是佛教分裂的起因與結果。第一次結集，是由佛的及門弟子迦葉尊者召開。迦葉是佛陀座下苦行第一的頭陀，所以這次由他召開的結集大會的分子，可以說僅是苦行派或近於苦行派的五百位比丘，尚有好多與迦葉氣質不同的佛的及門弟子，則未被邀請參加。因此而留下了自由派及保守派的問題。迦葉重苦行，重禪定，拘泥於戒律的條文，認為佛所未制的不得再制，佛所已制的不得捨棄。由此即引出了第二次結集。

第二次結集，是為了戒律條文的細節問題。自由派主張順應實際的生活，在飲食、衣著、住處、金銀等細節上，不必呆板地死守條文。保守派卻堅決反對自由派的主張。所以雙方勞師動眾，召集了七百位比丘，開了第二次結集大會。這次結集的內容，僅為十條細節的戒律問題的審查，結果保守派獲勝，而稱為十事非法。但是自由派的思潮，卻是愈來愈盛，於是，在無形中就分裂為兩部。保守派重於禪定與戒律，以老年的上座為主幹，所以稱為上座部；自由派重於智慧，以年輕的大眾為主幹，所以稱為大眾部。

第三次結集，是在佛教名王，也是印度史上唯一統一了全印而實行仁政的阿育王時代。這次是為了大眾部有一位名叫大天的思想家，提出了五點開明的見解，而遭上座部學者的劇烈攻擊，同在阿育王所建的雞園寺內，兩部學者形同水火。因此而請了一位折衷派的學者目犍連子帝須，集會審查。從資料中看，這次集會雖然暫做調停，但也並未達成統一的願望，倒是因此而形成了兩大流的三大系：原來的上座部與大眾部，為兩大流，上座部之下有一派傾向於大眾部思想的折衷派，自成為分別說系。現在南傳錫蘭、緬甸、泰國等地的佛教，即屬於分別說系的一支；原來的上座部，則在西印與北印發展成為說一切有部；大眾部在南印度漸次發展成為般若觀的大乘佛教；受般若觀大乘影響的說一切有部的基礎上，又發展出了唯識觀的大乘佛教。

尚有第四次結集，這是在佛滅四百年時，起於北印迦膩色迦王治下的迦濕彌羅。因為當時佛教的學派繁多，據說共有二十個部派。上座部與大眾部之下，各各分出好多派，由於相互影響，所以分了又分，同在說一切有部之下，也有幾種不同的學派。這次結集，就是想達成思想協調的目的。結集的成果，就是一部二百卷的《大毘婆沙論》。

小乘佛教

所謂小乘佛教。即是佛滅之後分裂出來的部派（學派）佛教。這是在大乘佛教興起之後，大乘學者給部派學者一種輕藐的稱呼，說他們是只顧自利而不行利他工作的自私者。乘是乘用交通工具，也可解為交通工具的本身。大乘學者認為自利利他，廣度眾生者，就是修的菩薩行。菩薩行既能自求解脫，也要度人解脫，所以菩薩行的本身就是航出生死大海的一艘大船，所以稱為大乘。認為部派學者的思想，偏重於自度而不輕言廣度眾生，所以被稱為小乘。但在部派佛教的本身，他們固然不喜接受小乘的頭銜，事實上他們的思想境域雖不及大乘佛教的開闊，部派佛教也未必僅是自利的，否則他們的傳教事業，勢必停頓而歸於滅亡。因此，在佛教學中，寧以部派佛教的名目來稱呼小乘佛教，則較相宜。

所謂部派，即是由於學者們對佛法所採觀點的不同而出現了各種學派。主要的學派，即是前面所說的兩大流與三大系。三大系是由上座部及大眾部的兩部而來，從思想的分判來說，大眾部與上座部下說一切有部的兩者最為明顯。追尋其源流，以修道論而言：上座部重禪定、重戒律；

大眾部重智慧、重實用，這是由於三無漏學的偏重偏輕而分為兩流。以認識論而言：大眾部根據緣起觀而立論，觀緣起而知現象皆空，所以重智慧的啟發和生活的實用；說一切有部根據無常、無我觀而立論，要想在無常、無我觀的境界上恆久不變，那要靠修持的工夫的達成，所以持戒習定而至三業清淨，乃是必行的步驟。緣起觀是觀一切現象的成因，無常無我觀是由觀察到了一切現象均不出乎因緣聚散的原理而得的結果。大眾部與上座部各執其一端，故分成兩流，這在原始佛教時代卻是一味一體的。

由小乘而大乘

小乘佛教及大乘佛教，都是從原始佛教中流出。我一向以為，由成人而至解脫，是佛教基本要求；由個人解脫而求得眾生大家解脫，乃是佛陀化世的本懷。修五戒、十善而成為一個美好的人格；修四聖諦、八正道而解脫生死；修六度、四攝而廣度眾生，這就是成佛的階梯。

佛陀的宗旨，是希望一切眾生皆能成佛；但是，成佛的工夫，要靠長時間的修行。所以眾生學佛，自可各有進程，從修五戒、十善，漸次進步而修六度、四攝。

因此，近代的太虛大師，將佛法分為五乘的三類，所謂五乘，即是：人乘、天乘、聲聞乘、獨覺乘、菩薩乘。所謂三類，即是：五乘共法，三乘共法，大乘不共法。也就是說：五戒、十善，是做人的準則，是生天的資本，也是求解脫、求成佛的必修課程；四聖諦、八正道，是聲聞、獨覺、菩薩，共同必修的課程；六度、四攝，則為菩薩獨修的課程。把五等的佛法，歸為三類，故稱為五乘共行的、（除人乘及天乘而）三乘共行的、大乘不（與其他四乘）共行的。

教人成為一個好人，乃是一般倫理的共同要求；教人求生天國，乃是一般宗教的共同希望。所以也受佛教的重視，並且列為基本的修養，所以稱為五乘共法。教人超越人天而入於涅槃，乃是佛教的特色。修證涅槃境的，有三等人：一是由於聽聞佛的聲音言教而修成的人，稱為聲聞；二是生於沒有佛法可聞的時地，憑他們自己的宿根而獨自對於宇宙現象觀察悟徹的人，稱為獨覺；三是以弘誓大願，生生世世，自度度人的人，稱為菩薩。人天二乘，不能解脫生死；聲聞與獨覺二乘，雖已解脫而尚沒有成佛；菩薩是雖能解脫生死而不願拋棄尚在生死中的受苦眾生，唯有解脫了生死而仍自由往返於生死之中救度眾生的菩薩，才能畢竟成佛。

因此，人天乘法，雖受佛教的重視，卻不是佛教的重點；聲聞、獨覺的解脫生死，雖是佛教的重點，卻尚不是佛教的目的；唯有菩薩的自他兼濟而尤重於利他的成佛法門，才是佛教的目的。所以，一般大乘教徒所指的小乘，便是聲聞與獨覺，通常合稱之為「二乘人」。為別於聲聞、獨覺二者的小乘，菩薩因而被稱為大乘。由此可見，菩薩精神是偉大積極而入世者的表徵，也唯有菩薩行的大乘法，才是佛陀化世的本懷。也可見出，中國民間誤以一切牛鬼蛇神的偶像，都用菩薩的稱呼，無異是給菩薩兩字的最大誤解了。

但是，佛陀的本懷雖是菩薩的大乘行，然於《阿含經》中看到，在佛陀時代並沒有太多的菩薩。菩薩的精神，雖在佛陀及其許多大弟子的言行中表露出來，被稱為菩薩的人卻僅有兩位：一是釋迦世尊尚未成道之時，稱為釋迦菩薩；二是佛陀座下的一位比丘，佛陀預記他在此後將來人間成佛，那是彌勒菩薩。至於大乘經中的菩薩，例如文殊、善財、寶積、維摩詰、賢護等，雖不載於阿含原始聖典，卻也確有其人。只因數次結集佛法的中心人物，都是比丘僧團的聲聞眾，偏重於解脫道的精神，未將適用於在家弟子的大乘教法收入，所以佛滅之後的五百年間，佛教的發展，乃形成小乘的勢態。大乘思潮則在默默中流行，有的是單獨流行；但其主要的思想仍附於聲聞僧團的發展，漸次由小乘部派的內容，而成為大乘的先驅。

思想的演進

由小乘入大乘的思想遞演，其間關係非常密切。例如原始佛教所講生命的主體，是第六意識，在小乘的部派時代，則由第六意識的功能中，分出了另一種名目，大眾部稱為「根本識」，上座部下的犢子部稱為「非即非離蘊我」，由犢子部分出的正量部稱為「果報識」，分別說系的化地部稱為「窮生死蘊」，說一切有部之下的經量部稱為「細意識」或「一味蘊」。這些名目的功用，到了大乘佛教，就成了第七末那識及第八阿賴耶識。

由原始佛教的四聖諦，分成有為法及無為法的兩大綱。苦、集、道三諦，屬於現象界的有為法；滅諦則為本體界的無為法。對現象而言，大眾部主張「現在有體，過未無體」。也就是說：過去的成績，已集於現在的一點；未來的發展，也從現在的一點中延伸。所以只有現在的價值，因為過去的已經過去，未來的尚未出現。說一切有部主張「三世實有，法體恆有」。也就是說：過去的時間雖已不存在，過去的價值依然存在；未來的時間雖尚未來，現在的價值之中，卻已蘊含了發展出未來的因素。所以，一切現象的價值，從過程上看是實有，從其所能產生的影響上看是恆有的。對本體而言，說一切有部主張無為法只是三個，它們是寂靜不動的，是有為法的終局而非源頭。有為法的現象界是由本來染污的心性所生起，修道而入涅槃，便是無為法的境域。大眾部的無為法有九個，它們是自由而活潑，既是有為法的終局，也可以是有為法的源頭。因為大眾部主張心性本淨，本淨的心性即是無為法，由於客觀的煩惱雜染，才使本淨的心性變為不淨。

因此，基於心性本來不淨之說，而著重於現象的分析，仔細地考察現象，予以對治，始能由不淨而成為清淨，由有為法而入無為法。由此分析考察，後來即發展成為唯識法相的大乘教義。

基於心性本來清淨之說，而著重於本體的發揮。深入地考察本體，現象乃是本體所流出。由此演繹，後來即成為真如緣起、如來藏緣起及法界緣起的大乘教義。所謂一切眾生皆有佛性，所謂如來藏中藏如來，所謂心、佛、眾生三無差別等的思想，均由心性本淨的觀念而來。

大乘佛教的主流

從體上說，大乘佛教與小乘佛教的關係，猶如學生與老師的關係；沒有小乘佛教，大乘佛教雖然別有接自佛陀本懷的源流，卻也無從生根立足；大乘的思想固要借助小乘思想的培育，大乘的弘揚也有待於小乘僧團的努力。縱然大乘經典如《維摩經》、《勝鬘經》之鼓吹在家菩薩的偉大卓越，真正對於大乘佛教的建樹者，卻都是出身於聲聞教團的出家菩薩。例如馬鳴、龍樹、提婆、彌勒、無著、世親，無一不是現的聲聞形態的比丘大德。

大乘佛教的教義博大高明，實非短短的篇幅所能介紹。就其粗枝大葉而言，可以分為三大主流：

（一）般若中觀系：此系源出於原始佛教的緣起觀，經大眾部的孕育，至龍樹菩薩而集大成。《阿含經》中說：「此有故彼有，此無故彼無。」「此生故彼生，此滅故彼滅。」這就是講的緣起緣滅的道理。緣生之法，無非假相，故到龍樹的《中觀論》中，就說：「眾因緣生法，我說即是無。」《般若經》是闡揚空義的大乘經典，此所說的空，不是對有而說的虛無之空，乃是捨有而不離有，乃是非空非有的中道觀，所以稱為般若學的中觀系。此系以龍樹及提婆為代表人物。龍樹大約是西元一五〇至二五〇年間的人，提婆大約是西元一七〇至二七〇年間的人。在此二人之前，初期的大乘經典，如般若、華嚴、法華、淨土聖典等，已經成立。在此二人以後，繼起發展此一系統的大師，又有佛護與清辨等人。往後，中觀學者便融於密教之中而在印度消失。

（二）瑜珈唯識系：瑜珈是禪定的工夫，根源於原始佛教，經過上座部小乘佛教的推演，在西北印度最為盛行，由瑜珈行而得的宗教經驗，稱為瑜珈師的法門。此系所重的一部《瑜珈師地論》，即是瑜珈行者得自宗教修持的自內證，所以託稱由無著菩薩親從彌勒聽聞而傳之於世。實則，此一彌勒既非佛世的彌勒，也非來自天上的彌勒，而是在無著稍前大約西元三〇〇年左右的歷史人物。

至於唯識，就是追尋現象界的根由，無非出於染污的心性—第八識所變現。心性本來不淨的思想見於說一切有部，第八識的先驅思想，則已見於部派之中。唯識學派對於現象界的研究分析，分為色法、心法、心所有法、不相應行法。這是從原始佛教的五蘊無常觀，經過小乘佛教的推演，至無著與世親而集其大成。無著大約是西元三一〇至三九〇年間的人，世親大約是西元三二〇至四〇〇年間的人。在龍樹以後，無著以前，中期的大乘經典，如《涅槃經》、《勝鬘經》、《解深密經》、《入楞伽經》等，也已成立。世親以後，繼起的大師，則有陳那、護法、安慧等人。到了西元第七世紀以後，中觀系及瑜珈系皆因密教的盛行，而入於密教之流。

（三）淨心緣起系：這是根據心性本淨的大眾部思想而來，有泛神論的色素。這在佛陀時代的原始聖典中，已有線索可尋。唯因為佛陀的宗旨，唯在使人達成解脫的目的，對於本體論及現象論等的哲學問題，佛陀並不重視。但是，由小乘佛教到大乘佛教所產生的哲學方法的解釋觀點，雖然未必出於佛說，只要合乎三法印的原則，縱然是從外教方面吸收來的東西，同樣也是佛法。淨心緣起的內容，包括有真如緣起觀、如來藏緣起觀、法界緣起觀。《大乘起信論》，即是此一系統的主要論書；大乘的密教，即是此一主流之發展的最高代表。最初由心性本淨而謂眾生本具佛性，然在大乘的顯教尚須於長時間修持菩薩道，始能成全佛性。到了大乘的密教，便倡即身成佛之說，主張以觀想自己與佛合一，觀想成功，也就成佛了。

以上三大主流的分劃，近世的中國佛教界，頗有論諍，太虛大師標名為：一、法性空慧宗，二、法相唯識宗，三、法界圓覺宗。印順法師別有看法，他標名為：一、性空唯名論，二、虛妄唯識論，三、真常唯心論。我是根據大乘思想的源流，參考太虛及印順二師的見解，做了如上的分類介紹。

佛教在印度的滅亡

印度的後期大乘佛教，即是密教。自西元第七世紀，密教漸漸盛行。顯教重於教理的探索，密教重於教儀的遵行，誦陀羅尼真言咒語，築壇供養諸尊，結手印以示諸尊的本誓，建立曼荼羅以配置佛、菩薩、諸天的諸尊。所謂密教，乃是只可心會身行而不可用言語道說的最高原理。密教不是人間成佛的釋尊所傳。釋尊是化身佛，他的報身在色究竟天，稱為大日如來。密教即由報身佛所說的無上祕密大法，勝過化身佛所說的顯教佛法。由於各部密乘的部主本尊均有眷屬，所以把外道的諸天鬼神都納入了密教的護法系統。

密教的開祖是龍猛（Nāgārjuna），直接傳承自本尊金剛薩埵。密教譯成漢文的有兩部重要聖典，一部是《大日如來經》，約在西元第七世紀中葉，成立於西南印度；另一部是《金剛頂經》，是在西元第七世紀末葉，成立於東南印度。由於波羅王朝的崇信保護，密教在印度開出了全盛的花朵。自西元七五〇年至一一九九年之間，這就是印度佛教的最後一景。

因為，在印度教中有一派的杜爾嘉女神崇拜，曾經一度極為盛行。後期的密教中，有些部派為了迎合時流，也接受了這個性力派的觀念和行法，將男女交接的肉欲主義賦予理論，加以實踐，稱性交謂之大樂，將行淫稱為無上瑜珈。因此全失原始佛教的聖潔與樸實。

學者稱此肉欲主義之前的密教為右道密教，稱此肉欲主義的密教為左道密教。因為印度教性力派的文獻稱作怛特羅（Tantra），無上瑜珈的密典也稱為怛特羅，所以英國學者便將左道密教名為怛特羅乘。

由於晚期密教的腐敗，加上穆斯林的入侵印度，佛教在印度便接受了滅亡的命運。西元一二〇三年，伊斯蘭教燒燬了建於第八世紀的密教根本道場超岩寺（Vikramaśila），並且殺光了印度諸地的佛教僧尼之時，印度佛教便告終結。

菩薩及其他

佛教是無神論者，因其不信有一個宇宙的創造神及主宰神。但在最初與佛教接觸的人，往往又會將佛教當作偶像崇拜的多神信仰。例如馬可波羅在他的遊記中，就把佛教稱作迷信的偶像教徒。原因是在佛教除了佛陀之外，尚崇拜菩薩，也承認許多的神鬼。

本來，菩薩是指尚未成佛之前的釋迦太子悉達多。當世尊成佛之後，他自己是佛，也承認一切人均有成佛的可能。所以，菩薩這個稱號，可以用於一切誓願成佛的人。凡是繼續指向其成佛的理想而努力的人，均得稱為菩薩。

作為一個菩薩的條件，主要是修六度法門，但其也因修為的深淺不等而有層級的分限。從最初發心，到成等正覺，高下懸殊。若能到達徹悟宇宙本體是一種空如的實在之際，便是聖位的菩薩了。

因此，菩薩的理念，對於大乘佛教具有極重要的意義。大乘的理想是藉菩薩行的精神而表現，菩薩不以自求解脫苦痛為目的，故亦不以涅槃為終局，乃在生生世世與眾生做伴侶，救濟眾生，並使眾生皆成佛道。於是，人人皆得成為菩薩。菩薩可有各種不同的身分，出家沙門或在家信徒，只要善盡人的義務，同時實踐成佛的理想，他就可稱菩薩。

菩薩既是成佛的基礎，又是以救濟眾生為己任的人，所以民間對「萬家生佛」的菩薩，備極敬仰。佛教則以菩薩為佛教徒的榜樣或模範來尊崇。於是，即將成佛的大菩薩，例如觀音、地藏、文殊、彌勒等，便成了佛教徒崇拜的第二層對象。甚至覺得菩薩的靈應，常在人間的日常生活中出現，要比寂靜入滅了的佛陀，更加親切貼己。

佛教本不崇拜偶像，佛滅之後，尤其當希臘人來到印度而受佛教的化導之時，總覺得空無依傍，所以仿照希臘人的神像，雕刻了佛像。往後，一些特受崇仰的大菩薩們，也被雕刻了偶像。從此，佛教就有了偶像崇拜的色彩，唯其對偶像致敬之時，並不會以為那便是佛菩薩的本身，只是藉此作為象徵，一如國民對國旗的致敬，國旗乃係國家的象徵而已。

僅僅自求解脫的小乘聖人，稱為羅漢。這些羅漢解脫之後，自然也將捨小入大而成菩薩。

至於神鬼，佛教把他們列為眾生的一種類別，既不視其為聖，也不崇拜他們。相反地，佛教徒誦經念佛的功能之一，便是為了對群神說法，給鬼類開導，使他們也能得到佛教的利益，避惡向善，乃至解脫。

佛教的文獻

佛教的研究工作者，主要是對佛教文獻的整理與判析。一般人之誤解佛教為迷信，原因即在未能涉獵佛教的文獻。

通常是以三藏十二部來稱佛教全部文獻，三藏是指：

（一）經藏：由佛菩薩及羅漢弟子們所說的法義，編集起來的類書稱為經藏。

（二）律藏：由佛對弟子們的生活規定，制定章則條文的稱為戒，記載制戒原委及經過情形的稱為律。

（三）論藏：對於各種法義的解釋及辯論，稱為論藏。

比之於基督教，經藏相當福音書的性質，論藏相當神學書的性質，律藏則無相當之書，或者稍類於猶太教的律法、印度教的法典。其內容的程度則無法比擬。

所謂十二部，是指佛典所用的十二類體裁：一、長行（散文），二、重頌，三、授記，四、孤頌，五、無問自說，六、因緣，七、譬喻，八、本生（佛的過去生中事），九、本事（佛弟子過去生中事），十、方廣（大乘廣大經義），十一、未曾有（神變不思議書），十二、論議（辯論問答）。故其非指十二種經書。佛典是隨著時代而日漸增多，歷代佛教名著入藏，藏經便愈來愈多。日本《大正新脩大藏經》，正編五十五冊，收有九千餘卷。多數中國人的佛教著作尚不包括在內。另有譯成西藏文及巴利文的許多典籍，中國尚付闕如。

第五節　隋唐以前的中國佛教

佛教的傳入

佛教初傳中國，究竟始於何時，史家眾說紛紜。近代人的看法，大致是以後漢明帝永平十年（西元六七年），遣使迎取迦葉摩騰與竺法蘭至長安為始。那時譯出了《四十二章經》，藏於國家圖書館的石室之中。但據近代學者的考證，現存的《四十二章經》並非出於漢人手筆。然由史料中看，後漢桓帝延熹年間（西元一五八—一六六年），楚王劉英，崇奉黃老與浮屠之教，桓帝宮中亦建黃老與浮屠之祠。到了後漢獻帝之世（西元一八九—二二〇年），有笮融建佛堂，親自率眾修持誦經法會。以此可見，佛教傳入中國之有信史可查的，至遲是在桓帝時代；但是，早在秦始皇時代（西元前二二一—二一〇年），即已有了佛教傳來中國的消息。

其實，佛教來華的情形是漸次進入的，大概先由來往於西域的商人，在有意無意間帶來一些佛教的事物；這在秦始皇時代，可能已經開始。至於中國人之信仰佛教，大概是到後漢時代才開始。

中國之有佛經，有信史可考的，是在後漢桓帝時（西元一四七—一六七年），由安息國來華的安世高及由大月氏來華的支婁迦讖，開始譯出。到後漢之末，又有竺朔佛、安玄、支曜、康巨、康孟詳、竺大力，自西域相繼而來，從事佛典的翻譯。這些翻經師的姓氏，均係中國人根據他們祖國的國名而安上的，安息國的人姓安，大月氏（音支）的人姓支，天竺（印度）的人姓竺，康居國的人姓康；乃至初期的中國僧人，也隨西域來華的老師而姓。在此初期的諸譯師中，安世高譯出三十四部四十卷，多為小乘經典，支婁迦讖譯出十三部十七卷，多為大乘經典，這是中國初期佛教的兩大譯師。

支婁迦讖所出的《般若經》，特別受到中國人的注意。當時的中國，老莊的虛無主義非常盛行，般若的空義雖不即是虛無，卻能利用老莊的思想做基礎而與中國的思想界相互溝通。

三國時代的佛教

三國時代（西元二二一年以後）的佛教，以北方的魏國及南方的吳國為流行地，有關蜀國的佛教史料則很少。魏廢帝之嘉平年中（西元二四九—二五三年），中天竺的曇摩迦羅到洛陽，譯出《僧祇戒心》，並請梵僧立羯磨法受戒，此為中國之有戒律及受戒之始。嘉平之末，又有康僧鎧譯出《郁伽長者經》。甘露年中（西元二五六—二五九年），帛延譯出《無量清淨平等覺經》。一般人以為此經是支婁迦讖所譯，這是淨土信仰流入中國的表徵。當時有位值得注意的人物是支謙居士。支謙的祖父是歸化中國的大月氏人，支謙雖生於中國，卻能博通六國語文，他就學於支婁迦讖的弟子支亮，合稱之謂三支。支謙於漢末由魏避亂到了吳國，被孫權禮為博士，潛心譯經，計出《大明度經》、《維摩經》、《阿彌陀經》等大、小乘經三十部共四十卷。

在吳國的吳大帝赤烏十年（西元二四七年），生於交阯的康僧會來到吳都建業，感得佛舍利而使孫權為建佛寺，號為建初寺。此為吳國有佛寺之始。康僧會譯有《六度集經》等，並為譯出的經典作釋，因此而使江南的佛教，臻於興隆。稍後，支謙亦由魏至吳，譯出大量的佛經。

三國時代，僅於五十年之間，從佛教的發展上說，尚是啟蒙階段，故在思想的建樹上，可述者不多。所足注意者，由於朱士行（西元二〇二—二八二年）的講解《般若經》，每以老莊思想來說明般若的空理，所以頗受當時思想界的歡迎。同時，三國時代正在崇尚清談之風，有名的竹林七賢即活動於那時，他們主張虛無放縱，隱遁林下，嗷嘯不羈。佛教的般若性空之學，被接通了老莊的虛無主義，故亦為之相得益彰。

到了兩晉時代，佛學與老莊的關係愈密，佛教徒積極運用老莊以釋佛經的結果，便形成了「格義佛教」，其實這與佛法的本義，未必相投。

對於中國佛教的建立，晉代有幾位傑出的人才，一是有語言天才並被尊稱為敦煌菩薩的竺法護來華，他譯出了《般若經》、《法華經》、《華嚴經》、《涅槃經》等經，約一百五十部三百卷。這對佛教文化的貢獻，實在太大。另一位是佛圖澄來華，他本人是位神異超卓的神僧，又由他對於世出世法的淵博，受業弟子幾達萬人。他的門下弟子，便給中國佛教的義學，開了光輝的先風，其中特別是道安的成就最為殊勝。

道安與慧遠

道安（西元三一二—三八五年）是中國佛教史上第一位大思想家。他不通梵文，但他利用譯出的佛經，加以條理的註釋，乃是第一位註經家。以前的人對佛經雖有講釋，但均未有體系。所以他於中國後世佛教的發展影響很大。

道安初居襄陽，於十五年間講說不輟，聲望遠播。致有北方的前秦王苻堅（西元三五七—三八四年），以十萬人攻取襄陽，迎取了一個半人，那就是彌天釋道安及四海習鑿齒，前者為一人，後者算半人。

道安編集譯經目錄，為僧尼制定行儀，統一僧尼的姓氏，一律為「釋」氏，使佛教完成組織化的教團。在思想方面偏重般若學，理想上則以願生兜率淨土為依歸。重於生活的實踐及思想的啟發，所以道俗風從，望聞西域。

道安的弟子很多，而以廬山的慧遠（西元三三四—四一六年）最著。慧遠受學般若於安公之門，後興禪法於江西的廬山，並以西方淨土為其指歸，創結白蓮社，修持念佛法門。他在廬山三十多年，未嘗一度下山，自律極嚴而又誨人不倦。他雖不曾下山，卻對佛教文化的發揚抱有極高的熱忱。他遣弟子赴西域求梵經，又迎佛陀跋陀羅至山中，並助其譯經、講演及著述。

在印度，宗教師的尊嚴超過剎帝利的王者階級，所以佛僧不禮敬王臣，乃有明文。到了中國，此制行之殊非容易，第一位積極倡導「沙門不敬王者論」的，便是慧遠。當時由於庾冰於東晉成帝咸康六年（西元三四〇年）主張沙門應敬拜王者，而有此一論諍。

法顯與鳩摩羅什

東晉之世，除了道安及慧遠，尚有法顯（西元三三五—四一七年）之西行求法。西行求法的漢人始於朱士行，國人求法而對中國文化有大貢獻的，則以法顯為第一人。他除了譯經，並為我們留下了一部被世界史學家們珍為瑰寶的《佛國記》。

但是，中國翻譯史上的第一重鎮，卻要首推鳩摩羅什（西元三四四—四一三年）。這是由道安的建議，苻堅派呂光帶了大軍征服龜茲（今之新疆庫車），而把羅什迎來中國。

他到長安之際，苻堅已亡，後秦的姚興代起。姚秦也極崇佛，羅什於十二年間，譯出了七十四部三百八十四卷佛典，其中包括《般若經》、《維摩經》、《法華經》、《無量壽經》、《大智度論》、《中論》、《十二門論》、《百論》、《成實論》等。由他所譯的經論性質而言，他是偏重於龍樹般若系的介紹。羅什所譯的文字，簡明俐落，誦之琅琅上口，所以迄今的佛經誦本，也多採羅什所譯。

他的門下，號稱三千，中有四聖十哲，而與孔子媲美。因之由他門下即有三論、成實、涅槃等學派的產生。僧肇、僧叡、道生、道融，即其最傑出的弟子，所謂「關內四聖」。

南北朝時代

東晉滅亡，繼之而起的王朝，在南方有宋、齊、梁、陳，在北方有魏統一五胡。魏再分裂東、西兩半，東魏之下為北齊，西魏之下為北周，最後由隋而統一南北。約歷一百六十年間。南朝的帝王多信佛教並予保護；北朝則曾有魏太武帝及北周武帝的崇道毀佛運動之發生；唯其毀佛時間，均不太長久，所以復興的機運，反使北朝留下了偉大的佛教石刻藝術，如洛陽龍門的石窟，即其一例。

同時，北方佛教譯經事業及弘化工作，也不乏其人。北魏宣武帝永平元年（西元五〇八年），印度的勒那摩提及菩提流支等來華，譯出的主要佛典為《十地經論》（略稱《十地論》），並且大事弘講，因此而產生了地論宗的學派。到菩提流支的弟子道寵，勒那摩提的弟子慧光，又將地論宗分為南、北二派，道寵為北道派，慧光為南道派。

在南朝方面，歷朝信佛，特別是梁代，尤其隆盛。

宋代的佛教以《涅槃經》的研究最盛。此時有道生的頓悟成佛說，又有慧觀的頓、漸、不定說。因此而有慧觀開創中國佛教教相判釋的先驅，將種種教典，由雜然無序而加以整頓為體系化、組織化。這對後來的各宗教判，影響很大。

經齊而至梁武帝即位（西元五〇二年），佛法隆極一時。梁武帝自己信奉佛法而研究佛法，並講說佛法，乃至三度捨身出家。相傳中國禪宗的初祖菩提達摩（西元？—五三五年），即於梁武帝時自印度來華。及陳代興，又有印度來華的真諦三藏（西元四九九—五六九年），翻譯及著述，約達八十多部三百卷。因此，羅什、真諦，加上唐之玄奘（西元六〇二—六六四年）、不空（西元七〇五—七七四年），並稱為四大翻譯家。

宗派的興起

中國佛教的經典，由於西域及印度高僧大量、陸續的翻譯，漸漸多了起來。佛典在西域乃至追溯到印度，就已有了學派之間的互相出入，到了中國自亦難免宗派的分張。

宗派的成因是由於各個不同的環境、時代、人物的因素。所以，受了當地、當時及當事人的識見，便對一味的釋迦遺教，做了不同角度與不同方式的容受及再發明。這也是自由思想的、進步思想的、民主思想的必然結果。

在隋唐以前，北中國有人依小乘的《阿毘曇心論》而成立毘曇宗，依大乘的《十地論》而有地論宗，依大乘的《攝大乘論》而有攝論宗。在南中國，有人依大乘的《中論》、《百論》、《十二門論》而有三論宗，依小乘的《成實論》而有成實宗，依大乘的《涅槃經》而有涅槃宗。但是，到了隋唐時代，由於新興宗派的茁起，以上各宗，除了三論宗之外，均為新的宗派所融攝而失去了獨立的精神。實則，在隋唐以前的中國佛教，僅有研究性的學統，尚無分河飲水的門派。故有人研究《十地論》，同樣也研究其他的經論，不自局限於一經一論的範圍。各經是佛陀為了適應不同根機的聽眾而做不同角度的闡說開演。論是菩薩們根據各自的所學所證的心得而做成。所以彼此立場的互有出入，那是意料中事。學者專究每一經或一論，他就成了每經、每論的專家。但是專家卻又未必即是開創門派的祖師，這是隋唐以前的大致情形。

到了隋唐時代，中國本位的佛教抬頭，此乃為了適應中國本土的固有文化，故有純中國的佛教宗派出現。例如天台、三論、華嚴、唯識、南山（律）、淨土、禪、密等各宗，相繼出現。這就是有名的隋唐大乘八宗。其中尤以天台、華嚴、禪宗，根本就是中國化的佛教，所以也最受中國人的歡迎；三論、唯識與律宗，因其印度的色彩濃厚，故在中國就不能做長久性及普遍性的弘揚了。

第六節　隋唐八大宗

天台與三論

天台宗以《法華經》為中心，以《大智度論》、《涅槃經》、《般若經》等做依傍，宗本中國傳統的「大一統」思想，將大小乘一切經教做了「矛盾的統一」。

天台的得名，是由於智顗（西元五三八－五九七年）住於天台山，智顗所創的宗派，便稱為天台宗。他曾應晉王楊廣（後之隋煬帝）召為授菩薩戒，被晉王尊稱為智者大師，後來即以此號及天台大師之名通行於世。

智者大師被譽為東土小釋迦，他有卓越的宗教經驗，更有淵博的學識基礎。他自成一個體系的佛學思想，組織精微，又富說服性及感化性。所以他對中國佛教的貢獻之大，在這一方面，堪稱獨步古今而無與倫匹。

智者大師的學說既是思辨的，也是實踐的。他對《法華經》的講述，由其弟子灌頂輯錄而成的有「天台三大部」：《法華玄義》、《法華文句》、《摩訶止觀》。止觀即是佛教的實踐方法。他以五時八教的教相，判釋釋尊的一代時教。所謂五時，是將世尊一生說法分成五個時期，說出五類經典，此有一偈：「阿含十二方等八，二十二年般若談，法華、涅槃共八年，華嚴最初三七日。」這是說，初時二十一天說《華嚴經》，其次十二年中說《阿含經》，第三時期八年中說方等經典，第四時期二十二年中說般若經典，第五時期最後八年說《法華經》與《涅槃經》。所謂世尊說法四十九年，談經三百餘會的過程，就做了如上的分配。

其實，五時的分判是由於四教的要求而出。所謂四教就是藏、通、別、圓。將四教分隸於說法的儀式及教法的深淺，便成了化儀四教及化法四教，共為八教。把全部大、小乘經分成四等，以藏教最淺，以圓教最深最高。高深的《法華經》包攝了一切教義，所以稱為圓教，所以《法華經》是經中之王。智者大師就以《法華經》來大一統整個的佛法。

再說三論宗，南北朝時，即有僧肇等的三論學者，到了智者大師同時，又有吉藏（西元五四九—六二三年）出現，他住於嘉祥寺，故號嘉祥大師。他著有《三論玄義》及《大乘玄論》等書，發揚三論宗教。此亦多少受了中國文化的影響而產生，因於印度未嘗有此宗名，而嘉祥思想之中，亦不乏中國色彩。此宗以不立一切法為主旨，破邪即表顯正，所以唯破不立，基於諸法緣生即是性空的道理，不假空有，中道是從，掃盡諸妄執見，便顯諸法本性。

吉藏大師也有教判方法，稱為二藏與三輪。小乘的聲聞藏與大乘的菩薩藏，是為二藏。他以《華嚴經》及《法華經》的地位最高，故稱《華嚴經》為根本法輪。自《華嚴經》到《法華經》

之間的一切大、小乘經典，稱為枝末法輪。稱《法華經》為攝末歸本法輪，是為三輪。這種分類教判的看法是否恰當，自然尚有討論的餘地，因諸宗各自站一崗位，多少均含有褒自貶他的意味。佛陀設教本係一味，當初似未有高下之判。此實由佛教思想史的發展而出現的差別之爭。

華嚴宗

隋朝祚短，統一不到三十年，即亡於唐。初唐最盛的兩大新宗，一是玄奘所傳的法相宗，一是賢首（西元六四三—七一二年）大成的華嚴宗。

賢首本名法藏，他先參與于闐三藏實叉難陀（西元六五二—七一〇年）的華嚴譯場，這是《華嚴經》第二譯本，稱為新譯。譯成，即奉勅開講，先後達三十多遍，並著有《華嚴探玄記》，以及《五教章》等一百餘卷。因與天台大師並稱為兩大哲人，尊為賢首大師。

天台宗主張諸法實相，華嚴宗則倡說唯心緣起。唯心，也即是一心，或真心。認為差別的諸法，不外乎一心的實相所現，這是絕對的唯心論。不論宇宙的現象或本體，無不由此一心出，亦無不還此一心中。

在教判上，立五教十宗。所謂五教，即是小、始、終、頓、圓。此實與天台的四教無多差別，僅將天台的別、圓二教，化成終、頓、圓三教；甚至可說，頓、圓二教的性質，不出天台圓教的範圍。天台以法華的位置最高，賢首則以華嚴高出一切之上。十宗是將五教內容的廣說，分大、小乘的性質，共有十種類別。賢首以圓教攝盡大、小乘一切法，因為差別的諸法，不離一心的實相，所以在現象有差別，於本體則統一。若以圓教的立場看，一切差別並不存在，故說事無礙、理無礙，理事無礙、事事無礙。既云事事無礙，故在華嚴法界（宇宙）觀中，乃是重重無盡（無始無終、無邊無涯）的境界。此所謂事，即是宇宙現象；理，即是宇宙本體。

賢首的弟子，有清涼澄觀（西元七三八—八三九年）。澄觀又傳宗密（西元七八〇—八四一年）。在學統上說，他們是一脈相承，在思想上卻又有各自的創獲。此宗到了唐武宗會昌五年（西元八四五年）滅佛之後，即趨於衰弱不振，但仍不絕如縷。

唯識宗

唯識宗又名法相宗，此係玄奘所傳，但由他的弟子窺基（西元六三二—六八二年）的條理組織而大成。

玄奘是中國譯經史上第三位譯經大家；以成績而言，卻是第一位大譯經家。以中國譯經史乃至翻譯史而言，他是空前的，雖不敢說是絕後，但是迄今尚未能有一人可望奘師的項背。

玄奘三藏留印十七年，回國後譯出《大般若經》六百卷，以及《瑜珈師地論》、《大毘婆沙論》、《成唯識論》、《俱舍論》等大部頭的經論，總共七十多部一千三百餘卷。他是譯經史上的一個里程碑，在他以前的稱為舊譯，在他以後的稱為新譯。他使中國的佛教文化達於頂峯狀態，他手著的《大唐西域記》，與法顯的《佛國記》，以及此後義淨的《南海寄歸內法傳》，同為研究東方史學上的珍貴文獻。

唯識宗的宗義所本，號稱六經十一論，實則是以《成唯識論》為中心，這是玄奘三藏接受窺基的建議，站在印度護法論師的立場，兼採其他九家之說，糅譯而成。印度的唯識學系，是由世親菩薩的《唯識三十頌》為源頭，對此三十頌而作的釋論，連護法在內，共有十家。奘師在印度留學的老師戒賢，乃是護法的傳人。所以，《成唯識論》的主要立場，是護法系的唯識思想。

大成中國唯識學的，是玄奘的弟子窺基大師。他不但開講《成唯識論》，並作有《成唯識論述記》、《成唯識論樞要》等書，號稱百本論主，可見其著述之宏富，非同尋常了。他以《大乘法苑義林章》及《成唯識論述記》兩書，奠定法相唯識宗的基礎。又因窺基大師住於慈恩寺，號為慈恩大師，唯識宗也就另名為慈恩宗了。

法相唯識是一體兩面，由識所現的一切世出世法，總名為法相，故又名法相宗；一切法相，無非唯識所現，所以稱為唯識宗。《成唯識論》主要是講八個識的能變與所變。吾人生命的主體，不是固定的靈魂，而是變動不已的識。識有八個：眼、耳、鼻、舌、身、意、第七末那、第八阿賴耶。生命現象的表達是靠前六識，善惡業的出納經理是第七識，善惡業的倉庫則是第八識；第八識是生命的根源。在凡夫，是虛妄染污的，稱為識；至成佛，是真實清淨的，稱為智。如要轉識成智超凡入聖，便得修行五重唯識觀：前四重是觀唯識相，第五重是觀唯識性。相是虛妄的，性是真實的，此觀修成，便是轉識成智的工夫。

此宗的思想綿密，非有高深的哲學修養，不足登其堂奧，故於窺基之後，雖有智周繼起弘揚，不久即告衰落了。

律與淨土

在佛滅度以後的印度，在部派佛教的時代，差不多各派均有其傳誦的律藏。這些律藏的原本如是相同的，但此原本今已經不傳，所傳的僅是各部派的律藏，那是多少已加入了各派自己的色彩，譯成漢文的，即有五個部派六種不同的戒律。此所謂不同，是指各部的取捨及釋義，而非根本的條文。我國的律宗，不過是根據曇無德部的《四分律》而開出。

在唐代，研究《四分律》的，分有三派：

（一）法礪（西元五六九—六三五年）系統的相部宗。

（二）懷素（西元六二五—六九八年）系統的東塔宗。

（三）道宣（西元五九六—六六七年）系統的南山宗。

其中以道宣律師的一系最有內容，後來所說中國佛教的律宗，也即是南山宗；其餘兩系均未見發揚。此亦有其原因，因為道宣律師乃是唐初有數的大學者之一，他除對於《四分律》的闡揚，著有「南山三大部」之外，同時也是一位唯識學者，尤其是一位偉大的佛教史學權威。

南山律宗之較受中國人的歡迎，除了道宣的博學，尚有另一原因：中國文化的心胸開闊，拒小不拒大，所以小乘佛教在中國始終推展不開。《四分律》原係小乘教，道宣則以唯識學的觀點解釋《四分律》，認為《四分律》並不限於小乘，而是通於大乘的。因此，此宗的宗脈，相續迄於南宋之際，始告中絕。

再說淨土宗，早在梁武帝世的曇鸞（西元四七六—五四二年），嘗被武帝敬為肉身菩薩。後遇菩提流支，授予淨土法門，是為淨宗之始。到了唐代，又有道綽（西元五六二—六四五年），繼承曇鸞的思想，講《無量壽經》達二百遍，每日稱念彌陀佛號七萬聲，盛弘淨土。至道綽的弟子善導（西元六一三—六八一年），即大成淨土宗，他以長安為弘化中心，皈依者道俗雲集。因為天台及華嚴等理論的佛教，對一般群眾無法契機；淨土的信仰，只要學會稱名念佛，便得信仰的受用，所以極受民間歡迎。

善導的主要著作是《觀無量壽經疏》，鼓勵末世造惡的凡夫，但能皈心淨土，念佛求生極樂，必可如願往生。後代以為稱名念佛起於廬山慧遠，實則慧遠的念佛是念佛的相好、佛的法門、佛的實相。因此，淨土宗老早就有了分流：第一是慧遠流，第二是善導流，第三是慈愍流。

慈愍三藏名為慧日（西元六八〇—七四八年），他曾留學印度十三年，回國後即傳念佛往生之說，他的思想大致與善導相同。

淨土宗的主要典籍是三經一論：《無量壽經》、《觀無量壽經》、《阿彌陀經》，以及世親所造的《無量壽經論》（即《往生論》）。

禪宗與密宗

禪宗始於梁武帝時菩提達摩的來華，因武帝不投禪機，所以達摩入嵩山面壁。但是禪法之東來，應該始於後漢時的安世高譯出的禪經，不過那是小乘禪，大乘禪則始於佛陀跋陀羅（東晉羅什時自印度到長安）譯出的《達磨多羅禪經》。

現在我們所知的菩提達摩，他的主張是二入與四行。所謂二入：是指入禪的門徑可有兩條，一是由理而入，二是由行而入。理入是擺卻一切妄想計執，達於實證「真性」的一體無二之境，面壁作觀的修行法；便是訓練自心凝注一境，不作自他之想，不見凡聖差別，入於寂然無為的狀態。所謂行入，便是四行：一、報冤行，二、隨緣行，三、無所求行，四、稱法行；此乃從生活中求體驗的四種觀想工夫。

達摩系的禪學，經過慧可（西元四八七—五九三年）、僧璨、道信（西元五八〇—六五一年）、弘忍（西元六〇一—六七四年）而發揚光大。其他各宗，大抵是以首都為弘化中心，禪宗則以山林為修道根據。

自五祖弘忍以下，傳出惠能（西元六三八—七一三年）及神秀（西元六〇六—七〇六年）二人，分裂為南頓、北漸二派。北方的神秀，活動於洛陽及長安一帶；南方的惠能，化導於廣東、廣西等地。他們兩人均為弘忍的大弟子，都是禪宗第六代的身分。但到後來，由於惠能系的思想，契合中國文化的本質，在南方的弘傳，特別繁盛；神秀一系，未數傳即歸於絕。所以佛教史上只承認惠能是衣鉢真傳的禪宗六祖。

禪宗主張不立文字，直指心源，雖在不得已時也要假於言說，然那僅是標月之指、求魚之筌，行者不當以指為月、抱筌作魚，道理盡在不言不語之中。心源無色無相，不落言詮。一切的教理語文，是思辨的東西，不是當下的本體；頓悟的禪，乃是直覺的、會心的實證，如人飲水，冷暖自知。禪境，唯有親驗，才能領會其中滋味，無法用任何符號來表達它的。

這是活潑、生動、簡樸、實在、自由的一種宗教信仰，所以它能在中國盛行千百年，而不受政治成敗及社會治亂的影響。在惠能大師門下，出有南嶽懷讓（西元六七七—七四四年）及青原行思（西元六六〇—七四〇年）兩大高足，又分張為兩大禪統。南嶽之下，出百丈懷海（西元七二〇—八一四年），制定《百丈清規》，開了叢林農禪的先河。唐末會昌法難及後周世宗的破佛，各宗均遭摧殘幾盡之後，獨禪宗仍能藉山林而繁興不替。故於唐末五代之際，禪宗大盛而分為五門，那就是臨濟、曹洞、溈仰、雲門、法眼。

最後介紹密宗。以上諸宗，均係中國僧人所開，唯獨密宗，乃為印度來華的僧人所創。在唐玄宗開元年間（西元七一三—七四一年），有印度的善無畏（西元六三七—七三五年）、金剛智（西元六七一—七四一年），以及金剛智的弟子不空三藏（西元七〇五—七七四年）來華，合稱為開元三大士。尤其是不空三藏，譯出了一百一十部一百四十三卷的密教經典。善無畏譯出《大日經》及《蘇悉地經》等，傳授胎藏界曼荼羅。金剛智傳授金剛界曼荼羅。不空譯出《金剛頂經》，加上《大日經》及《蘇悉地經》，完成了密典三大部。故在開元天寶之間（西元七一三—七五五年），密宗盛極一時；但至武宗滅佛之後，此宗在中國就一蹶不振了。

當以上的隋唐大乘八宗相繼成立之後，以前的毘曇宗、俱舍宗、攝論宗，均附於唯識宗而流傳；涅槃宗寓於天台宗；地論宗歸入華嚴宗；成實宗依附三論宗。因此，大小各宗開合的結果，僅成為大乘八宗了。

第七節　發展的趨勢

各宗的盛衰

唐朝經過二百九十年而亡，其下則為後梁、後唐、後晉、後漢、後周，約五十年間，稱為五代，以下便入宋朝。

中國佛教史上，將北魏太武帝、北周武帝、唐武宗、後周世宗的破佛運動，稱為三武一宗的法難。在後周世宗破佛不久，即為宋太祖起而修建佛寺、保護佛教。宋太宗太平興國五年（西元九八〇年），又有印度的法天、天息災、施護等來華譯經；自太祖開寶四年（西元九七一年）起至太宗太平興國八年（西元九八三年）止，中國的第一部雕版《大藏經》五千零四十八卷，刊行完竣。

至於教學方面，各宗之中可述者有禪宗、天台、華嚴、律宗。到了元朝，由於朝廷崇信喇嘛教，各宗遂趨於衰途。

天台宗有山家與山外之諍，兩派學者輩出。

華嚴宗在此時代再興，但與儒學思想交涉，吸收了儒家的若干成分。

律宗出有允堪（西元一〇〇五—一〇六一年）及其法孫元照（西元一〇四八—一一一六年），尤以元照靈芝律師（西元一〇四八—一一一六年）最為傑出。

禪宗，由五門而開出七派，稱為五家七宗，即是由臨濟宗的義玄（西元？—八六七年）一系，又出了黃龍慧南（西元一〇〇二—一〇六九年）及楊岐方會（西元九九六—一〇四九年），分別稱為黃龍派與楊岐派。楊岐第三代為圜悟克勤（西元一〇六三—一一三五年），著有《碧巖錄》。

此時期中，曹洞宗有天童正覺（西元一〇九一—一一五七年）及萬松行秀（西元一一六六—一二四六年），倡導「默照禪」；雲門宗有雪竇重顯（西元九八〇—一〇五二年）及其弟子大慧宗杲（西元一〇八九—一一六三年），倡導「看話禪」；法眼宗有永明延壽（西元九〇四—九七五年），主張禪、淨雙修。

禪宗本以不立文字做標榜，為了方便接眾，不免有開示的法語。在此時期，禪門大德的法語，多被記錄成書，稱為語錄。率真的語錄文體，竟為中國文學史上帶來了文體的革新運動。同時，由於禪宗思想的清新悅心，所以又啟蒙了宋明儒家思想的再造，那就是宋明的理學。

佛教與儒道的交涉

當三國及南北朝時代，佛教利用老莊學說以解釋佛經；到了宋代，儒者周茂叔（西元一〇一六－一〇七三年）作《太極圖說》，基於《易經》之語而說明宇宙生成的過程，但他的思想是受了《大乘起信論》的影響。程明道（西元一〇三二－一〇八五年）及程伊川（西元一〇三二－一一〇七年）所創的易經哲學，特別是伊川，接受華嚴的影響至深。集周程之學而大成的朱熹（西元一一三〇－一二〇〇年），同樣受了華嚴的啟發。明代的王陽明（西元一四七三－一五二九年），同樣是受了佛教（尤其是禪宗）的影響。結果，他們接受了佛教，又攻擊佛教，效仿禪宗又攻擊禪宗，所以近人批評他們是「坐在禪床上罵禪」。

南宋河北的新道教全真教的興起，主要也是受了佛教的影響。在佛教史上，雖與道教的關係常常不甚愉快，但多係站在民族自尊心的立場，所表現的排外事件；此與儒家的韓愈、歐陽修、朱熹等人所表現的心態，完全相同。終究，學術文化乃天下的公器，不論是明取或暗吸，儒、道二家實際上均對佛教做了價值上的肯定。同樣的，佛教自輸入之初，就已設法投合中國文化的型範；天台、華嚴、禪，在印度是找不到它們的。當然，它們的根源基礎是產生於印度，卻是經過中國化了的宗教。因此，到了明代，儒、釋、道三教同源之說，便自然地成熟了。

三教當然各有其分際，所謂同源之說，不過看出中國文化的容受性罷了。所以到了近世，由於歐美新知的輸入，又把此一三教同源的觀點推翻。但是，佛教文化已促成了中國文化的壯大，已成了中國文化的一大主流，乃是不爭之論。

佛教國際大勢

佛教發源於印度，未幾即因阿育王（西元前二七二年即位）的護法，派遣高僧及正法大官做國際的宣化；南方至錫蘭島；北方至敍利亞；西方遠達埃及等地。此後，南方的由於文化環境單純，未有太多的變化；西、北方則由於希臘等其他文化的感染，佛教也就由單純而至於繁複。

事實上，國際的佛教分成南傳巴利文系、北傳梵文系，均是發展的佛教。佛滅百年之後，小乘的部派漸次分張，由小乘的分張到大乘的綜合，綜合為空有兩系，這是印度境內北傳的發展。大乘是發展佛教，小乘也是發展佛教，均為原始佛教的發展成果。

南傳的範圍，以斯里蘭卡為中心，今日的緬甸、泰國、高棉、寮國、越南之一部，以及中國雲南邊境的擺夷族，均屬這一系統，一向被稱為小乘佛教。北傳的是通過西域的橋梁，以中國為中心，今日的韓國、日本、越南之大部，均屬這一系統；直接由印度傳入而略與中國有點淵源的西藏佛教，乃是北傳的另一系統，其範圍則以西藏為中心，延伸至蘇俄境內的貝爾加河，至西伯利亞，至尼泊爾、不丹，至新疆、蒙古、滿洲，元朝時代則遍及中國大陸。這兩大北傳系統，均為大乘佛教。今日全世界的佛教徒約為六億人口，占世界三大宗教的第二位，少於基督教的九億人口，多於伊斯蘭教的四億人口。至於世界各國的佛教內容，已非本書所能介紹，可請參閱本人所編的《印度佛教史》、《西藏佛教史》及《日韓佛教史》等書。

近百年以來，由於交通發達，彼此接觸頻繁，所以佛教已在走向大、小乘統一化的途徑。大乘佛教圈中以日本為中心，他們在明治維新之後，從各地學會了梵文、巴利文、藏文，並且利用歐洲的語文及新的治學方法，將各系的佛典，做了細密的比較研究和整理發掘的工作。現在日本的佛教，有短期大學二十九所，大學十六所，大學附設的研究所有八所。單是第二次大戰結束以來，所授專門研究佛學的博士學位的人數，已超過了一百大關。他們在美洲各地的傳教工作，也有了輝煌的成果。

小乘佛教圈中，以斯里蘭卡為中心，他們出了不少人才，他們給印度佛教做了反哺，同時也接通了走向歐美弘法的路；泰國的佛教，現在是南傳國家中最盛的一支，他們有兩所佛教大學。

我們中國，現在尚未創辦起一所佛教大學！實在說，自清末以來，國家多難，佛教也受到多方面的摧殘，所以元氣大傷，立於今日的世界佛教之林，頗有衰退落伍之感。因此，民國初年以來，即有太虛大師倡導革新運動，由於應興應革之事太多，所以迄今尚未達成預期的目的。但是，一般有識的佛子，無不在努力於革新的事業，所以近年來派有好多僧尼，赴日本及泰國留學，國內也辦了很多佛學院和宣傳用的刊物。到一九六七年十月為止，臺灣的各大專院校中，也有了二十一所的同學，成立了二十三個佛學研究社，它們包括臺大、師大、政大、成功、東吳、中興、輔仁等各著名校院。

從這些跡象，都已顯示了佛教在國際間，正在面對著新時代的新現實，加緊腳步，做著適應與復興的努力。

主要名詞索引

四劃

十劃

十四劃

十五劃

中華宗教叢書

比較宗教學

1912

作　　者／釋聖嚴　編著
主　　編／劉郁君
美術編輯／中華書局編輯部

出 版 者／中華書局
發 行 人／張敏君
行銷經理／王新君
地　　址／11494 台北市內湖區舊宗路二段181巷8號5樓
客服專線／02-8797-8396　　傳　真／02-8797-8909
網　　址／www.chunghwabook.com.tw
匯款帳號／華南商業銀行　西湖分行
179-10-002693-1　中華書局股份有限公司

法律顧問／安侯法律事務所
印刷公司／維中科技有限公司
出版日期／2021年9月十一版
定　　價／NTD 850

國家圖書館出版品預行編目（CIP）資料

比較宗教學/釋聖嚴編著. -- 十版. -- 臺北市 : 中華書局, 2014.10
面 ;　公分
ISBN 978-986-5512-61-3 (精裝)
1.比較宗教學

218　　110013713

NO.C0001Q1
ISBN 978-986-5512-61-3 (精裝)

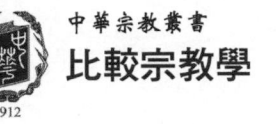